制 度 德 育 论 丛 书

主编 杜时忠

学校德育制度变迁研究

——以广西某中学为例

倪峥 著

海峡出版发行集团 | 福建教育出版社

图书在版编目（CIP）数据

学校德育制度变迁研究：以广西某中学为例/倪峥著．—福州：福建教育出版社，2023.7
（制度德育论丛书/杜时忠主编）
ISBN 978-7-5334-9641-8

Ⅰ．①学… Ⅱ．①倪… Ⅲ．①德育－教学研究－中学 Ⅳ．①G631

中国国家版本馆 CIP 数据核字（2023）第 052423 号

制度德育论丛书
主编　杜时忠

Xuexiao Deyu Zhidu Biangian Yanjiu
学校德育制度变迁研究
——以广西某中学为例
倪峥　著

出版发行	福建教育出版社
	（福州市梦山路 27 号　邮编：350025　网址：www.fep.com.cn）
	编辑部电话：0591-83779615　83726908
	发行部电话：0591-83721876　87115073　010-62024258）
出 版 人	江金辉
印　　刷	福建省地质印刷厂
	（福州市金山工业区　邮编：350011）
开　　本	710 毫米×1000 毫米　1/16
印　　张	16.75
字　　数	257 千字
插　　页	2
版　　次	2023 年 7 月第 1 版　2023 年 7 月第 1 次印刷
书　　号	ISBN 978-7-5334-9641-8
定　　价	45.00 元

如发现本书印装质量问题，请向本社出版科（电话：0591-83726019）调换。

总序　我们的探索

以"道德的制度培养道德的人"[①]，是华中师范大学德育团队的根本立场。我们为什么坚持这样的立场？这样的立场又是如何形成的？

自苏格拉底以来，尽管人们对"道德能不能教""道德应该如何教"等德育基本问题争论不已，尚无定见；然而，这似乎并不影响国家、社会、家庭、团体，乃至个人育德的"热情"。特别是以教书育人为己任的专门机构（学校）和专职人员（教师），对如何培养学生的良好品德，可谓是殚精竭虑！在种种不懈努力之下，古今中外的德育理论、德育模式、德育方法林林总总，诸如：榜样育德、环境育德、活动育德、情感育德、生活育德等等。我们肯定它们的合理性，在此基础上，特别倡导、特别看重、特别坚持、特别期待制度育德。

之所以特别倡导，是因为制度的育德价值，还没有引起足够的重视；

之所以特别看重，是因为制度育德有其特殊的过程与机制、方式与方法；

之所以特别坚持，是因为对制度论，赞成者有之，质疑者有之，反对者亦有之；[②]

[①] 所谓道德的制度是对制度之道德合理性的判断，它与正义的制度、优良的制度、良善的制度等是近义词。基于教育学的学科立场，道德的制度实指道德的教育制度或学校制度，而非一般的政治、经济、文化制度，当然二者之间存在着密切联系。道德的教育制度或学校制度具有什么样的内涵和本质要求，这本身是一个有待深入探讨的课题。在我们的研究中，一方面是从主体伦理、内容伦理和程序伦理三个维度提出要求，另一方面则强调教育制度或学校制度的发展价值、人本立场、公正原则，等等。显然，这样的制度更有利于培养具有社会主义良好品德的一代新人。

[②] 参见杜时忠、张添翼：《三论制度何以育德》，《教育学报》，2020 年第 4 期。

之所以特别期待，是因为它"会有一个属于自己的时代"[①]！

从 1999 年我思考"制度与做人"这个问题并在报刊上发表文章至今，整整 22 年。22 年，对于历史的长河而言，不过是白驹过隙、弹指瞬间；然而，就个人的心路历程而言，就研究共同体的发展过程而言，并非一蹴而就，并非一帆风顺。这 22 年，可视为不断探索的 22 年，分为层层递进的三个探索阶段，即观念的探索、过程的探索、本源的探索。

一、观念的探索

1999 年，我在《制度与做人》中初步探讨了社会制度与个人德性的关系。2000 年，我发表了《制度变革与学校德育》一文，认为造成近代以来中国落后挨打，阻碍中国现代化进程，以至今天的道德滑坡、官员腐败的主要原因是中国经济、政治、社会制度建设的严重滞后，指出"制度德性比个人德性更具普遍性"，强调"在社会现代化的过程中，制度建设优先于道德建设"。2001 年，我在《制度比榜样更重要——新时期学校德育制度建设初探》中进一步指出"学校德育要重视德育制度建设"，克服以往德育制度"单向""错位"和"形式"的弊端，提出要"通过道德的制度来培养道德的个人"。2002 年，我在《制度德性与制度德育》中正式提出"制度德育"的概念，联系社会道德实际和学校德育实践，系统地考察了制度与道德、制度建设与道德建设的关系，提出完善学校德育制度，发挥制度德育功能的原则。

与此同时，我指导多位硕士生和博士生，选取制度德育论领域的问题作为毕业论文的选题，开始形成制度德育研究团队，超越我"一个人的战斗"，2007 年我指导的博士刘超良出版了国内第一本制度德育论专著。主要研究成果如表 1。

[①] 张添翼曾专门撰文——《一个学生眼中的制度德育论发展史》，谈到"制度德育论会有一个属于自己的时代，我们不要辜负它"。见杜时忠主编：《中国德育论丛》（第四辑），湖北教育出版社，2017 年版。

表 1 制度德育论之观念的探索

时间	姓名	主题	出处
1999	杜时忠	制度与做人	《湖北日报》1999年4月28日
2000	杜时忠	制度变革与学校德育	《高等教育研究》2000年第11期
2001	杜时忠	制度比榜样更重要——新时期学校德育制度建设初探	《人民教育》2001年第9期
2002	杜时忠	制度德性与制度德育	《教育研究与实验》2002年第1期
2002	李彦然	学校德育制度论	硕士学位论文
2004	李红梅	我国学校德育制度分析	硕士学位论文
2004	刘超良	制度：德育的环境支持	《教育科学》2004年第4期
2004	刘超良	论制度德性	《江西教育科研》2004年第10期
2005	刘超良	德育：寻求学校制度的德性变革	《现代教育科学》2005年第5期
2006	刘超良 李红梅	学校德育制度的失真与创新	《教育发展研究》2006年第7期
2006	刘超良	学校德育制度现状的调查分析	《教育科学研究》2006年第5期
2006	刘超良	制度：德育的价值关照	《河北师范大学学报（教育科学版）》2006年第3期

续表

时间	姓名	主题	出处
2006	刘超良	学校德育制度的价值缺陷与变革 ——制度伦理学分析	《现代教育论丛》 2006年第3期
2006	刘超良	制度：德育的资源 ——新制度经济学分析	《上海教育科研》 2006年第8期
2006	刘超良	制度德育论	博士学位论文
2006	严欣斌	制度公正与师德建设	硕士学位论文
2007	刘任丰	学校制度的道德审视及其改造	硕士学位论文
2007	刘超良	制度德育论	湖北教育出版社

在观念的探索阶段，我们所做的主要工作是：

第一，理论命名即提出了制度德育论，把不说话的制度纳入到教育学的视野之内；

第二，论证制度德育论的核心观念，是以道德的制度培养道德的人；

第三，分析了制度德育论的基本概念及其基本关系，如制度与道德、制度德性与个人德性、制度育德与榜样育德、学校德育制度的问题与改进、制度德育论的思想资源，等等。

二、过程的探索

制度德育论提出之后，既得到了肯定与认同，也受到了质疑与挑战。这对于思想理论的发展而言，是再正常不过的。最强烈的质疑就是，制度是他律的，而道德是自律的，外在的、他律的甚至是强制性的制度，如何能培育内在的、自律的道德？这些质疑推动我们团队由观念层面的思考，进入到对制度育德过程与机制的探索，以回答制度何以育德。这方面的努力，主要体现在以下五个方面。

（一）对制度育德过程的探讨。2012年我专门撰文《制度何以育德》，力图全面回答制度育德的过程与机制。我在文中将制度育德概括为"三部曲"：第一，在观念上，要认识到制度的育人作用，承认制度的育德功能——制度是教育资源，而不仅仅是管理手段；第二，实现学校教育制度改造，制订优良的学校制度——制度是教育过程，而不只是约束学生的规条；第三，把有形的具体的学校制度化为学校生活方式，建构学校制度生活——制度是生活方式，而不是标语、口号。

（二）对制度育德运行机制的探讨。刘任丰深入武汉市某寄宿学校，进行了长达一年半的田野观察、质性研究，以了解现实学校生活中学校制度是如何运作的，是如何发挥作用的，制度规限下的教师、学生们的道德生活如何，学校制度在学校德育中的地位、作用如何，好的学校制度的标准是什么，学校制度影响学生品德形成的具体机制与过程是怎样的，等等。最后，形成了其博士学位论文《学校制度生活的个案研究》。值得说明的是，他是我们团队中，唯一把制度德育论作为硕士学位论文和博士学位论文选题的人，体现了他对制度德育论的"一往情深"！

（三）对民主的学校制度生活的建构。张敏在博士学位论文中，系统阐述了如何通过建构学校制度生活来培育社会主义合格公民。她第一次比较系统地对"制度生活"的概念进行了论证，分析了学校制度生活的内涵、结构、价值，提出了民主的学校制度生活理念，依此建构了民主学校制度生活的标准，并对现实的学校制度生活进行了反思，进而提出了重建的策略。[①] 不过，其对制度生活培养合格公民的具体过程与机制还缺乏深入的剖析。这一缺憾，在一定程度上由傅淳华的博士学位论文加以弥补。

（四）对制度生活育德机制的阐释。在制度德育论的发展史上（过程中），傅淳华首次系统地阐释了"制度生活的育德机制"。他建构了一个$2×2×2$（3）的分析框架，第一个2是区分了个体发展和群体发展，第二个2是区分了"学校制度生活促进个体发展的机制"和"学校制度生活促进群体发展的机制"，第三个2则是在每个层面内又区分出2—3个具体的机制。

（五）对制度育德情境中介的透析。在探索制度育德的过程与机制问

---

① 参见张敏著：《学校制度生活与公民教育》，科学出版社，2018年版。

题上，张添翼超越了"制度—品德"这样线性、直接、单向的理解，而将注意力放在更为广阔的、包含了更多影响个人品德发展因素的"中介"上，即制度情境。他的博士学位论文《制度何以育德？——关于学校制度情境的理论研究》及其博士后研究，结合心理学领域对于个体道德化的最新解释，提出了制度情境是制度育德的关键"中介"。一方面，制度情境勾连了制度与情境；另一方面，制度情境也勾连了制度环境、客观制度生活与人的主观世界。于是，他对制度何以育德的解释就形成了"制度—制度情境—个人品德"的完整链条。难能可贵的是，他以科学实证精神，严格按照实证研究的程序与方法，确证了制度情境对学生道德发展的影响。[①]

当然，我们团队围绕制度育德的过程与机制的探索，除了上述这些，还拓展到学生民主参与、德育制度设计、高校辅导员制度、中小学班主任制度、教育尊严、教师道德学习、教师困苦、社会道德风气、现代公民精神等诸多领域，主要的成果见表2。

表2 制度德育论之过程与机制的探索

时间	姓名	主题	出处
2007	刘超良	消解学校科层制对德育的羁绊	《教育科学研究》2007年第6期
2009	刘超良 杜时忠	社会风气：在制度德性的变革中转变	《高等教育研究》2009年第4期
2010	杜时忠	制度德育研究的缘起与发展路向	《教育研究与实验》2010年第1期
2010	刘超良	论德育制度的价值标准	《教育研究与实验》2010年第1期
2010	刘任丰	从《条例》看学校制度的程序正义	《教育研究与实验》2010年第1期

[①] 参见张添翼著：《学校制度情境论》，华中师范大学出版社，2020年版。

续表

时间	姓名	主题	出处
2011	张敏	试析优良学校制度与学生公民精神养成	《教育导刊》2011年第10期
2011	喻学林	论道德上受过教育的人的"不道德遭遇"及制度育德	《教育科学研究》2011年第9期
2012	杜时忠	制度何以育德?	《华中师范大学学报（人文社会科学版）》2012年第4期
2012	张敏 杜时忠	学校教育的公共性危机与学校公民教育困境	《江汉论坛》2012年第5期
2013	程红艳等	学生制度生活与学校公共领域的创生	《教育研究与实验》2013年第1期
2013	李伟等	"制度育德"的教育学立场初探	《教育研究与实验》2013年第1期
2013	刘长海	破解学校内部制度建设迷局	《中国教育学刊》2013年第3期
2013	喻学林	论学校的道德要求与社会不道德现象之间的冲突	《中小学德育》2013年第10期
2014	傅淳华 杜时忠	论学校制度生活促进个体发展的机制	《华东师范大学学报（教育科学版）》2014年第4期
2016	傅淳华 杜时忠	论德育制度设计的限度——基于对德育制度设计德性立场的分析	《教育学报》2016年第4期
2016	张添翼 杜时忠	论学校制度建构中的学生参与品质及其提升	《中国教育学刊》2016年第2期

续表

时间	姓名	主题	出处
2016	杜时忠	"班主任制"走向何方?	《教育学术月刊》2016年第11期
2016	付辉	中小学班主任制度变革的新进展与前瞻	《教育学术月刊》2016年第11期
2013	张敏	学校制度生活理论研究	博士学位论文
2014	傅淳华	学校制度生活研究	博士学位论文
2014	袁尚会	中国高校辅导员制度的反思与重构	博士学位论文
2015	张国荣	信仰与制度：道德教育的两种机制研究	博士学位论文
2016	张添翼	制度何以育德?——关于学校制度情境的理论研究	博士学位论文
2016	杜时忠	重构学校制度生活　培养现代公民精神	华中师范大学出版社
2017	付辉	论教育尊严	博士学位论文
2017	杜时忠 张添翼	教育制度和教育政策的伦理属性及其实现	《中国教育科学》2017年第4期
2018	徐龙	教师困苦的制度根源研究	博士学位论文
2018	张添翼 杜时忠	再论制度何以育德	《教育研究与实验》2018年第5期
2019	杜时忠	德育十讲——制度何以育德	华中师范大学出版社

续表

时间	姓名	主题	出处
2020	杜时忠 张添翼	三论制度何以育德	《教育学报》 2020 年第 4 期
2020	张添翼 杜时忠 连帅磊	学校制度育德的实证研究	《全球教育展望》 2020 年第 5 期

三、本源的探索

制度德育论观念的探索、过程与机制的探索，都集中在学校制度层面。然而，在制度结构体系中，学校制度并非本源性的制度，相反，它来源于、受制于国家根本制度和国家基本制度。欲求道德的学校制度，先求道德的国家制度。那么，国家、国家制度的道德性质如何？它们是正义的还是相反？由此，我们进入到制度德育论之本源的探索。

我在《国家道德即德育》[①] 一文中提出，尽管国家是道德主体，负有不可推卸的道德责任与义务，可是，有的国家和国家制度并不一定道德。一个民主、和谐、公正的国家，本身就是对国民最好的道德教育；反之，一个邪恶、暴虐、腐败、虚伪的国家，本身就是对国民最坏的道德教唆。因此，教育学理应对国家和政府的不道德、不正义保持警惕，助其向善，防其变恶。

尽管这篇文章发表已经过去了 8 年，然而我们对制度德育论之本源的探索远未结束，取得的认识成果也十分有限。随之而来的，是层出不穷的困惑与难题。诸如，人类从何而来，何以成为万物之灵？人类相比其他，有何高明之处？高明的缘由何在？社会从何而来？国家从何而来？制度在国家与社会的建构中起了什么作用？何为先进的国家？何谓先进的文明？道德从何而来？制度从何而来？教育从何而来？个体品德从何而来？……

[①] 杜时忠、张敏：《国家道德即德育》，《教育研究与实验》，2013 年第 1 期。

其思想逻辑是从制度的本源拓展到人类社会存在的本源。笔者即将出版的专著《制度德育论》，尝试对以上问题作出回答，并探索制度德育论的实践方式。

在我们看来，制度无处不在，社会人事莫不与制度相关联。探索人类社会发展的制度之谜，教育发展的制度之谜，道德发展的制度之谜，品德形成的制度之谜，中国国民性形成的制度之谜，激励我们不断前行。自2007年以来，华中师范大学制度德育论研究团队，先后承担了国家社科基金、教育部人文社科项目和全国教育科学规划等多项课题（详见表3），取得了一些颇有价值的研究成果。"制度德育论丛书"就是对我们探索足迹的记录，同时也激励我们不断深入探索下去。

表3 制度德育论相关课题研究

立项年度	主持人	课题名称	批准号	课题来源
2007	杜时忠	制度德育的理论与实验研究	DEA070060	全国教育科学"十一五"规划教育部重点课题
2009	杜时忠	学校制度生活的建构		教育部新世纪优秀人才项目
2011	杜时忠	重构学校制度生活，培养现代公民精神	BEA110033	国家社科基金"十二五"规划2011年度教育学一般课题
2012	杜时忠	"全面加强学校德育体系建设研究"之子课题：学校德育体系建设之制度创新	12JZD002	教育部哲学社会科学研究重大课题攻关项目
2013	傅淳华	学校制度生活研究	2013YBZD03	2013年华中师范大学优秀博士学位论文培育计划资助项目

续表

立项年度	主持人	课题名称	批准号	课题来源
2014	傅淳华	学校制度促进教师道德学习的发生机制与支持模式研究	2014CEA140168	国家社科基金"十二五"规划2014年度教育学青年课题
2015	张添翼	学校制度育德的过程研究	2015YBZD049	2015年华中师范大学优秀博士学位论文培育计划资助项目
2016	徐龙	国家与教育关系研究	2016YBZZ053	2016年华中师范大学优秀博士学位论文培育计划资助项目
2017	张添翼	学校制度情境及其育德机制研究	2017M612485	中国博士后科学基金第61批面上资助
2018	张添翼	制度情境影响儿童品德的发展性研究		华中师范大学中央高校基本科研业务费专项资金科研项目
2018	杜时忠	制度德育论的建构研究	18YJA880016	2018年度教育部人文社会科学研究规划基金项目
2019	张添翼	制度育德作用机制的差异性研究	CEA190263	国家社科基金"十三五"规划2019年度教育学青年课题
2019	刘任丰	制度德育视角下的学校文明秩序构建	DEA190355	全国教育科学"十三五"规划2019年度教育部重点课题

总序 我们的探索 | 11

不过，团队研究成果的出版可谓"好事多磨"！"制度德育论丛书"前期只出版了四本书，却经历了两家出版社。① 这一辑丛书四本书一起出版，得益于福建教育出版社成知辛老师的鼎力支持！而且，拙作《制度德育论》有幸入选国家"十四五"重点图书出版规划，这是对我和我们团队的鞭策与鼓励。

制度德育论的研究逐步得到了同行越来越多的关注与承认，② 全国德育学术委员会理事长、北京师范大学教育学部学术委员会主席檀传宝教授指出，制度德育论"其理论主张切中时弊，激浊扬清，在道德教育理论与实践领域引起了较为广泛的关注。……已经成为对当代中国学校德育实践变革具有重要影响的德育理论探索之一"③。全国德育学术委员会副理事长、曲阜师范大学戚万学教授认为，制度德育模式是"改革开放以来，……理论上较为成熟、实践中较有影响、学术界广泛引用的模式"④。与此同时，越来越多的学者加入到制度德育研究的团队中来，对制度德育论的研究，早已不局限于华中师范大学德育团队。《教育研究与实验》（2010 年第 1 期，2013 年第 1 期）和《教育科学研究》（2014 年第 8 期）先后组织了三次制度德育论专栏文章，作者除了我们团队成员之外，还有来自北京师范大学、山东师范大学的学者。

正如李伟博士所指出的：制度德育论以其新颖的思路，开阔的视野，强烈的社会理想担当，引发了教育学学术界比较广泛的注意和讨论。⑤ 与

---

① 张敏著：《学校制度生活与公民教育》，科学出版社，2018 年版；傅淳华著：《学校制度与教师道德学习》，科学出版社，2020 年版；杜时忠著：《德育十讲——制度何以育德》，华中师范大学出版社，2019 年版；张添翼著：《学校制度情境论》，华中师范大学出版社，2020 年版。

② 卢旭：《制度德育论的反思与前瞻》，《教育研究与实验》，2010 年第 1 期；张忠华等：《我国制度德育研究与反思》，《教育与教学研究》，2015 年第 12 期；石军：《制度德育研究十五年：历史回顾与现实反思》，《湖南师范大学教育科学学报》，2016 年第 1 期；黄上芳：《制度德育论的贡献与局限》，《浙江教育科学》，2018 年第 10 期；何杨勇：《制度育德的扩展与深化——〈制度何以育德〉的评论》，《中国德育》，2014 年第 19 期。

③ 檀传宝、陈国清：《改革开放 40 年我国德育学科建设的探索与进步》，《中国教育学刊》，2018 年第 10 期。

④ 戚万学、唐爱民、韩笑：《改革开放 40 年德育理论研究的主题及进展》，《教育研究》，2018 年第 10 期。

⑤ 李伟、杨英：《"制度育德"的教育学立场初探》，《教育研究与实验》，2013 年第 1 期。

许多主要从教育活动内部要素如主体、目的、方式、过程、载体等出发重新审视学校道德教育的德育思想所不同的是，"制度德育论"跳出教育看教育，积极援引当代政治学、社会学、伦理学、法学、经济学等领域中有关制度、公平、正义的理论与实践资源，聚焦于学校道德教育，开辟了一条极具思想批判力、现实观照力、理论创造力的学校道德教育研究与实践的可能路径。

诚哉斯言！

杜时忠

2021年冬于华中师大教育学院德育所

湖北省学校德育研究中心

目录

导 论/1
  一、研究缘起与研究意义/1
  二、研究综述/6
  三、研究思路、研究内容与研究方法/19

第一章 核心概念与主要理论/31
  一、核心概念界定/31
  二、制度变迁的主要理论/52

第二章 我国学校德育制度变迁的历史回溯/62
  一、尝试建立现代学校德育制度（1912—1949年）/65
  二、创建新中国学校德育制度（1949—1976年）/85
  三、改革和创新现代学校德育制度（1977年至今）/97

第三章 NS学校德育制度变迁的个案考察/125
  一、民国至新世纪NS学校德育制度变迁历程/127
  二、新世纪以来NS学校德育制度变迁过程/152
  三、NS学校德育制度变迁特征/161

第四章　我国学校德育制度变迁的基本逻辑/164

　　一、我国学校德育制度变迁的国家逻辑/164

　　二、NS学校德育制度变迁的校本逻辑/186

　　三、国家与学校层面德育制度变迁的互动逻辑/208

第五章　优良学校德育制度的建构/213

　　一、明确公平正义是学校德育制度的价值追求/213

　　二、协调好制度主体的利益是学校德育制度变迁的内在动力/220

　　三、处理好"变"与"不变"的关系，系统规划学校德育制度内容变迁/226

结　语/231

参考文献/233

后　记/248

导　论

一、研究缘起与研究意义

1. 研究缘起

制度在我国的改革与发展中有着举足轻重的作用。对教育的变革与发展来说，根本变革仍有赖于教育制度的变革。有学者认为在教育改革问题上是"制度挂帅"的。[①]《世界教育危机》一书指出："自从 1945 年以来，由于在世界范围内同时发生了一系列变革……教育体制的发展和变化也比过去任何时候更快，但是教育体制适应周围环境变化的速度却过于缓慢，由此而产生的教育体制与周围环境之间的各种形式的不平衡正是这场世界教育危机的实质所在。"[②] 因此，当今教育改革中制度变革的重要性越来越引起人们的关注。20 世纪 80 年代我国教育改革首先就是从体制改革开始的。

从历史发展的视角看，学校教育的"历史发展就是不断建立制度、完善制度的过程，学校教育就是制度规范后的'教育'，是教育发展的一个新的阶段"[③]。《学会生存》一书中曾对"制度化教育"进行了反思，对学校系统的改造与重建充满信心，学校教育的制度化似乎已成了一种公认的

[①] 康永久：《教育制度的生成与变革——新制度教育学论纲》，教育科学出版社，2003 年版，第 90 页。

[②] ［美］菲利普·库姆斯著，赵宝恒、李环等译：《世界教育危机》，人民教育出版社，2001 年版，第 3 页。

[③] 李家成：《学校教育是"制度"保障下的生活》，《当代教育论坛》，2003 年第 10 期。

看法。爱弥尔·涂尔干在《道德教育》一书中就曾写道:"在一个社会共同体中生活的每个人,需要遵守社会为维护共同生活的福祉而建立的规范。这种规范虽然是强制的,但是出自人性的,是人实现自我的方式,而不是贬低人性或破坏人性的方式。没有这种规范的控制,人类社会就不可能获得为了全体人福祉的更好的治理。"① 试想,如果没有学校制度的规约,正常教育教学秩序就会被打破;就不能保证学校育人功能发挥;课堂纪律也无法保证,学生的学习和教师的教学也不可能正常进行,学校教育就不能继续进行;如果没有学校制度的规约,我们就不能培养出一批批社会有用人才,造就今天繁荣昌盛的大好局面;如果没有学校德育制度的规约,我们就不能彻底贯彻国家、社会、党的教育方针,就不能培养出一批又一批的具有爱国精神、中华文化底蕴、中国特色社会主义共同理想、国际视野的社会主义合格建设者和可靠接班人。因此,我们在反思学校德育制度存在的种种弊端的同时,更应该总结学校德育制度特别是一百多年来中国学校德育制度建设的关键成功因素有哪些,学校德育制度的道德性和德育制度存在的合法性是什么。我们不仅需要宏观层面的研究,更需要微观层面的探索和论证,更需要把学理和实践结合起来进行思考。

如果把目光聚焦到微观的学校德育制度,它又是一种怎样的现实存在呢?当我们走进一所学校时,首先映入眼帘的大多是学校校训、办学思想、党的教育方针、中小学生守则、社会主义核心价值观宣传语或图画等等;继续往前行,在办公楼前我们往往会发现教风、学风等标语,在教学楼前我们往往会看到一幅幅排列整齐的年级或班级学风评比栏,里面公示的项目一般会有迟到人数、早自习情况、晚自习情况、早操情况、晚读情况、穿校服情况、班级卫生情况等;如果正好碰到考试刚过,就会有班级、年级分数,优秀学生的表扬名单。随便走入一间教室,你会看到班级黑板上方正中央悬挂着班级的奋斗标语,讲台左边会贴着班规、课程表以及学校的一些规章制度等。如果是寄宿制学校,在学生宿舍门口我们会看到学生公寓门卫管理制度,进入宿舍,会看到宿舍管理的相关规定,如作

---

① [法]爱弥尔·涂尔干著,陈光金等译:《道德教育》,上海人民出版社,2001年版,第55、39页。

息时间、用水、用电制度……总之，无论我们走入哪一个空间，都可以看到墙上悬挂的各种管理规定（制度），我们会感到制度的无处不在，我们看到的是大量现实存在的"贴在墙上""挂在嘴上"的文本制度。作为学生、作为家长、作为教师、作为学校领导又是如何看待这些制度的呢？制度规约下的学校生活又是什么模样？

在"实现中华民族伟大复兴的战略全局和世界百年未有之大变局"这"两个大局"背景下，社会主要矛盾变化带来了新特征新要求。中国经济发展由高速度增长向高质量发展转变，中国基础教育也在寻求高质量发展道路。2019年至2020年，中共中央、国务院相继出台了《中国教育现代化2035》《加快推进教育现代化实施方案（2018—2022年）》《关于新时代推进普通高中育人方式改革的指导意见》《深化新时代教育评价改革总体方案》等重大政策文件，这意味着学校教育将要发生重大转型，学校教育要培养创新型人才，彻底打破只育分不育人的现象。面对急剧变革的制度环境，面对变化着的教育对象，学校德育制度也需顺应时代潮流，积极应对。面对现实中的诸多问题和制度现象，我不禁要思考学校德育制度是怎么规定并实现着德育目标，并怎么通过教师、学生来实现的？好的学校德育制度的评判标准是什么？不同年代的德育制度在当年的学生身上打下了什么样的历史烙印？如何形塑生活于其中的学生个体，养成其个体德性？应呈现什么样的时代特征？而这又如何反过来印证了学校德育制度的变迁？

多年前，我大学毕业分配到一所中学做教师，年轻的我承担着5个班的学科教学任务，同时担任一个班的班主任。刚开始，对班级管理工作毫无头绪，加之我是外省人，对当地语言、习俗都不了解，碰到班上调皮捣蛋的学生真有点束手无策，时间一长，班风学风也受到影响。后来本班搭伴的一位老教师给我出了一个招，在班级试行制度量化管理，把学生一日的行为（包括学习、纪律、卫生等）全部量化打分，由班干部做好记录，每天公布。这一招刚开始果然很灵，上我班课程的老师都对我说现在纪律好了很多，连那几个上课经常调皮捣蛋的学生也乖了很多。可是，好景不长，有些学生对这个办法似乎无所谓了，又原形毕露了，一个月后这种量化管理的办法慢慢失效了。当时我费尽心思，依然没有找到好的解决办法治服那几个捣蛋鬼。

尽管有过这么一段经历,后来当我走上学校管理岗位后,经常挂在嘴边的话,头脑中思考的还是:在学校管理中应该实行制度化管理,要对事不对人。因为只有这样,学校才不会因为某位领导的更换和调整而发生大的慌乱。尽管如此,我在学校管理中还是碰到一些至今无解的事情。比如学校有一位深得家长和学生喜爱的班主任,因为一学期来在学校政教处组织的每月优秀班级评比中获得优秀班的次数很少,在年终评优时就不符合条件,在学校优秀班主任评比中落选了。后来,有人就反映说,学校政教处组织的优秀班级评比就是看那个班卫生做得如何,学生出勤情况如何,学生宿舍被子叠得如何,等等。总之大家对这种评比的办法似乎并不认同。不过,意见归意见,至今学校这方面的学生管理制度也依然故我,而且对学生这方面的要求更严格了。不少班主任也"顺应"学校管理制度的要求,学校重点抓什么,班主任就重点抓什么,因为这些与班主任的切身利益密切相关。

后来,我开始了教育学、德育方面的学习与研究,团队在制度德育的研究中,对学校制度的道德性提出了质疑,对学校学生的制度生活进行了学理上的研究和考证,期望着创新学校德育管理的制度,期待着我国学校德育体系的系统建构。作为一个有着较长教育实践经历的研究者,我也开始被卷入,开始了对学校德育制度的思考。我想,单纯地对现在的学校德育制度进行静态的描述恐怕还是远远不够的,我们需要把我国学校德育制度放在一个较长的时空里去反思,这样才能真正发现学校德育制度的问题所在。于是,我把眼光投向我国学校德育制度变迁的研究,以广西某中学作为典型研究个案,对我国中学德育制度变迁进行系统的历史考察,去积极反思现行学校德育制度所代表的管理话语,去揭示影响学校德育制度变迁的因素、动力和阻力有哪些,学校德育制度变迁的国家逻辑、校本逻辑是什么,学校德育制度变迁中又存在哪些问题,在此基础上对我国学校德育制度的建设提出一些建议,作一些展望。

2. 研究意义

胡适曾对制度史有两种看法:"一、单叙述制度的沿革变迁,略论《九通》中所记而加详。这是死的制度史。二、不但叙述制度的历史,还要描写某种制度之下的"学生"生活状态。这才是活的制度史"。[①] 笔者所要描述的不正是这样的"活"的制度史吗？本研究选择"历史研究"取向，以时间为纵轴，以辛亥革命推翻帝制至今100多年的历史，中国共产党第一个一百年的奋斗历史为时间线索，运用历史研究法、个案研究法对我国各个阶段的学校德育制度进行主题探究，对制度变迁内容进行梳理，对百年中学德育制度变迁历史过程进行研究。本研究主要有三方面意义：

在方法上，以制度变迁的主要论域为基本理论依据，采取历史研究和个案研究相结合的方法，并借鉴制度分析、政策分析思路，对我国学校德育制度百年历史变迁中的动因、主体、模式、路径等特征进行阶段描述，揭示学校德育制度变迁的影响因素、动力机制和路径选择。历史研究和个案研究的结合，有利于我们更加深刻认识宏观和微观制度产生的社会根源、时代背景及具体内涵，可以更加深刻地把握学校德育制度的产生、发展、变化及应对的规律性，从而为我们建构新德育制度和改进原有制度提供方向性指导。

在理论上，以我国学校德育制度和广西 NS 中学德育制度百年变迁历史为主线，着重考察国家层面学校德育制度内容方面的变迁，主要是德育制度环境、德育制度价值取向、德育课程制度、德育组织制度、德育教师制度建设等方面的变迁；校本层面学校德育制度执行中表现出来的制度生活样态；揭示我国学校德育制度变迁的国家逻辑、校本逻辑和二者的互动逻辑。这种历史梳理对德育理论自身发展来说也是一个反思自身、提升自我的契机，也有利于提高德育研究的自觉性。

在实践上，通过对个案学校德育制度变迁历史的梳理，描述德育制度在校本执行过程中表现出来的学校制度生活样态，揭示基层学校德育制度变迁的影响因素、动力机制和路径，为基层学校德育制度变革的实践提供一些参考和借鉴。

[①] 白吉庵、刘燕云编：《胡适教育论著选》，人民教育出版社，1994年版，第198页。

二、研究综述

1. 关于学校制度及其变迁的研究

(1) 关于学校制度的研究

对学校制度的理解有狭义和广义之分。狭义指的是一个国家各级各类学校的体系方面的规则，简称"学制"。广义的学校制度是指为了约束学校和与学校有关的组织、机构、个人的行为而制定的教育法律、政策、规章等成文的规则体系，以及学校、学校所在社区中的组织、个人认可了的与学校有关的习惯、道德标准、风俗等未成文的规则体系。[1] 广义的"学校制度"包含了狭义的"学校制度"。学校管理制度主要包括学校内部的领导体制、组织机构和管理制度，代表性的书籍有萧宗六著的《学校管理学》、赵敏和江月孙主编的《学校管理学新编》、孙灿成主编的《学校管理学概论》等等。这些书中都对学校领导体制的演变、学校组织机构的体系、学校规章制度的分类和执行等作了概述。本研究的学校制度是广义的学校制度，是学校内部指导和规范各项教育活动、协调学校成员及内部各组织之间利益关系的规则体系。它是学校组织内部及其成员的行动框架，它详细规定了应当遵守的规则与未能遵守的相关惩罚措施。

(2) 关于现代学校制度的研究

对现代学校制度的研究，主要是通过课题研究和国家相关政策来推进。从政府和官方支持的课题研究来看，主要有：《2000年中国教育发展报告——教育体制的变革与创新》，书中以《奠定新世纪教育发展的体制框架与制度基础》为题的主报告，清晰地论述了教育制度环境的现状、政府在市场中的作用、学校的性质与运行规律、新世纪教育体制的选择等问题；[2] "十五"期间中央教科所朱小蔓教授主持的国家重点课题"基础教育阶段现代学校制度理论与实践研究"，采用实验研究法、比较研究法、行动研究法，并结合问卷调查、测量等定量研究方法，形成了现代学校教育

---

[1] 褚宏启：《建设现代学校制度：校长应注意什么》，《中小学管理》，2005年第6期。
[2] 北京师范大学教育改革与发展研究中心：《2000年中国教育发展报告——教育体制的变革与创新》，北京师范大学出版社，2000年版。

制度的内涵、基本特性等方面的基本结论，同时分析了其基本体系、基本类型的分类标准以及建设的基本原则；①立足区域发展，2005年上海市普陀区教育局启动了"普陀区现代学校制度建设若干方面的实践与研究"课题，着眼学校内部关系和学校与社区关系的探索，围绕"科学的制度、民主的管理、开放的校园"三大研究领域，进行了有目标、有组织、有策略、有步骤的行动研究，回答了现代学校制度建设为了什么、可以做什么、怎么做等问题。②

随着政府和官方课题研究的推进，相关的政策也相继出台。《2003—2007年教育振兴行动计划》中明确提出"深化学校内部管理体制，探索建立现代学校制度"。《国家中长期教育改革和发展规划纲要（2010—2020年）》第十三章中提出："建设依法办学、自主管理、民主监督、社会参与的现代学校制度，构建政府、学校、社会之间新型关系。"

与此相应，相关学者对现代学校制度的理论研究也逐步深入。徐建平运用政治哲学、社会学、经济学等社会科学理论，在国际比较和实地求证的基础上，对学校与政府、市场、社会之间的关系进行了理论探讨。③代表性的文章有褚宏启的系列文章如《审视现代学校制度》《我们需要什么样的现代学校制度》《建设现代学校制度：校长应注意什么》等，在这些文章中，他详细界定了现代学校制度的内涵、实质，学校与市场机制、政府重建的关系，旗帜鲜明地提出了现代学校制度的教育本质与价值追求。他反对将现代企业制度的研究范式移植到现代学校制度的研究中，反对仅以产权、回报、法人和所有制形式等作为构建制度的逻辑。范国睿强调以校本管理为原则，建立一套包括现代学校法人制度、现代学校产权制度和现代学校自组织制度的学校制度体系，并认为现代学校制度建设的难点在于政府放权、社会中介组织建设和校长自身素质缺乏准备。④蒲蕊从制度

---

① 朱小蔓主编：《基础教育阶段现代学校制度的理论与实验研究》，教育科学出版社，2008年版，第9页。

② 李学红主编：《现代学校制度建设的实践与研究》，华东师范大学出版社，2008年版。

③ 徐建平：《学校：在政府、市场与社会之间——现代学校制度的理论探索及启示》，教育科学出版社，2011年版。

④ 范国睿：《政府·社会·学校——基于校本管理理念的现代学校制度设计》，《教育发展研究》，2005年第1期。

分析的视角对学校和政府的关系进行了剖析，提出制度创新是新时期政府与学校关系重建的基本路径。李兴洲[①]、冯建军[②]、田惠生等[③]更关注现代学校制度的公正性和价值取向。还有一些硕士论文运用制度经济学理论对现代学校制度进行了研究。[④]

总之，对现代学校制度的研究，学者们的关注点不尽一致。有的从宏观上强调教育属性的公益性、公共性与产业性、私利性的矛盾处理；有的从中观层面关注学校与政府、社会的关系以及学校内部的各种关系的理顺，强调学校的独立性、自主性、法人地位；有的从微观层面，如公民参与、学校管理创新、学校民主管理、校本管理、课程变革等论述现代学校制度的构建。不过总体来看，关于现代学校制度的研究主要还是集中在政府、学校、社会之间新型关系的构建上，对学校内部的制度建设，特别是对德育制度建设的关注还是比较少。

（3）关于学校制度变迁的研究

第一，运用制度分析理论研究学校制度变迁。运用新制度主义理论对教育制度变迁进行研究的代表性著作有刘慧珍、康宁、崔玉平、黄启兵、熊志翔、康永久、马健生、周彬、张翼等学者的博士论文。期刊文献中有代表性的文章有李江源[⑤]和康永久、马健生、刘国艳、贺武华、周金玲、

---

① 李兴洲：《现代学校制度的价值取向探析》，《当代教育科学》，2005年第20期。
② 冯建军：《论现代学校制度的公正性》，《教育科学研究》，2008年第11期。
③ 田惠生、李继星、徐美贞：《现代学校制度建设的价值取向》，《人民教育》，2006年第2期。
④ 管恩武：《创建中国现代大学制度的制度经济学分析》，山东大学硕士学位论文，2005年；陈建新：《我国现代学校制度变迁机制研究》，华中师范大学硕士学位论文，2007年；单海源：《新制度主义视角下我国现代学校制度变迁研究》，哈尔滨师范大学硕士学位论文，2010年。
⑤ 李江源：《论教育制度变迁》，《河北师范大学学报（教育科学版）》，2010年第11期；李江源：《论教育制度的变革》，《清华大学教育研究》，2011年第4期；田正平、李江源：《教育制度变迁与中国教育现代化进程》，《华东师范大学学报（教育科学版）》，2002年第1期。

罗燕等的系列文章。^①归纳起来主要体现以下几个方面特点。

首先运用了新制度经济学的主要观点如产权、交易费用、制度环境、制度安排、有限理性、路径依赖、成本—收益理论、博弈理论、经济人假设、制度变迁主体、动力、模型等分析教育制度变迁。如林荣日运用制度变迁理论和博弈论分析了我国高等教育发展的根本原因；[②] 康永久借鉴新制度经济学的分析方法，深入揭示教育制度生成与变革的逻辑即自在性教育制度→强制性教育制度→自主性教育制度，提出了新制度教育学的分析框架和概念体系，他认为所谓新制度教育学的分析方法，其最具特色的部分主要包括制度个人主义的分析方法、成本—收益分析方法和均衡—非均衡分析方法，它们均以新经济人假设为前提；[③] 马健生运用新制度主义对教育改革进行了分析，他分析了教育改革中的动力来自哪里，影响教育改革进程的各个因素如何相互作用，导致教育改革成败的根源何在；周彬借助经济分析方法，分别从教育发展与学校变革过程中的个体层面、组织层面和制度层面，分析了教育个体的动力机制和行为抉择，他认为推动教育发展与学校变革的力量乃是背后的利益机制；[④] 张翼以新制度经济学为理论基础，运用制度分析法、案例分析法等对我国25年来教育发展与教育制度改革和教育制度变迁进行了较为系统的理论与实证分析，从而论证了我国教育发展的动力关键来源于合理的教育制度安排、教育制度变迁与教育制度创新；[⑤] 李江源的系列文章运用制度经济学方法分析了教育制度变迁

---

① 康永久：《教育制度：最重要的教育资源》，《教育与经济》，2001年第3期；马健生：《试论教育改革中的制度变迁》，《教育科学》，2003年第3期；刘国艳：《制度分析视野中的学校变革》，山东师范大学博士学位论文，2006年；刘国艳：《三十年来我国基础教育制度变迁的回望与分析》，《河北师范大学学报（教育科学版）》，2012年第8期；贺武华：《教育制度变迁与我国高等教育发展——新制度经济学视角》，《开放教育研究》，2003年第4期；周金玲：《基础教育制度变迁的经济学分析》，《学术月刊》，2003年第11期；罗燕、叶赋桂：《2003年北大人事制度改革：新制度主义社会学分析》，《教育学报》，2005年第6期。

② 林荣日：《制度变迁中的权力博弈——以转型期中国高等教育制度为研究重点》，复旦大学出版社，2007年版。

③ 康永久：《教育制度的生成与变革——新制度教育学纲》，教育科学出版社，2003年版。

④ 周彬：《决策与执行：制度视野下的学校变革》，教育科学出版社，2005年版。

⑤ 张翼：《教育发展与制度选择——我国二十五年来教育制度变迁分析》，暨南大学出版社，2012年版。

的本质，提出了教育制度变迁的条件、阻力，变迁的规律性。

其次是研究对象主要是高等教育制度和宏观、中观层面的教育制度。从以上分析也可以发现，他们研究的对象多是高等教育和一般意义的教育制度。在中国知网优秀博硕论文全文数据库检索到的教育制度变迁或演变方面的博士论文和硕士论文，研究内容主要有高校教学管理制度演变、研究生招生制度演变、本科学生管理制度演变、高校人事制度变迁、中国高等教育结构、大学行政化、美国远程高等教育质量认证制度、高校人文社会科学教育促进制度变迁的作用机制研究、中国高等教育制度变迁中的权力博弈、国家助学贷款转移支付研究、晚清留学制度演变、英国大学制度演变等等。其他的涉及学制变迁、中国近代课程制度变迁、城乡教育关系制度的变迁、我国学前教育投资制度、高考改革相关制度等等。

迄今为止，新制度主义在教育制度变迁问题上的研究还更多体现在方法上的借鉴和较为宏观的理论研究，缺少实证研究和微观研究。周雪光曾从学术史的角度对不同研究类型进行概括，认为大量研究工作做的是资料积累和实证研究这一类的工作，它们积累了实证研究资料，扩展了理论解释的空间和应用的范围，有助于理解这个理论到底能解释多少问题。[①] 在我国，目前新制度主义理论在教育领域、学校制度、学校德育制度的研究还是比较缺乏的。正如有学者曾说过的："我国公立学校制度变革研究还处于一个从自发到自觉过渡的阶段。研究没有很好地将教育热点问题与公立学校制度本身联系起来；对现代教育体制的理论和政策研究严重忽视中国公立学校制度史，不能真正揭示中国公立学校制度的真相和症结；……不足以使人们看到公立学校内在的制度变革需求。"[②]

第二，从教育改革视角来研究学校制度变迁。限于研究所限，这里的学校主要是指我国基础教育的公立学校。在教育制度环境变革的大背景下，对学校变革的关注或以学校为中心的研究也越来越多，这些研究中大都涉及学校管理制度变革。来自学校管理第一线的自主探索研究有：上海市晋元高级中学赵凤飞校长主持的学校内部制度创新成果《选择教育》；

---

① 周雪光：《组织社会学十讲》，社会科学文献出版社，2003年版，第67页。
② 康永久：《当代公立学校制度变革研究述评》，《比较教育研究》，2004年第11期。

张海经主编的《现代学校管理制度的探索与实践》记录了广东中山市桂山中学对现代教育管理制度艰难探索的过程及其理论研究成果；周俊主编的《现代学校制度建设的理论与实践》；等等。这些一线管理者的研究成果主要是对办学实践中学校管理制度变革的经验总结。

对学校制度变革作出系统性思考的，尤以叶澜教授主持的"新基础教育"改革系列成果最为突出，通过三个阶段、三个五年的"新基础教育"改革，形成了大量理论与实践的成果，比如《"新基础教育"论——关于当代中国学校变革的探究与认识》《学校转型中的管理变革——21世纪中国新型学校管理理论的构建》《"新基础教育"学校领导与管理改革指导纲要》《"新基础教育"发展性研究专题论文·案例集（上）——学校管理·班级建设》等等。"新基础教育"的学校制度变革是从"学校转型"的角度研究和探讨学校管理制度的更新和重建，既有理论研究成果，也有实践改革的案例。其中不少学者是以某一所学校为个案对基础教育学校管理制度变革过程进行深度描述的，代表性的有：胡惠闵的博士论文采用质性研究方法，对一所小学管理制度变革进行研究；张红霞的博士论文《在变动中寻求秩序——转型性变革背景下学校内部制度更新》，结合案例及其制度文本的分析，从变革前和变革后两个维度对一所学校的制度变革实践过程进行了深度解析，进而提出在转型性变革背景下，需要从教育学的立场出发，对学校内部制度进行更新与变革；杨全印的博士论文采用个案研究法对华东师范大学附属中学的学校文化进行透视，其中也描述了这所学校制度文化的形成过程。[①] 以上研究把理论与实践结合起来，采用质性研究的方式对基础教育学校个案制度变革进行深度解剖、动态研究，为学校德育制度变迁研究提供了研究思路。

2. 关于学校德育制度的研究

（1）认为学校德育要重视制度建设

德育制度是连接德育理论和实践、德育思想与行动的桥梁。在我国较早的德育论著中，胡守棻先生就提出在德育管理方面要建立健全规章制

[①] 杨全印、孙稼麟：《学校文化研究——对一所中学的学校文化透视》，教育科学出版社，2005年版。

度，要对德育实行科学管理，要领导好一支德育工作队伍，必须有一定的章程，即有健全的规章制度，使大家有章可循、步调一致。① 班华教授也曾指出："任何一种德育，都要根据一定的德育思想建立起一套实践体系，其核心就是德育制度。没有制度体系保障的德育思想，是不会成为实际的教育行动的，因而没有制度化的现代德育思想，也就不会有现代德育实践。"②

针对本世纪初中国社会道德出现的某种无序状况，整个社会缺乏基本的道德共识和共同遵守的道德准则，社会和学校德育实效性不高的困境，2000年杜时忠教授提出解决道德问题的最终办法在道德之外，阻碍我国现代化建设前进步伐的，固然有传统的伦理道德和价值观念，但最大的障碍来自于制度上的缺陷。要解决我国社会道德现状中存在的问题，首先应进行制度改革与制度建设，而不仅仅是道德建设。③ 2001年他又在《人民教育》发表文章《制度比榜样更重要》，呼吁学校德育要重视德育制度建设，要克服以往德育制度"单向""错位"和"形式性"的弊端，要从学生参与原则、发展为主原则、服务生活原则三个方面来对学校德育制度的道德合理性进行"论证"。2002年，有学者也提出道德失范时期的道德教育必须采取新形式来校正传统德育，最基本的方式即通过制度规训与制度教化，规范人与人之间的社会行为与关系，走一条"由外向内"的道路。④至此，学校德育制度研究的序幕拉开了。

（2）制度为学校德育提供支持和资源

制度为学校德育提供支持；制度是一种道德资源，为学校德育提供价值资源和经济资源。其中刘超良和冯永刚的论述比较有代表性。刘超良运用制度伦理学和制度经济学理论分析了制度本身内含的伦理价值，提出制度是德育的价值资源，制度会影响人们生活的价值取向和人生意义的生成。"新经济人"存在有限理性、追求利益最大化、机会主义倾向，制度是德育的经济学资源，有利于彰显德育公益性，有利于降低德育资源配置

---

① 胡守棻主编：《德育原理》，北京师范大学出版社，1989年版，第253页。
② 班华主编：《现代德育论》（第二版），安徽人民出版社，2001年版，第56页。
③ 杜时忠：《制度变革与学校德育》，《高等教育研究》，2000年第6期。
④ 蔡春、扈中平：《德性培育与制度教化》，《华东师范大学学报（教育科学版）》，2002年第4期。

的交易费用，减少德育工作的不确定性，为德育变革提供支持，保障师生德育利益。① 冯永刚论证了制度与道德的逻辑关联关系，二者具有同一性、异质性、互补性。他提出制度是道德教育不可规避的生存环境，制度环境对道德教育具有合目的性，制度追求的最终目的都是促进人的自由全面发展。制度环境对道德教育具有合伦理性和合规律性。制度还是道德教育的一种资源，作为一种价值资源，可以缓解道德价值冲突，形成社会主流价值形态；可以推动道德价值观的重新建构，利于道德价值的生成和实现。制度作为道德教育的经济资源，有利于降低道德教育活动的交易费用，可以对利益进行选择和整合，产生出更多的道德收益。制度作为道德教育的一种手段，对道德教育有着激励作用、惩戒作用。②

（3）学校德育制度现状和问题

杜时忠教授认为学校德育制度尽管在人性化、发展性、自主性等方面已经取得了很大进步，但还存在许多不尽如人意的地方：学校德育制度是单向的，制度制定中学生是缺位的；是错位的，德育制度的重点放在"纠错"上；是表面的，学校德育制度偏重社会需要，忽视个体需要，导致发展不足。学校德育制度民主化程度低、成人化倾向明显。缺乏必要的自由，影响学生的道德自主建构。③ 胡斌武在梳理近十年学校德育制度基础上，指出学校德育制度存在的主要问题是：自上而下的行政指令性过强，稳定性不够，内容混沌。④ 刘争先对某中学的德育制度进行了个案分析，指出当前中学普遍存在着德育制度的过密化、德育评价的去道德化、德育与教学的融合不够、德育队伍专业化水平不高等问题。⑤ 刘超良采用问卷调查的方式，对学校德育制度制定、执行、实施效果、制度创新等几个方面进行了问卷调查，结果显示：在学校德育制度制定上，制定学校德育制度的主体是有关学校领导和政教处，师生很少参与；在学校德育制度执行

---

① 刘超良：《制度德育论》，湖北教育出版社，2007年版，第80—93页。
② 冯永刚：《制度道德教育论》，北京师范大学出版社，2011年版。
③ 杜时忠、杨炎轩、卢旭：《社会变迁与德育实效》，教育科学出版社，2009年版，第101—106页。
④ 胡斌武：《学校德育制度十年问题与走向》，《学校党建与思想教育》，2006年第3期。
⑤ 刘争先：《中学德育制度存在的问题及其优化》，《基础教育》，2014年第6期。

上，存在片面性，处理学生违纪事件存在偏向、不公正的问题，只重视有关维持学校教育教学秩序和管理学生学习、生活行为的部分，忽视学生道德成长的需要，学校德育制度缺乏反馈—评价机制；在学校德育制度效果方面，能对学校教育教学秩序的维持和学生的学习、生活产生直接的规范作用，但对德育培养学生道德品质方面的规定关注不够，在很大程度上束缚了学生学习、生活上的自由空间；在学校德育制度创新方面，如何调动教师德育工作的动力是实现校本德育创新的关键，国家政府在经济和政策上适当的支持是校本德育创新的重要外在动力。[①] 檀传宝教授在《问题与出路——若干德育问题的调查与专题研究》一书中也对学校德育管理制度进行了问卷调查，从"你们的班规是由谁制定的？""你觉得你们学校的规章制度怎样？""我们学校的规章制度是用来管学生的吗？""有些学校对学生的头发、衣着等都作了详细、严格的规定，对此，你怎么看？""你们学校有体罚或变相体罚学生的现象吗？"等学校德育评价状况方面对中小学德育问题进行了调查研究。调查结果显示，在班规制定方面，学生具有较高的参与度；超过半数学生认为学校的规章制度宽严适度，但也有超过三分之一的学生认为学校的制度很严和比较严；大多数学生认为学校的规章制度是用来管学生的；绝大部分学生对当前一些学校采取罚款的做法来惩罚违反学校纪律的学生表示反对；当前学校存在一定的体罚现象；当前学校评价学生思想道德素质的主要方式是"操行评语"，其次是"量化打分"，评语公式化，对自己成长没有促动。[②] 上述研究尽管采用的方式方法会有差异，但反映出现行学校德育制度在制定、实施、内容等方面存在的许多共性问题，而这些问题集中体现在学校德育制度是否具有道德性上。

(4) 学校德育制度的道德性拷问

制度本身体现着一种价值取向，在学校德育制度建设的问题上存在着制度伦理和制度德性的考量。对学校德育制度道德性的反思，一是与教育界对人的主体性的研究和重视密切相关的。鲁洁先生认为传统德育模式存在着种种问题，"形成了德育理论与实践中的'人学空场'，……它所传授

[①] 刘超良：《制度德育论》，湖北教育出版社，2007年版，第228—230页。
[②] 檀传宝等著：《问题与出路：若干德育问题的调查与专题研究》，浙江教育出版社，2009年版，第91—106页。

的又是剥离了人性内涵的空洞的道德规范，在实施中又背离了把握人性所特有的过程与规律"①。因此她提出人对人的理解是道德教育的基础。这种对人的关注，对人主体性的高扬直接影响着人们对传统德育，对学校德育制度的反思。二是源于伦理学中对制度伦理的思考即对制度的正当、合理与否的认识与评判。制度伦理就是指制度包含什么样的价值和依据什么样的价值标准来评价制度，它包含两个方面：一方面是制度本身所蕴含的价值或价值追求；另一方面是对制度正当、合理与否所进行的评判。② 杜时忠、扈中平、李彦然、王书玲、刘超良、刘任丰、朱平③等对我国教育制度、学校制度、学校德育制度的道德性进行了研究，形成一定的理论研究和实践研究成果。

首先从学理上对制度的德性问题进行了论证。杜时忠教授认为所谓制度德性指的是制度是否合乎道德性，以及合道德性的程度。④ 刘超良进一步提出制度本身内含着道德精神。制度德性与个人德性存在关联性，制度德性是个人德性生成的基础和前提，制度德性引导着个人德性的生成，从而影响整个社会道德状况；制度德性优先于个人德性；个人德性能维护与发展制度德性。正因为如此，在制度问题上必须审视其合道德性。

其次，学者们还从实践层面对学校德育制度中存在的道德性问题进行了剖析。刘任丰在其硕士论文中以 K 中学为例，通过研究发现学校制度存在问题，诸如制度观念落后、制度制定主体单一、制度执行存在问题等。后来在其博士论文中，他采用质性研究方法对 H 校学校制度进行了更深层次的考察，从制度的角度来思考学校德育问题，分析了学校制度的形成过程、机制及其对学校德育的影响。研究发现学校制度在数量、价值追求、

---

① 鲁洁：《人对人的理解：道德教育的基础》，《教育研究》，2000 年第 7 期。
② 施惠玲：《制度伦理研究论纲》，北京师范大学出版社，2003 年版，第 25 页。
③ 杜时忠：《制度何以育德？》，《华中师范大学学报（人文社会科学版）》，2012 年第 4 期；蔡春、扈中平：《德性培育与制度教化》，《华东师范大学学报（教育科学版）》，2002 年版，第 4 期；李彦然：《学校德育制度论》，华中师范大学硕士论文，2002 年；刘超良：《论制度德性》，《江西教育科研》，2004 年第 10 期；刘任丰：《学校制度的道德审视及其改造》，华中师范大学硕士学位论文，2002 年；朱平：《制度伦理视野下的高等教育制度》，厦门大学博士学位论文，2007 年。
④ 杜时忠：《人文教育与制度德育》，安徽教育出版社，2012 年版，第 293 页。

结构、语言表述、变化频率、程序正义等方面存在的问题。[①] 还有学者认为中小学班级管理制度的德育功能并没有得到应有的开发，问题在于班级管理制度的制定缺乏道德合理性，其执行过程缺乏公正与合理等，对其原因进行了分析，并提出了相应的对策。[②]

（5）优良学校德育制度建设问题

针对当前学校德育制度道德性方面存在的问题，学者们提出了建构合理的、道德的德育制度的原则和操作性做法。杜时忠教授提出应该从三个方面入手：学生参与原则、发展为主原则、服务生活原则。[③] 刘超良对德育制度进行了伦理学分析，提出了好的德育制度的价值标准，即正义、发展、自由。张敏从公民培养的角度提出了优良学校制度应该具备这样一些特征：应以人的自由全面发展为出发点和归宿；自由、平等、民主等为价值基础；各教育主体的权利界定为关键环节；各利益主体的民主参与为建构方式。[④] 刘任丰提出对学校制度进行德性改造的一些措施：基于公正和人的自由全面发展的理念来革新学校制度建设，完善制度结构体系，严格学校制度执行，审视学校具体制度道德性，培养学生基准道德意识。傅淳华、杜时忠提出在德育制度设计的价值立场上要权利立场优先于德性立场，其总体上应以"权利优先"为前提，以德性为导向，[⑤] 依照公正原则在学校制度生活中全面关注"较不利者"，对"较不利者"学生进行利益补偿。[⑥] 针对学校德育实践，卢旭提出要引导学生参与学校德育制度的建构，[⑦] 张添翼、杜时忠提出要提升学生参与学校制度建构的品质，[⑧] 等等。

[①] 刘任丰：《学校制度的个案研究》，华中师范大学博士学位论文，2013年。

[②] 王书玲：《教育制度的合道德性研究》，南京师范大学硕士学位论文，2005年。

[③] 杜时忠：《制度比榜样更重要——新时期学校德育制度建设初探》，《人民教育》，2001年第9期。

[④] 张敏：《试析优良学校制度与学生公民精神养成》，《教育导刊》，2011年第10期。

[⑤] 傅淳华、杜时忠：《德性与权利：德育制度设计的价值立场探析》，《国家教育行政学院学报》，2016年第2期。

[⑥] 傅淳华、杜时忠：《关注"较不利者"——学校制度生活中的利益补偿实践初探》，《教育发展研究》，2013年第24期。

[⑦] 卢旭：《引导学生参与学校德育制度建构》，《教育研究与实验》，2013年第1期。

[⑧] 张添翼、杜时忠：《论学校制度建构中的学生参与品质及其提升》，《中国教育学刊》，2016年第2期。

（6）如何以道德的制度培养有道德的人

研究学校德育制度存在的问题，拷问学校制度的道德性，最终目的就是要达成用道德的制度来培育道德的人。教育学关注的是通过学校制度来培养个人的道德或道德的个人，这也是制度育德的本质所在。对此，杜时忠教授提出了实现制度育德的三部曲：第一，制度是教育资源；第二，制度是教育过程；第三，制度是生活方式。① 在这个"三部曲"中，前两部是对制度育德"是否可能"的追问，第三步是制度育德"怎样展开"的操作性问题，即要实现德育制度从理论建构到学生德性培育的实践转换，体现德育制度积极的德育力量。

3. 关于学校德育制度变迁的研究

国内学者关于我国中小学德育研究的文章很多，但研究学校德育制度变迁的文章并不多。通过对这些为数不多的文章的查询，可以看出对学校德育制度变迁的研究还处于薄弱阶段。从文献的梳理结果来看，主要内容概括如下。

孙少平对新中国成立50年中国学校德育发展理论和实践作了一次全面的梳理，其中不乏对新中国德育50年德育政策内容的描述和分析。② 李学农、冯建军等对改革开放以来学校德育发展进行了回顾，其中就包含德育方针与德育政策、德育价值与目标、德育内容与课程等方面的分析。③

李红梅对1978—2004年国家层面的学校德育制度演变进行了分析，运用政策学的研究方法和理论，从制度环境、制度本身和制度的执行者三个方面对国家德育政策制定和实施中存在的问题进行了分析，指出德育制度制定上主要采用的是精英模式和渐进模式，学校德育越来越受到国家的重视，德育外延不断扩展，德育任务和目标呈现层次性、系列化的特点。④

周宏芬运用政策分析方法，从选定的理性、符号、规范等三个视角审

---

① 杜时忠：《制度何以育德？》，《华中师范大学学报（人文社会科学版）》，2012年第4期。
② 孙少平：《新中国德育50年》，福建教育出版社，2002年版。
③ 冯建军等：《中国教育改革40年：学校德育》，科学出版社，2018年版；朱永新主编：《中国教育改革大系德育卷》，湖北教育出版社，2016年版。
④ 李红梅：《我国学校德育制度分析》，华中师范大学硕士学位论文，2004年。

视了小学德育政策，呈现了1978年至2000年小学德育政策的整体面貌。①

熊孝梅以社会政治与经济的重大政策调整为划分依据，将改革开放以来国家颁发的德育政策划分为五个阶段：满足国家政治需要的转折时期（1978—1984年）、满足国家经济需要及成长需要的改革尝试时期（1985—1989年）、重新满足国家政治需要的改革整顿时期（1989—1991年）、遵循学生成长的品德规律及市场经济改革深入时期（1992—2002年）、强调以人为本，满足学生多方面发展的改革完善时期（2003—2011年）。文章从德育政策体现的德育目标这个视角对五个阶段德育政策的社会背景、德育目标内容、结论等几个方面进行了梳理，认为我国中学德育目标越来越重视以人为本、满足学生个体德性成长需要，德育目标逐渐科学化。②

张晓东从德育目标与价值取向、德育内容与实施、德育管理与保障三个板块对德育政策的文本内容进行分析，从政策制定、政策实施、政策评估三部分，对改革开放以来近30年的中小学德育政策沿革进行研究与分析，对中小学德育政策提出了六个方面的意见。③

冯永刚全面梳理了中国先秦以来，西方自古希腊到近现代的道德教育和制度发展轨迹，对"制度与道德"关系问题进行了系统的论述。④

梁亚男的硕士论文对华中科技大学自建校以来的德育制度，尤其是考勤制度和学术诚信制度的历史演变，运用制度分析理论进行了研究。⑤

综上所述，研究发现学者们对学校道德制度研究或站在教育学立场或跳出学校这个系统，从国家、社会等外在系统来思考道德教育，提出必须采取新形式来校正传统德育，走一条"由外向内"的道路，并且从伦理学、政治学、社会学、经济学、政策学、新制度主义等角度对伦理、制度、道德等进行了理论探讨，特别是借鉴了制度伦理学观点。研究重点主

---

① 周宏芬：《对我国小学德育政策（1978—2000）多元视角政策分析》，南京师范大学硕士学位论文，2003年。
② 熊孝梅：《中学生思想道德素质的实证研究》，华中师范大学博士学位论文，2013年。
③ 张晓东：《德育政策论》，人民教育出版社，2011年版。
④ 冯永刚：《制度道德教育论》，北京师范大学出版社，2011年版。
⑤ 梁亚男：《制度分析理论视角下的高校德育制度研究》，华中科技大学硕士学位论文，2014年。

要在学校德育制度的现实批判、制度的价值导向和怎么样建设等方法问题上，静态研究多、时间较短，深入系统研究和论证学校德育制度变迁的阶段、特点和规律的文章并不多见。学校制度的法制性、法治性研究不够，在学校德育制度建设问题上主要是一种问题解决模式，缺少目标模式、愿景模式。而且教育学学者们对制度变迁的研究在研究对象的取舍上多是选择高等教育制度和国家层面宏观、中观的教育制度和德育政策，缺少对中小学校教育制度和德育制度的中观和微观研究。

学者们对制度变迁的研究在方法上也多借鉴新制度主义的理论和术语，往往容易出现生搬硬套现象，缺少案例式的实证研究和微观研究，周雪光曾从学术史的角度对不同研究类型进行概括，他认为大量研究做的是资料积累和实证研究这一类的工作，它们积累了实证研究资料，扩展了理论解释的空间和应用的范围，有助于理解这个理论到底能解释多少问题。[①]

三、研究思路、研究内容与研究方法

1. 研究思路

本研究通过对制度、制度变迁相关理论文献的梳理，厘定了制度、制度变迁、伦理与道德、德育制度变迁的概念，然后对我国学校德育制度百年变迁历史进行回顾，归纳整理各个阶段制度变迁的主要特征；接着对广西某市百年名校 NS 中学德育制度变迁展开个案考察；在此基础上对我国学校德育制度百年变迁规律进行探寻，总结我国学校德育制度百年变迁的国家逻辑、校本逻辑及二者之间的互动逻辑，最后对优良学校德育制度变迁建构之路径提出三个方面建议，具体如下图：

---

① 周雪光：《组织社会学十讲》，社会科学文献出版社，2003 年版，第 67 页。

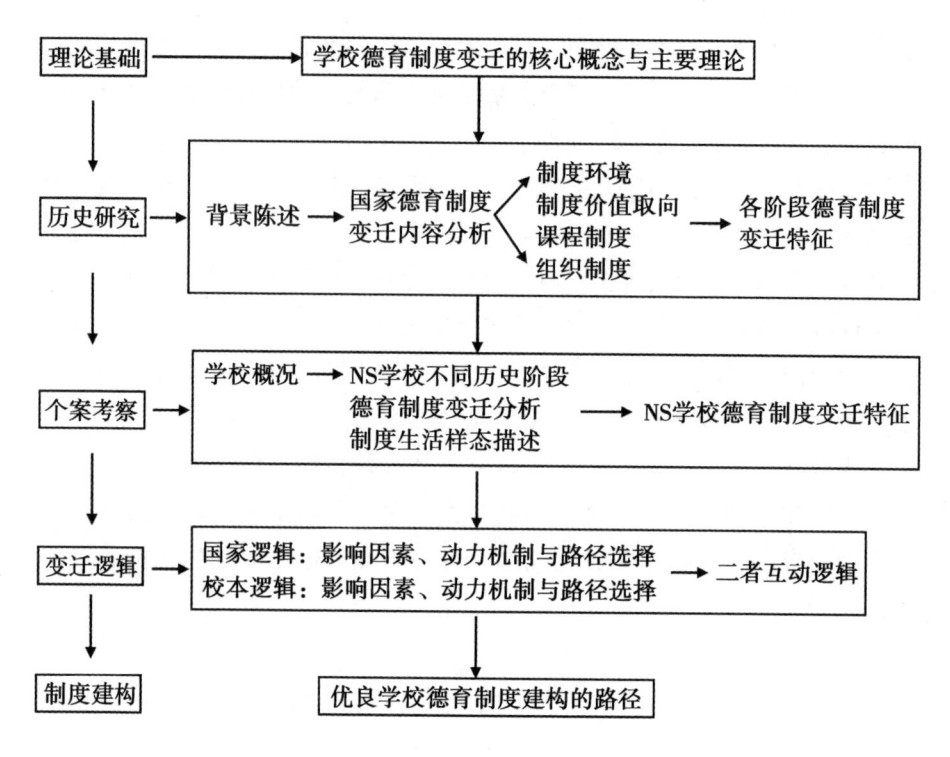

图 1　我国基础教育学校德育制度变迁研究思路

2. 研究内容

本研究除导论和结语外，正文分为五章，即核心概念和主要理论、历史回顾、个案分析、变迁逻辑、制度建构。各章的主要观点和内容如下。

导论。陈述了研究缘起、研究综述、研究内容与思路以及研究意义、方法。

第一章，核心概念和制度变迁的主要理论。对制度、制度变迁、德育制度、德育制度变迁等概念进行厘定，归纳整理制度变迁主要理论，明确制度变迁主要论域。制度变迁指制度产生、执行、修订、废止的过程，其实质是一种效率更高的制度代替旧制度的过程。制度变迁具体表现为制度数量的增减、制度内容的变化、制度背后价值观变迁、制度主体和路径的改变等方面。德育制度既包括国家层面宏观的德育制度，也包括基层学校内部的德育管理制度。制度变迁的主要论域有制度变迁的原因、制度变迁的主体、制度变迁的模式、制度变迁中的路径依赖等。制度变迁的原因有制度需求与制度供给变迁、收益—成本变化、学习和竞争；制度变迁主体有利益集团、政府、专业人员等；制度变迁的模式主要有诱致性和强制性制度变迁；由于历史经验等原因制度变迁中存在路径依赖。

第二章，历史回溯。考察和分析了我国学校德育制度变迁的历史，把学校德育制度百年历史分为尝试建立现代学校德育制度（1912—1949年）、模仿和创建新中国学校德育制度（1949—1976年）、改革和创新现代学校德育制度（1977年至今）三个大的阶段，其中1949—1976年又分为制度改造（1949—1956年）、制度探新（1956—1966年）、制度破坏（1966—1976年）三个小阶段，1977—2019年又分为制度重整（1977—1985年）、制度规范（1985—2002年）、制度创新（2002—2012年）、制度深化（2012年至今）四个小阶段；着重考察国家层面学校德育制度数量、内容方面的变迁，主要是德育制度环境、德育制度价值取向、德育课程制度、德育组织制度、德育教师制度建设等方面的分析，概括了各个阶段制度变迁的特征。

第三章，个案分析。以广西某市百年名校NS中学德育制度变迁为个案，对该校民国时期保存下来的校刊中德育制度文本资料进行了分析，对该校1978—2001年的学校制度生活进行了描述，对该校2001年以来的德育制度进行了现状和特征分析。

第四章，变迁逻辑。结合制度变迁的主要理论和历史回顾、个案考察以及学校德育制度变迁的特征分析，试图从影响因素、动力机制和路径选择等方面归纳整理我国学校德育制度变迁的国家逻辑、校本逻辑以及二者之间的互动逻辑。我国学校德育制度变迁国家逻辑中的影响因素主要是经济基础的决定作用、政治权力的直接主宰、历史文化的渗透冲突、精英人物的推动作用、教育发展的自身逻辑，动力机制与路径选择是政府主导的强制性制度变迁、利益驱动的制度变迁、问题导向的制度变迁。学校德育制度变迁校本逻辑中的影响因素是地方行政部门的考核、评估和检查，学校发展的区域制度环境，校长的更换及学校领导的偏好、领导个性、风格等，教师的专业自主性特点，学校历史文化传统等；动力机制与路径选择是行政导向的强制性制度变迁、生活逻辑的制度变迁、利益驱动的制度变迁。二者之间的互动逻辑体现为二者存在一定的时滞性，二者之间存在一致性和适度调适，二者之间有时存在反效作用。

第五章，制度建构。对未来优良学校德育制度的建构进行展望和提出建议。明确公平正义是学校德育制度的价值追求；协调好制度主体的利益是学校德育制度变迁的内在动力；处理好"变"与"不变"的关系，系统规划学校德育制度内容变迁。

3. 研究方法

（1）文献研究

文献法是指在确定研究目的和问题的基础上，通过对已有的国内外相关研究成果及文献资料进行搜集、整理、解读、分析等方式，来阐明和解决问题的一种研究方法。文献法是本文使用的一种最普遍的方法，从选题的确定到理论依据的建构再到论文展开都离不开这种方法。本研究查阅了国内外有代表性的新制度主义理论、制度教育学、教育社会学、组织社会学、德育制度变迁、制度演变等相关著作及期刊文献，梳理了新制度主义、学校德育制度演变的研究成果与现状，同时吸纳其他相关的研究成果为本研究奠定理论基础。

（2）历史研究

历史总是力图"把所有零乱的东西"，"把过去的杂乱无章的枝梢末节"熔合在一起，"综合起来浇注成新的样态"。[①] 本研究以"历史研究"为取向，将学校德育制度的演变放在特定的社会历史条件下进行研究，放在长时间的历史发展进程中进行研究。之所以以历史研究为取向，是因为任何德育问题，任何德育制度变迁都有它产生的特定社会历史条件，只有这样我们才可以更加深刻地认识到它们产生的时代背景、社会根源及具体内涵，也才可以更加准确地回应这些问题，探寻建立优良学校德育制度，分析每一种道德教育实践的形态如何在社会的剧变中生成与变革，孕育与生成新的道德教育形态，把握学校德育制度产生、变化的规律性，从而为我们建构新的德育制度提供更好的历史经验或教训。在这个研究取向下，本研究具体采用个案研究的方法，以时间为纵轴，对我国百年中学德育制度变迁的影响因素、动力机制和路径展开研究。

---

① ［德］恩斯特·卡西尔著，甘阳译：《人论》，上海译文出版社，1985年版，第225页。

(3) 个案研究

传统上对我国教育领域问题的研究习惯于采用思辨的方法。随着人们对现实生活的密切关注以及对研究效果的追求，这一方法遭遇了巨大的危机，于是，人们尝试运用实证研究方法进行突破。实证研究注重对现实状况的事实描述，尤为推崇客观的量化研究，给人感觉更精确、更具体和更容易操作，故实证研究之风推动了教育研究方式的转变。然而，实证研究方法却容易导致一切从经验出发，把复杂的教育现象和教育问题简单化等后果。[①] 因此，个案研究成为政策分析重要的研究方法之一。本研究尝试运用个案研究等质性研究方法，通过访谈法、观察法、实物文本分析等质性研究的具体方式来操作进行，对学校德育制度变迁进行分析和深度描述。质性研究方法是以研究者本人作为研究工具，在自然情景下采用多种资料收集方法对社会现象进行整体性探究，使用归纳法分析资料和形成理论，通过与研究对象互动对其行为和意义建构获得解释性理解的一种活动。[②] 因为质性研究是密集地与长时间地与一个"现场"或生活情境做接触，这些情景基本上是很"平凡的"或普通的，它可以反映日常的生活，包括个人、群体、社会和组织等的日常生活，这种在自然情景里自然地反复地出现的那些日常事件，能让我们稳固地掌握到"真实生活"的样貌。[③] 希望这些描述能够很好处理情景和事件多重混合的情况，这些混合能揭示学校德育制度变迁和学校发展历史中产生的重要而有趣的事件，丰富对研究对象的认识，提高对所研究问题的解释力。

个案研究（Case Study），源自于法国社会学家利普雷（Frederic Le Play）对工人阶级家庭状况进行的研究中所采取的方法。随后，人类学家马林诺夫斯基（Malinowski）在特罗布恩德群岛进行的田野研究也采取了类似的方法。19世纪末，这一方法已经被芝加哥学派大量应用于与工业化相关问题的研究当中。在此之后，个案研究方法便广泛应用到心理学、历

---

① 王洪才：《人种学：教育研究中的一种根本研究方法》，《厦门大学学报（哲学社会科学版）》，2008年第3期。
② 陈向明：《质的研究方法与社会科学研究》，教育科学出版社，2000年版，第12页。
③ Matthew B. Miles, A. Michael Huberman 著，张芬芬译：《质性资料的分析：方法与实践》，重庆大学出版社，2011年版，第11页。

史学、管理学等领域。①

罗伯特·殷（Robert Yin）认为个案研究即研究者通过多重资料来源，对当前生活脉络的各种现象、行为和事件所作的一种探究式的研究。那么什么样的研究适合使用个案研究呢？"一般来说，当提出的问题是'如何'和'为什么'时，当研究者对事件只有很少控制时，以及当重点是一些真实生活情境内的当代现象时，个案研究是较可取的策略。"② 个案研究强调在一个完整的情境脉络下掌握研究现象，着重于探究一个特殊的情景、事件、方案和现象，重点不是从个案研究发现中去扩大了解其他的情境、时空；相反地，它所要问的是："在此个案中所要呈现的是什么？"了解现有现象中复杂的关系及行动者的参照架构与价值观，其兴趣不在于传达一些统计的数据，而是探讨现象的过程、意义的诊释和理解的追求，并将研究者的讯息传递给读者，使之对个案的事件加以思考及诊释。

罗伯特·斯特克（Robert Stake）是这样界定个案的：个案可以简单，也可以复杂。它可以是一个儿童、一间儿童教室，或是一个事件，一次发生……它是许多个中间的一个……个案是一个"有界限的系统"。③ 根据研究的目的，他把个案研究分成内在的个案研究（Intrinsic Case Study）、工具性个案研究（Instrumental Case Study）和多个案研究（Multiple Case Study or Collective Case Study）三种类型。其中，内在的个案研究纯粹出于研究者的兴趣，而并非因为该个案具有代表性或某种特殊属性；在工具性个案研究中，个案更多地被当作探讨某种议题、提炼概括性结论的工具；多个案研究则旨在研究某个总体或一般情况，其兴趣点也不在每个特定的个案上。④ 本研究就属于工具性个案研究，通过访谈法、观察法、实物文本分析等具体方式来操作进行，对学校德育制度在校本执行中呈现的

---

① 潘慧玲：《教育研究的取径：概念与应用》，华东师范大学出版社，2005年版，第182—186页。

② 罗伯特·K. 殷著，周海涛、李永贤、李虞译：《案例研究：设计与方法》（中文第2版），重庆大学出版社，2010年版，第14—86页。

③ Robert E. Stake, Qualitative Case Studies, In Norman K. Denzin and Yvonna S. Lincoln (eds.), *The Sage handbook of Qualitative Research*, Sage Publications, 2005：444.

④ Robert E. Stake, Qualitative Case Studies, In Norman K. Denzin and Yvonna S. Lincoln (eds.), *The Sage handbook of Qualitative Research*, Sage Publications, 2005.

学校制度生活进行分析和描述，归纳出学校德育制度变迁的校本逻辑，来印证或说明学校德育制度变迁国家逻辑的合理性及其与校本逻辑二者之间的互动性。

本研究中使用的广西 NS 学校德育现实生活材料和场景描述为亲身介入观察所得，都是第一手资料。通过重大德育活动场景的描述呈现了该校学生生活的样态，使用了部分访谈资料、校长和教师微博资讯及学生的微博资讯和记叙材料，分析了学校德育制度演变中学校管理者、教师和学生在制度生活中的样态。

根据研究的需要，笔者对学校12位人员进行了深度访谈，并对被访者进行了分类选择。在学校内部，首先是校长。在调查和访谈中总是会首先想到能否访谈校长，因为在学校管理中普遍有这样的说法，"一个好校长就是一所好学校，一所好学校就有一部好制度"，而且校长在学校德育制度变迁中的重要影响也符合人们的日常经验。其次是学校一些中层领导（一般是政教处领导、团委领导），他们往往是学校德育制度的制定者和执行者。再次是班主任和科任教师，因为制度实施归根结底还是要通过他们的教育教学行为来传递给学生。最后是学生，通过对学生的调查访谈，既可以了解学校德育制度实施的真实情况，也可以了解学生家长的一些态度、意愿。考虑到学校德育制度变迁是一个历史的过程，因此在访谈对象的选择上，还会考虑到学校不同时期的领导、教师，如已退休的、在职的中老年教师、青年教师。在学校外部，可以选择一些校友、家长和教育行政领导进行访谈。总之，在访谈对象的选取上，希望尽量能挑选那些在被研究的学校里生活了比较长的时间、了解该学校内部实情、具有一定观察和反思能力的人。这样，他们可以帮助研究者寻找有关信息，创造条件使研究者看到或听到研究学校内部的典型事件，可以从局内人的角度对事件作一些"文化主位"的解释，[1] 甚至可以挖掘出制度内的隐性文化。

（4）制度分析

有学者认为当今学术界存在三种主要的制度分析范式，即理性选择的

---

[1] 陈向明：《质的研究方法与社会科学研究》，教育科学出版社，2000年版，第115页。

制度分析、组织分析的制度主义和历史制度主义。[1] 这些制度分析的新形式，被称为新制度主义。"新制度主义"一词是制度分析领域两个重要人物 March 和 Olsen 在一篇文章中提出的,[2] 于是就有了新旧两种制度主义。Lowndes 从六个分析维度描述了新制度主义的发展：①从关注组织到关注规则；②从只关注正式制度，到同时关注非正式制度；③从静态地看制度，到关注制度的动态性；④从不关注价值，到持价值—批判立场；⑤从关注整个制度系统，到关注制度的内在成分；⑥从认为制度是独立于环境的，到认为制度是嵌入在特定背景当中的。[3]

新制度主义并不是源于某一特定学科，而是一个跨学科的思潮，内部的多样性是新制度主义的一个重要特征。对新制度主义研究比较集中的学科主要是经济学、社会学和政治学。从学科的视角来说，一般制度经济学大都信奉理性选择制度主义；社会学中的制度主义主要是从组织研究发展起来的，所以社会学制度主义有时被称为组织制度主义；政治学领域的制度主义与历史制度主义比较接近，历史制度主义的研究文献在政治学领域出现比较多。尽管各种制度主义存在这样或那样的分歧，但这三种新制度主义范式之间还是有着很多共同的见解和主张。自 20 世纪 90 年代晚期以来，一些学者开始呼吁在制度分析中发起第二次运动，要求进行更具建设性的对话，探讨一些共同问题。美国学者坎贝尔认为至少有三个问题值得共同关注："制度变迁的模式问题、制度变迁的机制问题，以及思想观念与制度变迁之间的关系问题。"[4] 他对三种制度主义分析范式进行了综合，从中选择不同的思想，把它们以各种方式组合起来，进而产生了新的思想。本研究借鉴了他的做法，试图选择经济学的新制度理论、社会学的新制度理论和政治学的新制度理论为我所用。这里笔者把三个学科的新制度

---

[1] [美]约翰·L. 坎贝尔著，姚伟译：《制度变迁与全球化》，上海人民出版社，2010 年版，第 2 页。

[2] March J. G, Olsen J. P.. The New Institutionalism: Organizational Factors in Political Life. *American Political Science Review*，1984，78：734－749.

[3] 转引自柯政著：《理解困境：课程改革实施行为的新制度主义分析》，教育科学出版社，2011 年版，第 74 页。

[4] [美]约翰·L. 坎贝尔著，姚伟译：《制度变迁与全球化》，上海人民出版社，2010 年版，第 4 页。

主义理论作一个简单介绍，见下表。

表1　不同学科新制度理论代表人物、著作及主要观点①

类别	理性选择的制度分析（经济学的新制度理论）	组织分析的制度主义（社会学的新制度理论）	历史制度主义（政治学的新制度理论）
代表性理论	1. 交易成本经济学 2. 演化经济学	1. 认知理论 2. 文化理论 3. 现象学与常人方法学	1. 历史的新制度主义 2. 理性选择的新制度主义
代表人物	科斯、威廉姆森、诺斯、尼尔森、温特	迈耶、罗万、朱克尔、迪马吉奥、鲍威尔、斯科特	马奇、奥尔森、莫伊、谢普斯勒、温格斯特
代表著作	科斯《企业的性质》、威廉姆森《市场和等级制度》《资本主义的经济制度》、诺斯《经济史中的结构与变迁》《制度、制度变迁与经济绩效》等	迈耶和罗万《教育作为制度的影响》《制度化的组织：作为神话与仪式的正式结构》《教育中的新制度主义》、鲍威尔和迪马吉奥主编的《组织分析的新制度主义》、斯科特《制度与组织：思想观念与物质利益》	马奇和奥尔森《新制度主义：政治生活中的组织因素》《重新发现制度：政治的组织基础》
关注的问题和基本观点	关注制度与搭便车、公共池塘资源、经济发展和效率之间的关系	认为组织是开放的，组织内的行为要受到组织之外的力量的影响，这个影响不仅来自技术的压力、效率的问题，还包括意识形态、社会共识等制度环境的压力	关注为什么在相同的历史时期或者面对类似的环境压力，各国会发展出不同的制度，提出核心理论：制度发展是历史依赖或者路径依赖的

---

①　表格根据以下资料绘制：［美］约翰·L.坎贝尔著，姚伟译：《制度变迁与全球化》，上海人民出版社，2010年版，第10页；W.理查德·斯科特著，姚伟、王黎芳译：《制度与组织》（第三版），中国人民大学出版社，2010年版，第32—52页；柯政著：《理解困境：课程改革实施行为的新制度主义分析》，教育科学出版社，2011年版，第75页。

续表

类别	理性选择的制度分析（经济学的新制度理论）	组织分析的制度主义（社会学的新制度理论）	历史制度主义（政治学的新制度理论）
变迁逻辑	工具主义逻辑	适当性逻辑	工具主义与适当性逻辑

当前，在制度分析方法的运用上，我国一些学者也提出了自己的看法，认为对制度分析应进行这样的追问：制度如何发生，由谁制定，谁有权制定？国家制定规则的权限与边界何在？制度到底是内生的，还是外部社会力量强加的？是什么导致制度变迁？制度变迁的目标是效率、公正，还是人性？阻碍制度变迁的力量何在？是因为路径依赖，是特殊利益集团使然，还是其他尚未探明的因素作梗？[①] 还有学者认为制度分析需要探究制度的产生原因、发展轨迹、内在缺陷以及完善路向，它注重的是问题的发现和改进的措施，而不仅仅是对实在制度的某种解释。制度分析的方法论可以从这样几个方面进行审视：在初始的假设设定上，看它是一种作为纯粹解释的先验抽象还是改革方向的理想状态；在分析的推理逻辑上，看它是一种注重形式的数理逻辑还是实质的行为逻辑；在结论的评价标准上，看它是一种基于特定目的的效率原则还是应得权利的正义原则；在潜含的利益导向上，看它是体现崇尚优胜劣汰的强者意志还是人本关怀的弱者诉求；在推出的政策特性上，看它是展示了一种维护现状的消极保守取向还是改革现状的积极进取取向。[②]

以上对采用的四种主要研究方法作了简单介绍，四种方法在本研究的运用可图示如下：

---

① 林杰：《制度分析与高等教育研究》，《北京师范大学学报（社会科学版）》，2004 年第 6 期。
② 朱富强：《制度分析的方法论比较及其实践效应》，《经济社会体制比较》，2011 年第 2 期。

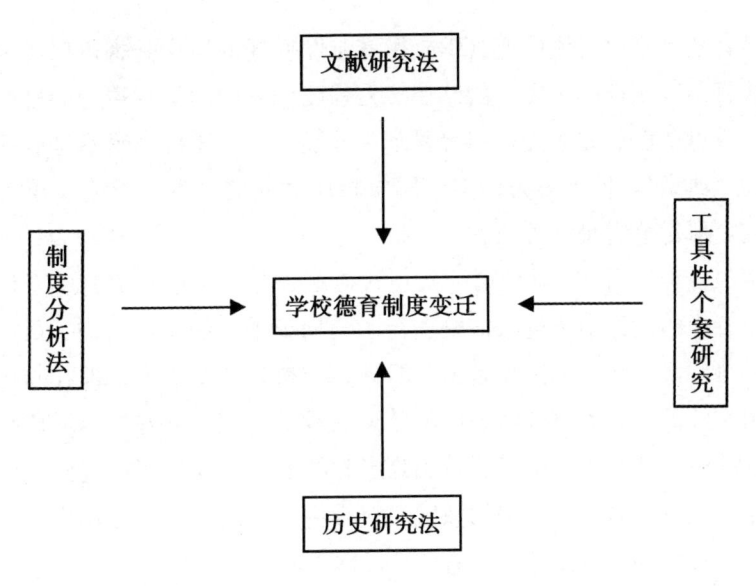

图 2 "学校德育制度变迁研究"研究方法设计

4. 研究对象的选取

之所以选择广西 NS 中学作为介入观察的对象,主要是基于以下三个方面原因。

第一,广西位于我国西部地区,具有一定代表性。NS 中学是广西省会城市中一所百年老校,2012 年 11 月刚刚举行了 115 周年校庆,著名教育家雷沛鸿先生曾在此任校长,是新中国建立后要求第一批重点办好的学校,有着深厚的历史文化积淀。20 世纪 30 年代,李宗仁、白崇禧等新桂系军阀多次到该校视察和演讲,1930 年白崇禧还为该校题写校训"敦品力学",多年来逐渐形成了"真·爱"教育的办学思想,"从严律己、求实存真"的校风,"团结实干、创新求精"的教风和"勤学、多思、明智、上进"的学风。学校培养了大批优秀杰出人才,涌现了许多名师、名校长,在广西享有很高的声誉。以这样一所百年名校作为研究对象,是因为"无论在哪种情况下,只要有可能,都应尽量选择更长的时间范围,这样可以确保我们的分析更好地抓住所有可能的变化以及重要的过程"[①]。尽管如

---

① 转引自[美]约翰·L. 坎贝尔著,姚伟译:《制度变迁与全球化》,上海人民出版社,2010 年版,第 48 页。

此，笔者还是不敢言说研究其学校德育制度变迁的历史是否可以反映我国学校德育制度变迁的历史，能够在多大程度代表中国学校德育制度变迁的历史。不过费孝通先生在江村经济研究中曾言："江村固然不是中国全部农村的'典型'，但不失为许多中国农村所共同的'类型'或'模式'。"① 果如此，那对笔者是一种欣慰。

第二，与广西 NS 学校第一次正式接触是在几年前，那时笔者作为广西园丁工程的优秀学员进入该校进行了为期半个月的基地研修。虽然当时只是学科研修，活动范围仅是课堂听课、学科教学交流等，但在与该校某学科组教师深入交流时，对该中学骄人的教学成绩、良好的教学研究氛围和教师的敬业精神很是敬佩。特别是当时的 F 校长与我们说起她开学初一次国旗下演讲"做一个幸福的教师"对学生产生的影响、她提出的治校理念和办学思想等，这些都给笔者留下了深刻印象。

第三，尽管这样一所学校吸引着我的眼光，但如果没有任何熟知的人引荐也是没有办法进入该校的。所幸该校现任 H 校长和 J 副校长与笔者是校友，该校特级教师 L 老师是笔者至交朋友，且 H 校长是广西基础教育界唯一的博士校长，思想开明，很乐意地接受了我的申请，并对我的研究提出了一些建设性的意见。J 副校长正是该校分管德育的副校长，为我后期进入该校提供了很多帮助，向我介绍该校一些情况，介绍我与其他领导认识，帮我联系访谈教师，提供校史资料，等等。L 老师是一位优秀班主任，知识广博，对事物有着敏锐洞察力，为我提供了不少班级管理的生动案例。正是因为有他们的帮助，我得以进入学校、收集资料、获得大量文本信息，得以近距离观察学校，得以和一些管理者、教师和学生接触，获得许多活生生的事例。笔者的孩子高中三年也在该校就读，在其学习期间，笔者多次参加班级家长会、通宵元旦晚会和成人礼等活动，也经常和孩子交流了解学校管理的情况，对该校德育管理有了更直接的接触和感受。

---

① 费孝通：《江村经济：中国农民的生活》，商务印书馆，2001 年版，第 319 页。

第一章 核心概念与主要理论

任何研究都有一定的理论基础，它是进行分析的逻辑起点和工具。学校德育制度变迁理论的建构来自制度和制度变迁的一般理论和观点，通过对国内外有关制度和制度变迁代表性理论的梳理，厘清制度变迁的基本论域。同时根据研究的实际需要，在具体的分析过程中还会运用到制度伦理学、教育政策学等方面理论。

一、核心概念界定

1. 制度与制度变迁

（1）制度的理解

制度，从词源学的角度分析，在汉语中，《说文解字》的释义为"制，裁也"，"度，法制也"。在《中庸》中二字连用，"非天子不制度"，制度在此表示制定的规则之意，这也就成为汉语中制度的常用意思。在英文中，"制度"（institution）一词在西方源于"站立"（to stand），这个词的拉丁文形态按照词源学的顺序是"institution"—"institiere"—"in"＋"statuere"，最后两词翻译为英文是"to"＋"set up"（建立起来），其中，后一词又源于拉丁文的"stare"，即英文的"to stand"，它所表达的是一种强制的暴力关系和外在的规约。

从学科发展的角度来看，西方近代学术史上对"制度"的研究源于社会学，法国社会学家涂尔干可以说是开制度研究的先河，他在《人性二元论及其社会状况》一书里提出制度学的研究方法。但后来由于研究出发点与研究目标的不同，西方学者对"制度"的定义是很不一致的，主要观点有：

第一，哲学和社会学领域中的制度。代表人物主要有卡尔·马克思、罗尔斯、马克斯·韦伯、涂尔干等。马克思虽然没有直接对制度下过定义，但是他和恩格斯在阐发他们关于社会发展的基本规律时，常常在社会形态的意义上运用制度这一概念，即我们通常说的社会基本制度，是包括一定的社会生产关系及建立于其上的法律、政治上层建筑及一定的社会意识形式的总和。罗尔斯将制度理解为"一种公开的规范体系，这一体系确定职务和地位及它们的权利、义务、权力、豁免等等。这些规范指定某些行为类型为能允许的，另一些则为被禁止的，并在违反出现时，给出某些惩罚和保护措施"①。马克斯·韦伯从科层制出发对制度予以界定，他认为制度的本质属性便是规范性。②

第二，经济学视域中的制度。在众多经济学流派中，制度经济学派从制度角度对制度进行了分析，制度经济学分为早期制度经济学派（旧制度经济学派）和新制度经济学派。早期制度经济学派代表人物是凡勃仑和康芒斯，新制度经济学派代表人物有诺思、舒尔茨和拉坦等，他们都从一般意义上给制度下过定义，主要观点见下表。

表1.1　新旧制度经济学派代表人物的制度观点

类别 观点	代表人物及观点
旧制度经济学派	凡勃仑："制度是个人或社会对有关的某些关系或某些作用的一般思想习惯。……生活方式构成了制度的总和。从心理学方面来说，可以概括地把它说成是一种流行的精神态度或生活理论。"③ 康芒斯："集体行动控制个体行动。集体行动抑制、解放和扩张个体行动。""对一个人的行为的控制，其目的和结果总是对其他的个人有益。""从集体行动通过各种不同制裁控制个体行动这种普遍的原理，产生了权利、义务、无权利、无义务这些法律上的关系，以及各种经济上的关系。"④

---

① ［美］约翰·罗尔斯著，何怀宏译：《正义论》，中国社会科学出版社，1988年版，50—51页。
② ［德］韦伯著，林荣远译：《经济与社会》，商务印书馆，1997年版，第80页。
③ ［美］凡勃仑著，蔡受百译：《有闲阶级论》，商务印书馆，1964年版，第139页。
④ ［美］康芒斯著，于树生译：《制度经济学》（上册），商务印书馆，1962年版，第92、88、90页。

续表

类别 \ 观点	代表人物及观点
新制度经济学派	诺思："制度是一系列被制定出来的规则、守法程序和行为的道德伦理规范，它旨在约束追求主体福利或效用最大化利益的个人行为。"①"制度包括三个层面，即正式规则、非正式约束，以及实施机制的有效性（effectiveness）。"②
	舒尔茨：制度是"管束人们行为的一系列规则，这些规则涉及社会、政治及经济行为。"③
	拉坦：制度是一套行为规则，它们被用于支配特定的行为模式及相互关系。④

第三，制度伦理学视域中的制度。我国学者施惠玲和刘超良从制度伦理学角度给制度下了定义，他们认为制度是通过权利与义务来规范主体行为和调整主体间关系的规则体系。"从内涵上看，制度是作为一种权利义务分配的规则体系，它规定了人们在现实生活中的实际活动范围以及基本的行为方式或模式；从外延上看，制度作为社会的规范形态，是通过某种强制性力量来制约主体的行为和主体间关系的特定规范。"⑤

学者们站在不同的学科立场，遵循各自理论研究的旨趣，对制度作出了不同的定义。综合以上观点，本研究所持的观点是倾向将制度视为一个由一系列规则、信念、规范和组织构成的系统。从外延上看，制度不仅包含着一系列规则、规范等正式制度，而且，也包含各种习俗、传统、价值观念、道德行为准则等非正式制度，因为这些非正式制度不仅发挥着制约规范人们行为的作用，还体现着制度本身的一种价值追求，而且也是联系

---

① ［美］道格拉斯·C. 诺思著，陈郁、罗华平等译：《经济史中的结构与变迁》，上海三联书店、上海人民出版社，1994年版，第225—226页。

② ［美］道格拉斯·C. 诺思著，刘守英译：《制度、制度变迁与经济绩效》，上海三联书店，1994年版，第3、12页。

③ ［美］R. 科斯等著，陈剑波、胡庄君等译：《财产权利与制度变迁》，上海人民出版社，1994年版，第253页。

④ ［美］R. 科斯等著，陈剑波、胡庄君等译：《财产权利与制度变迁》，上海人民出版社，1994年版，第329页。

⑤ 施惠玲：《制度伦理研究论纲》，北京师范大学出版社，2003年版，第10页。

过去与现在的一种纽带,为我们提供了一个解释历史变迁的线索。从本质内涵上看,制度的实质内容是权利义务的分配关系,体现了一种基于利益的占有关系或分配关系。制度的本质是对全社会的利益(价值)作权威性的分配,制度过程也是利益(价值)的调整和分配过程。主体间不同利益的获得与实现是根据制度中权利义务的分配来决定的,因此利益基础上的权利义务分配是制度的内容因素。

(2)制度变迁

①制度是人为设计的

任何新制度都不会凭空出现,制度来自何处?是如何被建立的?为了更好地研究制度的变迁,在这里还是把制度产生与变迁分开来。关于制度产生的观点,大致可以归为两大类:自然主义的观点和以能动者为基础的观点。前者认为制度建立是一种较少目的色彩更多演化色彩的过程,是自然演化的结果;后者强调制度是一个理性设计的人为建构过程,是一种有目的和有意图的人为设计过程。

哈耶克承继了由孟德维尔始创并由18世纪思想家休谟、斯密、亚当·福格森及19世纪的卡尔·门格尔所进一步阐释的著名社会思想传统,发展了一套自由主义的社会理论。自生自发秩序(spontaneous order)的理念是自由主义社会理论的"核心概念"。哈耶克认为,自发社会秩序所遵循的规则系统是进化而非设计的产物,而且这种进化的过程乃是一种竞争和试错的过程,因为任何社会中盛行的传统和规则系统都是这一进化过程的结果。[1] 人们之所以使用这些"传统"和"制度"乃是因为它们是累积性发展的产物,而绝不是任何个人心智设计的产物。[2] 具体到自发社会秩序的型构而言,它所依凭的机制便由这样两个部分构成:一是人们对某些行为规则的普遍遵守,二是个人对具体情势的调适。持类似观点的还有英国著名政治家和保守主义政治理论家埃德蒙·柏克(Edmund Burke),他认为政治体制不是一种"人为"的制度,而是一种"生长"的产物。"建立

---

[1] [英]弗里德利希·冯·哈耶克著,邓正来译:《自由秩序原理》(上),生活·读书·新知三联书店,1997年版,第6页。

[2] [英]弗里德利希·冯·哈耶克著,邓正来译:《自由秩序原理》(上),生活·读书·新知三联书店,1997年版,第26页。

在长期积累的传统之上的政府体制要优于建立在推理原则基础上的体制，而且这种优越性恰恰在于历代经验的积累和考验，各个时代的集体理智将初始正义的原则与人类无限众多的关注结合了起来。"①

相反，以能动者为基础的观点，认为制度是一个理性设计的人为建构过程，强调必须视具体行动者为一种原因性的能动者，强调意图与自我利益起了十分重要的作用。新制度主义者如迪马吉奥，是最早主张对制度过程的解释必须考虑"行动者的能动性"的理论家之一。他认为，在制度变迁过程特别是制度建立过程中，权力博弈的作用更值得重视。在新制度经济学派那里，制度设计被认为是理所当然的，他们大都认为制度形成的主要原因是交往的各方为了解决大家面临的共同问题而有意识地设计出来的。在制度产生问题上，新制度经济学家们主要的观点②有："囚徒困境"模型及制度起源；科斯的制度起源理论；交易费用；诺斯的制度起源理论；奥尔森和布坎南的利益集团与制度起源理论。③

与人类的政治活动相比，学校教育是由专职人员和专门机构承担的有目的、有系统、有组织的社会活动。学校教育作为一种特殊的人类实践活动，特殊就特殊在它是为追求专门的教育目标和教学效果而设置的。"就教育的影响而言，任何环境，除非它是按照教育的效果审慎地加以控制的以外，都是偶然的环境。"而在偶然的、缺少计划的情况下接受教育，与在为了教育的特殊目的而专门设计的情况下接受教育是有很大区别的。一个基本的事实是，从古至今，从西方到东方，学校制度创建、完善一直是人类的基本教育活动行为之一，这是一种"历史事实"，制度不可能先验地存在。在任何能够想象的教育活动中，包括学校管理者、教师，尤其是学生在内的人都是根据一定社会的要求朝着某一方向发展的，只允许人们根据自己的内存本性自由发展的教育制度的观念是完全不可思议的。

②制度变迁的含义

制度均衡或不均衡是制度存在的一种状态，新制度经济学把它们运用到制度理论的分析中，用它们对制度的发展与变迁进行较为细致的动态分

---

① ［美］E. 希尔斯著，傅铿、吕乐译：《论传统》，上海人民出版社，1991年版，第271页。
② 卢现祥主编：《新制度经济学》（第二版），武汉大学出版社，2011年版，第160—166页。
③ ［美］布坎南：《自由、市场和国家》，北京经济学院出版社，1988年版，第81页。

析。制度均衡是主体对现存制度的一种满意或满足,从而处于无意改变的状态;制度非均衡是主体对现存制度的一种不满意或不满足,意欲改变而又尚未改变的状态,隐含着一项新的制度安排存在的可能性,意味着制度变迁的发生。戴维斯和诺思是制度变迁概念和原因的最早研究者之一。他们认为:"如果预期的净收益超过预期的成本,一项制度安排就会被创新。"[①] 制度变迁一词指制度创立、变更及随着时间变化而被打破的方式。[②] 归纳起来,制度变迁是指一种或一组制度发生变更、替代、调整甚至创造的过程或事实。[③] 本研究把制度变迁定义为制度产生、执行、修订、废止的一个过程,是正式制度、非正式制度及其实施特征变迁的综合体。制度变迁的实质是一种效率更高的制度对另一种制度的替代过程。制度变迁具体表现在制度数量的增减、制度内容的变化、制度背后的价值观变迁、制度制定主体和路径的改变等方面。在第二章对我国学校德育制度变迁的历史回溯中,笔者将从这些方面进行梳理和分析。

2. 伦理、道德与德育

以往对学校德育制度的研究,往往局限在教育领域,往往遵循着这样的研究思路:教育→德育→制度→德育制度。事实上,要研究学校德育,必须跳出教育领域,从人类社会的伦理、道德现象来反观学校德育;而且,道德首先是社会的道德,是个体的道德,却不是学校的道德,学校只"是一种能够将个人生活和社会生活连接起来的具有真正社会意义的中介组织"[④],学校要做的是为社会道德和个体道德的建构服务。因此研究学校德育、德育制度,必须首先研究社会伦理、道德,然后再到学校德育和学校德育制度。具体如下图所示:

[①] [美] R. 科斯等著,陈剑波、胡庄君等译:《财产权利与制度变迁》,上海人民出版社,1994年版,第274页。

[②] [美] 道格拉斯·C. 诺思著,陈郁、罗华平等译:《经济史中的结构与变迁》,上海三联书店、上海人民出版社,1994年版,第225页。

[③] 林荣日:《制度变迁中的权力博弈》,复旦大学博士学位论文,2006年。

[④] [法] 爱弥儿·涂尔干著,陈光金等译:《道德教育》,上海人民出版社,2006年版,第2页。

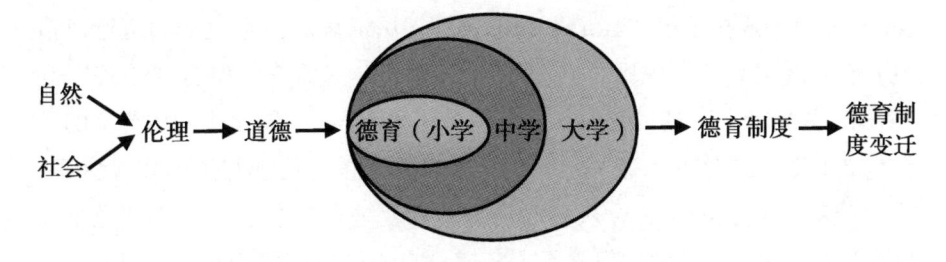

图 1.1　学校德育制度变迁分析的逻辑思路

在这个体系中伦理是道德的基础，对道德本质的理解则是学校德育制度研究的关键，应在此基础上研究学校德育制度及其变迁。有学者提出，"道德与伦理关系的研究是伦理学体系构建的根本问题，更是中国特色伦理学体系的基础环节"，"中国特色伦理学体系的构建更要深入研究道德本质、道德现实以及道德建构等问题，这是中国特色伦理学研究的重要内容"。[①] 本研究的重点虽然不在研究伦理与道德的关系，但是作为理论基础探讨二者的关系，从而揭示道德的本质、德育的本质是十分必要的。这也是当代中国道德建构和学校德育制度建设不可回避的、必须要解决的现实问题。

（1）伦理、道德

①伦理、道德的概念及关系

伦理学作为一个学科，最早创设于公元前 4 世纪的古希腊。古希腊哲学家亚里士多德命名了"伦理学"这个学科，他的《尼各马可伦理学》是欧洲历史上第一部比较完备而系统的伦理学著作。我国春秋战国时期的《论语》《孟子》等著作是我国最早具有体系性的伦理学著作。伦理学因以道德为特定研究客体而区别于其他学科，在中外伦理思想史上，绝大多数伦理学家都把道德现象作为伦理学的研究客体。

从词源学的角度看，"伦理"和"道德"两个概念的含义大体相近相通，在一定程度上可以互相替代。在西方，"伦理"及"伦理学"的概念最初是由亚里士多德通过改造古希腊语中的"风俗"（ethos）一词所创立。而"道德"一词是古罗马思想家西塞罗再把亚里士多德著作中的"风俗"

---

① 袁超：《中国特色伦理学体系构建的理论逻辑》，《中州学刊》，2016 年第 7 期。

(ethos)改译成拉丁语"móre"的形容词，用以表示国家生活的道德风俗与人们的道德品性。中国古代虽无"伦理学"的概念，但有"伦理"和"道德"的概念，而且二者的意思也是大体相通的。① 虽如此，从严格的学科意义上讲，二者还是有一定区别。黑格尔真正对伦理与道德作了区别，在他看来："道德的观点，从它的形态上看就是主观意志的法。""道德的概念是意志对它本身的内部关系。"② 善和良心是道德的范畴。伦理是自由的理念。"伦理性的东西就是自由，或自在自为地存在的意志，并且表现为客观的东西，必然性的圆圈。这个必然性的圆圈上各个环节就是调整个人生活的那些伦理力量。"③ 从黑格尔的观点中，我们可以看到道德与伦理的实质区别就在于道德是主观的，伦理是客观的。这种区别在中文中表现尤为突出。

在《辞海》中"伦"解释为同辈，同类；道理，次序。伦理指事物的条理，后亦称安排部署有秩序为伦理。④ 从词源学的角度分析，"伦"在东汉许慎的《说文解字》中训为"辈"，即指人与人之间的辈分次第关系。由此义引申出"类""比""序""等"等含义，即"伦，从人，辈也"。"伦"是指人们之间的伦常及辈分关系，表示人们之间的某种特定关系，这种特定的关系是客观的、社会的。伦理的"伦"侧重人伦关系。伦理的"理"是道理、规律的意思，它所指的规律不仅是事物的客观规律，更是指事物的"应当"之规律和规则。"伦"与"理"二字合起来组成"伦理"，指处理人伦关系以及应当遵循的各种道理或规则。⑤ 伦理是对人的社会关系的应然性认识。

从中文字源上看，"道"与"德"最初是分开使用的。"道者，路也"，表示行人之路，后逐渐引申表示事物运动变化的规则、规律和做人的道理。"德"原意是正道而行，直目无邪的意思。从周代起，"德"字衍化为不仅要外得于义理，还有内得于己的意思，即"德者，得也"。"道德"二

---

① 《伦理学》编写组：《伦理学》，高等教育出版社，2012年版，第2页。
② ［德］黑格尔：《法哲学原理》，商务印书馆，1961年版，第111、115页。
③ ［德］黑格尔：《法哲学原理》，商务印书馆，1961年版，第165页。
④ 广东、广西、湖南、河南辞源修订组：《辞源》，商务印书馆，2010年版，第255页。
⑤ 《伦理学》编写组：《伦理学》，高等教育出版社，2012年版，第2页。

字连用始于先秦，一般理解为调节人们之间以及个人与社会之间关系的行为规范。从道德的自身词义看，既有风尚、风气、习俗的含义，也有规则、规范等含义；既有社会规范的外在要求，又含有德性品质、内心修养等内在的个体要求；道德既是行为准则，同时也是评价人们言行的标准。①

从二者的概念和内涵来看，二者调节的关系是相同的，都是人与人、人与社会、社会与社会之间的关系。二者在一定的词源意义上是相通的，只不过伦理构成的关系是道德的基础，道德的内容基础是伦理，伦理生成的道理是以道德的形式表现的。伦理是客观的，侧重"伦"的一面，是对人伦关系状态的描述；道德是主观的，侧重"德"的一面，即内得于己的一面，是对人们行为的描述，是指行为应该如何的规范，道德是人们自己选择的。可以说，道德是伦理之网的网上之结。

基于二者的相通之处，伦理学又是研究道德的学问，古今中外伦理学家在论述伦理时一定离不开道德，而道德学家在论述道德时必定也要谈伦理，因此本研究对二者不作绝对区分，统一论述。但我们仍需要进一步明确伦理的基本问题和道德的本质问题，因为这是我们分析学校德育、德育制度和德育制度变迁的逻辑起点。

②伦理的基本问题、道德的本质问题

第一，关于伦理的基本问题，在伦理学界占主导地位的观点是：道德与利益的关系问题。这个问题包括两个方面。第一个方面是经济关系决定道德还是道德决定经济关系，以及道德对于解决关系有无能动作用。第二个方面是个人利益服从社会整体利益，还是社会整体利益从属于个人利益。② 不过对这个问题，学界也有不同的观点，有的认为善与恶的矛盾问题是伦理学的基本问题，有的认为道德与社会历史条件的关系问题是伦理学的基本问题，有的认为应有与实有的关系问题是伦理学基本问题……也有学者整合上述观点，提出把伦理学的基本问题概括为伦理与利益的关系问题。③ 本研究也持这样的观点。在这个关系中，利益不仅仅指经济利益关系，还包括经济利益在内的诸多利益关系，如阶级利益关系、集体利益

---

① 倪愫襄编著：《伦理学导论》，武汉大学出版社，2002年版，第2页。
② 罗国杰等著：《伦理学教程》，中国人民大学出版社，1985年版，第12页。
③ 倪愫襄编著：《伦理学导论》，武汉大学出版社，2002年版，第31页。

第一章　核心概念与主要理论 | 39

关系、个人利益关系以及人类利益关系等，都构成伦理道德的基础。伦理关系主要是指人与人、人与自然、人与社会、人与自身的应然性关系，伦理主要是对伦理关系中利益关系的应然认识。凡是存在利益关系和利益冲突的地方，就有伦理道德的存在。在利益关系处于矛盾和冲突的状态下，在伦理认识的基础上，通过道德这一形式对利益关系进行调整和选择，以达到利益关系的和谐，正是人的主体性和主动性的体现。

因为伦理反映的是人伦关系的道理，这个人伦关系包括人与人、人与自然、人与社会、人与自身的关系，这些关系总是会表现为一定的社会关系，尤其是经济关系，经济关系从根本上反映了人从而也反映了社会的发展程度，因为人怎样表现自己的生活他自己也就怎么样。这是历史唯物主义的一个基本观点。这样以一定社会经济关系发展为基础就形成一定的社会伦理关系，与原始社会经济关系相适应的伦理关系是血缘伦理，与奴隶社会经济关系相适应的是等级伦理，与封建社会经济关系相适应的伦理关系是宗法伦理，与资本主义社会经济关系相适应的伦理关系是契约伦理。伦理关系的形成过程，实际上就是社会经济利益调整的过程。在伦理思想史上，基于对不同利益的维护，就有不同的价值取向，就形成不同的伦理学说。中国伦理思想史上，关于义利之辩、理欲之辩、义与命之争等就是关于伦理与利益关系的论争。西方伦理思想史上，基督教神学伦理学、理性主义伦理学认为伦理是超功利的神性、纯精神或先验意志；经验主义、情感主义、功利主义伦理学把道德善恶的标准与人的经验、情感、快乐与痛苦等联系起来，都体现了注重伦理与利益的关联。

第二，利益范畴是伦理学的逻辑起点。既然伦理学的基本问题是处理利益的关系问题，那么伦理学的逻辑起点是什么呢？能否说伦理学的逻辑起点就是利益问题？

逻辑起点问题是关于一门学科理论范畴体系的根本问题，黑格尔认为逻辑起点问题实质上是关于"必须用什么作科学的开端"[1]的问题，它直接影响着一门科学的范畴体系及其科学性，夏伟东提出"作为一切道德出

---

[1] ［德］黑格尔著，杨一之译：《逻辑学》，商务印书馆，1982年版，第51页。

发点的利益,是马克思主义伦理学的逻辑起点"。① 根据马克思和列宁的思想,可以把作为起点的范畴的基本要素概括为三个方面:首先,它是最简单而又在人们的生活中最常反复出现的;其次,它包含了一切尚未发展的矛盾;再次,它在理论体系中是自明的和自证的,别的矛盾、范畴可以由它得以说明,而它自身则是在体系之外得到说明的。利益范畴在伦理学体系中正好具有以上三个要素:一是利益范畴在伦理学体系中是最简单而又在人们的日常生活中最常反复出现的概念。伦理无时不有,道德无处不在,有利益就有道德,道德总是以利益作为自己的出发点的。二是利益范畴包含了一切尚未发展的道德矛盾。利益的基础是需要,而个人需要或利益同社会共同体的需要或利益总是处于对立统一之中的,道德就是适应协调或调解个人利益同社会共同利益的关系这一人类社会生活的必然要求而产生的。三是利益范畴在伦理学体系中是自证的和自明的,由它可以说明和规定别的伦理学范畴、别的道德矛盾,而它自身则是在伦理体系之外才能得以说明的。② 由此可以说明,利益范畴是伦理学的逻辑起点。

在马克思主义伦理学体系中,正是通过利益范畴揭示了道德关系中的特殊矛盾,概括出道德的基本原则,确定道德行为的选择准则和对道德行为进行善恶的评价,从而揭示道德的起源、本质、发展及作用等。

第三,道德本质上体现的是利益关系。从关于伦理和道德的关系论述中,我们可以得出伦理构成的关系是道德的基础,或者说道德的内容基础是伦理,伦理生成的道理是以道德的形式表现的,道德是伦理之网的网上之结。既然伦理研究的是伦理与利益的关系问题,利益范畴是伦理学的逻辑起点,那么作为伦理表现形式的道德体现的也应该是人与人之间的利益关系,这个利益关系包括政治、经济、思想、物质、人际关系等。每一个人都需要清楚地认识和正确地处理一些基本的利益关系,这个道德关系准则适用于所有的人,包括陌生人、熟人、朋友、同学、同事、上下级、亲密爱人、夫妻、兄弟姐妹、父母子女等等。对这个问题的认识和理解是后续分析学校德育、学校德育制度及其变迁的关键。

---

① 夏伟东:《道德的历史与现实》,教育科学出版社,2000年版,第32页。
② 夏伟东:《道德的历史与现实》,教育科学出版社,2000年版,第37—39页。

本质是指事物本身所固有的根本属性，是一事物区别于其他事物的基本特质。因此探求事物的本质，既须从它与其他事物的联系中进行，亦须从它自身内部的特殊性来进行。对道德本质的理解，不同的伦理学派所持的立场和观点往往殊异。我们可以从道德的起源、道德的功能、道德的目的等几个方面来进一步认清道德的本质问题。

首先，从道德的起源看道德的本质。道德的产生和发展经历了一个漫长的历史过程，中外伦理学史上对道德起源的历史过程都有不同主张和不同理解，对这个问题的理解关系到对道德的本质问题的解答。中外伦理学史上几种道德起源说概括起来主要有：天意神启论、先天人性论、情感欲望论、动物本能论、马克思主义的道德起源论。①

"天意神启论"主要是将道德起源归结于上帝的启示、神的意志和上天的命令。如基督教《旧约》中的"十诫"认为道德律是通过与上帝定约确立的；奥古斯丁把上帝比作"至善"之光，上帝既是终极创世本源，又是一个终极价值本源，人生的终极追求是上帝；阿奎那认为上帝是神性的本质，上帝是最高的秩序，上帝是全知、全善、全能的存在，上帝是最高的善。我国古代儒家主张"天道论"，孔子认为"天生德于予"（《论语·述而》）；汉代董仲舒认为天命及天志观念决定着伦理秩序和道德标准，天与神合一，而且是百神的统帅，"王道之三纲，可求于天"（《春秋繁露·基义第五十三》）；朱熹认为人性就是"理"，他说："性只是理，以其在人所禀，故谓之性。"② 又说："性者人之所受乎天者，其体则不过仁、义、礼、智之理而已。"③

"先天人性论"认为道德根源于人类自然的天性，或者先天存在的良心、理念或精神。我国古代的孟子就认为"恻隐之心，人皆有之。羞恶之心，人皆有之。恭敬之心，人皆有之。是非之心，人皆有之"，"仁义礼智，非由外铄我也，我固有之也"（《孟子·告子上》）。王阳明认为，"良知"是天地万物的根源，是道德观念的本源和本身。古希腊柏拉图在他的"理念论"中提出有一种"理念"是特殊的存在，那就是"善的理念"。

---

① 《伦理学》编写组：《伦理学》，高等教育出版社，2012年版，第84页。
② 《朱文公文集》卷五十九。
③ 《朱子四书或问》卷十四。

"善的理念"作为最高的存在,成为一切存在的终极目标。康德从人的理性本质出发,认为具有普遍道德价值的东西,不是来自上帝的意志,也不是来自人的自然本性和世俗权威,只能是来自人的理性本身的善良意志。黑格尔提出的绝对精神,把最高的精神称为真精神也即伦理精神,道德是"绝对精神"的自由意志在人的主观内心中的体现。

"情感欲望论"认为道德根源于人们的情感欲望,是人们为实现情感欲望而形成的行为要求。欧洲经验主义、情感主义、功利主义的一些代表人物就是这样的观点,如霍布斯、边沁、密尔等人就认为快乐和痛苦是善恶道德之根源。

"动物本能论"认为人类道德是动物本能的延续。达尔文在《人类的由来》中用进化论研究了人类的理智能力和道德感情问题,得出结论:"所有道德都是由于进化而发展起来的。"[①] 他根据对动物进化的考察指出:"不论任何动物,只要在天赋上有一些显著的社会性本能和一些必要的理智能力,包括亲慈子爱的感情在内,而同时,又只要一些理智的能力有了足够的发展,或接近于足够的发展,就不可避免地会取得一种道德感,也就是良心,人就是这样。"[②] 人的社会性本能是道德感产生的最深刻的基础。

马克思主义伦理学批判继承了人类伦理思想史上的优秀成果,对道德起源与发展进行了科学的理论阐释,认为道德的起源只能从人们的生产方式和生活方式以及人们在其中形成的社会关系中去思索和把握。首先,劳动实践是人类道德起源的前提。劳动实践使人成为真正意义上的人,创造了道德主体。人在劳动实践中创造,实践又不断创造人。人在劳动实践中创造了人与人之间的社会分工、社会关系等道德发生的客观前提,又在劳动实践中提高了人对自身的认识和意识水平等主观条件。其次,伦理关系是道德发生的前提。没有社会关系就不会有人与人、人与社会之间的利益冲突,也就不会有道德的发生。作为孤立的个人、孤立的个人行为是不会有道德发生的。作为社会关系中的社会分工,是道德发生的关键,正如马

[①] 宋希仁主编:《西方伦理思想史》,中国人民大学出版社,2004年版,第396页。

[②] [英] 达尔文:《人类的由来》,商务印书馆,1983年版,第149页。

克思、恩格斯在《德意志意识形态》一书中所写："随着分工的发展也产生了单个人的利益或单个家庭的利益与所有互相交往的个人的共同利益之间的矛盾。"① 劳动分工使劳动主体进一步明确了自身的任务和责任，而且使劳动者从中意识到人与人之间的利益关系及其合理调节与平等协作的必要性和重要性，人们的道德理念也日趋成熟，要求道德规范协调或制约利益冲突的意识也更为强烈。再次，人的生存与发展需要是道德发生的动因。道德是人的需要的产物，是人的经济需要、利益需要的产物。"人类为了生存，为了能够'创造历史'，必须能够生活。为了生活，首先需要生产满足这些需要的资料，即生产物质生活本身。"而且"已经得到满足的第一个需要本身、满足需要的活动和已经获得的为了满足需要用的工具又引起新的需要"。还有"每天都在重复生产自己生命的人们开始生产另外一些人，即增殖。这就是夫妻之间的关系，父母和子女之间的关系，也就是家庭"②。随着人类的不断演化，人类满足需要的方式越来越复杂，人的需要也越来越多。当需要转化为欲望，从而产生实现它的行为目的；当欲望得到满足，就会产生利益感、幸福感，反之，则会产生不幸感、不满足感。因而，为了人们的利益需要，就形成了调节人类物质资料生产活动中的人际关系道德准则体系和调节人类两性关系、婚姻家庭关系的道德准则体系，以缓和利益冲突和矛盾。最后，意识是道德发生的主观条件。意识是人和人类的特有现象，动物没有意识。人类的意识是在劳动实践中产生的，与人类的物质生产活动密切相关。"思想、观念、意识的生产最初是直接与人们的物质活动，与人们的物质交往，与现实生活的语言交织在一起的。观念、思维、人们的精神交往在这里还是人们物质关系的直接产物。"③ 没有体现意识的语言和思维，就无法对社会道德关系进行抽象和概括，就不能形成道德意识。随着人类意识水平的发展，人们就可能对社会活动、社会现象加以分类、比较，形成一定的道德规范和准则。

从中外关于道德起源的几种学说中，我们看到在道德的起源问题上，经历了一个从神到人，从神性到人性和人的社会关系的过程，即作为神的关

---

① 《马克思恩格斯选集》（第1卷），人民出版社，1972年版，第37页。
② 《马克思恩格斯选集》（第1卷），人民出版社，1972年版，第32页。
③ 《马克思恩格斯选集》（第1卷），人民出版社，1972年版，第31页。

系、神的属性——作为神本身、神的诫命——作为自然存在的人的关系——作为人的先天感性的产物和人的先天理性的"绝对理性"的产物——作为现实活动中的人的社会关系,主要是社会经济关系的产物这样一个认识过程。在这个发展过程中,人与人、人与社会的利益关系逐步凸显。

其次,从道德的功能和目的看道德的本质。国内一些学者从道德的功能和目的对德育本质问题进行了深入阐述。

夏伟东提出要运用马克思主义观点来揭示道德的本质,要依循两条线索来追寻道德本质的答案。一条线索是道德与利益的关系;另一条线索是个人利益与集体利益的关系。探索道德与利益的关系,所要解决的主要是两个问题:道德在与利益发生联系的过程中,是怎样表现其受动性的;道德在反映和为一定利益关系服务时,又是怎样表现其主动性的。探察个人利益与集体利益的关系,所要解决的也是两个问题:道德的主要功能为什么是在个人利益与集体利益的矛盾之间进行斡旋;道德怎样在这种矛盾之间进行斡旋。[①]

倪愫襄提出,对道德本质的把握,首先既要把握道德的一般本质,还必须把握道德的特殊本质。道德的特殊本质的把握要从道德的存在前提和功能中去寻找,道德的存在前提是社会利益关系矛盾和伦理关系的存在,反映和规范、调节与整合伦理关系是道德的主要功能。其次还需要把握道德的属性。道德的规范性和主体性是道德调节社会关系的本质特征。最后,道德的形式特征也是道德本质的体现。道德是具有实践精神形式的价值活动。道德的本质是在规范性和主体性的矛盾统一中,非强制地反映和调节人与人、人与社会之间利益关系的具有伦理价值的一种实践精神活动。[②] 类似的观点还有:道德是一种反映社会经济关系的特殊的社会意识,是社会利益关系的特殊调节方式,同时也是一种实践精神。[③]

王海明在他的《新伦理学》中提出:"道德的本质:起源和目的。""道德是人们具有社会效用的行为应该如何的非权力规范,显然意味着:道德起源于社会,目的在于保障社会的存在与发展。道德的起源与目的是

[①] 夏伟东:《道德本质论》,中国人民大学出版社,1991年版,第15—18页。
[②] 倪愫襄编著:《伦理学导论》,武汉大学出版社,2002年版,第55—58页。
[③] 《伦理学》编写组:《伦理学》,高等教育出版社,2012年版,第117页。

他律的——道德起源于道德之外的他物：社会存在发展的需要；目的是为了保障道德之外的他物：社会的存在发展。""道德起源于道德之外的他物：直接源于社会——经济和科教——的存在发展需要，最终源于每个人的个人利益需要；目的在于保障道德之外的他物：直接目的是为了保障社会——经济和科教——的存在发展，最终目的是为了增进每个人的个人利益。"①

罗国杰认为关于道德本质问题的争论最多的是道德的规范性、约束性与主体性之间的关系问题。马克思主义伦理学寻找道德的本质最根本的出发点就是要在社会关系中去寻找，即寻找道德起源的根据，寻找道德的发展及其规律性的根据，寻找道德的功能及作用的根据，等等。从历史唯物主义的角度，就是从社会关系，从经济关系、利益关系的角度出发，道德的本质当然就在于它的规范性与约束性，而不在于什么抽象的个人的主体性，而是一定的社会物质关系对生活在一定社会中的人们的一种客观必然性制约，是社会整体利益即人们的共同利益对个人利益、个人欲望的一种客观要求。道德本质的规范性、约束性，也绝不是把道德描绘成面目狰狞的对人的一种束缚，而是强调道德的最基本的社会功能：调节人与人之间、人与社会之间的相互利益关系。道德价值的根据，归根到底不是在个人的胸膛中，而是在社会的物质关系中。②

在以上论述中，学者们对道德本质的理解所形成的主要观点是：一是从社会物质关系中研究道德的本质问题。正如恩格斯在《反杜林论》中明确而具体地指出：人们在从事物质生产的过程中必然会形成各种社会关系，在人们的交往活动中，必然会产生个人与集体、个人与社会、个人与个人之间在利益上的矛盾和冲突。为了解决这些矛盾和冲突，调节社会关系，就逐渐产生了一些行为准则和观念，这就是道德，道德作为调节人们行为的规范，是社会关系的产物，特别是经济关系的产物。道德归根结底是人们物质生产和交换的产物。"人们自觉或不自觉地，归根到底总是从他们阶级地位所依据的实际关系中——从他们进行生产和交换的经济关系

---

① 王海明：《新伦理学》，商务印书馆，2001年版，第133、140页。
② 罗国杰：《十年伦理学的回顾与展望（续）》，《道德与文明》，1991年第2期。

中，吸取自己的道德观念。""一切以往的道德论归根到底都是当时社会经济状况的产物。"① 而"每一个社会的经济关系首先是作为利益表现出来"②。二是道德作为特殊的规范调节方式，揭示的是道德的特殊本质，是一种调整人与人、人与社会集体之间的特殊的行为规范。道德一开始就是一种调整个人利益和集体利益矛盾关系的行为规范。一般来说，道德总是以集体利益为原点，强调集体利益高于个人利益，个人利益服从集体利益。当个人利益和集体利益发生矛盾时，道德通常都以个人利益对集体利益作出一定牺牲为前提，来解决个人利益与集体利益之间的矛盾。三是道德特殊的主体性体现在其实践精神活动。道德作为一种伦理价值活动，在伦理关系中表现出"应然性"的实践理性活动，在一定程度上引导和促进人的行为朝着合理和正确的方向发展，体现着道德主体的能动性和创造性。

综合以上论述，关于道德的本质我们可以得出以下结论：道德的本质就是一种人与人之间的利益关系。从道德的起源来看，道德是社会经济关系的产物，而经济关系首先表现为利益关系，脱离了社会物质关系谈论道德是抽象的和不实际的。从道德的功能和目的上看，道德的本质体现在道德所具有的社会规范和调节功能之中，特定的道德规范总是为特定历史条件下的社会利益服务的，"道德是个人利益冲突的产物"③。利益是道德的基础，道德是一种利益协调机制，道德规范和调节的内容就是个人与集体的利益关系。道德终极总标准或者说评价一切行为善恶和一切道德优劣的道德终极标准就是为了保障社会存在和发展，最终增加全社会和每个人的利益总量。④

(2) 德育

德育这个概念在德育理论界一直存在争议。有人用罗列外延的方法来理解德育，认为：德育即道德教育；德育即思想品德教育或品德教育；德育即理想教育、道德教育和纪律教育；德育即道德教育、政治教育和思想

---

① 《马克思恩格斯选集》(第3卷)，人民出版社，1972年版，第133—134页。
② 《马克思恩格斯选集》(第2卷)，人民出版社，1972年版，第537页。
③ [美] 弗兰克·梯利：《伦理学概论》，中国人民大学出版社，1987年版，第176页。
④ 王海明：《新伦理学》，商务印书馆，2001年版，第154页。

教育；德育即"四项基本原则"的教育或社会主义方向的教育；德育即时事政治教育；德育即爱国主义教育、集体主义教育、劳动教育、社会主义和共产主义理想教育；德育即做人的教育；德育即非智力因素的教育。①这种罗列德育外延的方法并不是掌握德育本质的恰当方法，只是一种抓德育工作的思路，德育是个筐，什么都可以装！

那么，应该如何来定义德育呢？目前，比较有代表性的定义有：南京师范大学教育系编写的《教育学》认为"德育是教育者按一定的社会要求，有目的有计划地对受教育者心理上施加影响，以培养起教育者所期望的思想品德"②。王道俊、王汉澜主编的《教育学》认为"德育是教育者按照一定社会或阶级的要求，有目的、有计划、系统地对受教育者施加思想、政治、道德影响，通过受教育者积极的认识、体验、身体力行，以形成他们的品德和自我修养能力的教育活动"③。《中国大百科全书·教育》认为"德育是教育者按照一定社会或阶级的要求，有目的、有计划、有组织地对受教育者施加系统的影响，把一定的社会思想和道德转化为个体思想意识和道德品质的教育"④。鲁洁、王逢贤主编的《德育新论》认为"德育是教育者根据一定社会和受教育者的需要，遵循品德形成的规律，采用言教、身教等有效手段，在受教育者的自觉积极参与的互动中，通过内化和外化，发展受教育者的思想、政治、法制和道德几方面素质的系统活动过程"⑤。上述四种比较有代表性的表述，各有其合理性，它们的共同点是都从两个方面即"育什么德和如何育德"对德育进行了界定，都认为德育目的就是要实现社会道德向个体道德的转化，不同之处是在如何育德即育德的形式、方式方法上略有详略差异。而以上四种定义中，第四种定义较前述几种周全，在总结以往定义的基础上，突出了德育过程中主客体的统一性和转化的两级性（既有内化也有外化），注重了德育作为人的自主性的创造，注重了作为德育对象的人的主体性。

---

① 杜时忠：《德育十论》，黑龙江教育出版社，2003年版，第2页。
② 南京师范大学教育系编：《教育学》，人民教育出版社，1984年版，第230页。
③ 王道俊、王汉澜主编：《教育学》，人民教育出版社，1988年版，第333页。
④ 《中国大百科全书·教育》，人民教育出版社，1986年版，第59页。
⑤ 鲁洁、王逢贤：《德育新论》，江苏教育出版社，2002年版，第129页。

基于前面对伦理基本问题、利益范畴是伦理学的逻辑起点等方面的理解和关于道德本质反映利益关系的认识，我们有必要对德育本质问题继续进行探讨。德育本质问题是"是其所是"的本体论问题，戚万学等在《改革开放 40 年德育理论研究的主题及进展》中对 40 年来我国德育理论在德育本质问题研究上的成就进行了归纳和总结。这些成就集中体现在几个方面：首先是对德育内涵与外延的探讨；其次是关于德育规范性与超越性本质的探讨；再次是跨学科视域的德育本质研究。从这些研究成果来看，依然存在把德育本质与德育目的、过程、功能、途径、特性等混为一谈的问题。揭示德育的本质，首先应该明确本质的内含。《辞海》对本质是这样界定的：本质是事物本来的品质和质地，它是由事物的内在矛盾所规定，是事物比较深刻的一贯的和稳定的方面。德育的本质，即是指德育是什么。这个命题可以细分为三个命题：德育实际是什么、德育可能是什么、德育应当是什么。就德育的本质而言，显然是要回答德育实际是什么。

按照历史唯物主义实践观的理解，德育本质上是人类在社会实践中所产生的需要，并满足这种需要的活动。① 因而个体道德的发展是以需要的满足为动力，不断推动人的行为发展变化的过程。人的目的行为和个体品德发展的需要动力性的过程是这样的：需要→动机→目标导向→目的行为→需要的满足→产生新的需要。② 人的道德行为应主要归因于人的道德需要，马斯洛把人的需要分为生理需要、安全需要、社交需要、尊重需要、自我实现需要，这五种需要都渗透着道德需要，道德需要是人的物质需要、精神需要的升华与辩证综合。道德需要的表现形式是通过对道德主体——人的行为善恶性的自我评价与社会评价来调整人们之间的利益关系。人在生存和发展过程中，为了获得生活资料和占有生活资料就面临着种种道德问题。人作为社会关系的存在物，就要进行社会交往，在彼此的交往活动中，要维持社会组织系统的和谐有序，人们就需要行为自觉，遵守共同的行为准则和行为规范，这就是道德生活的基础。个体要实现自己进行社会交往的需要，就必须具有一定的规则意识和社会公共道德准则，并使自己

---

① 班华主编.：《现代德育论》（第二版），安徽人民出版社，2001 年版，第 52 页。
② 林崇德：《品德发展心理学》，上海教育出版社，1989 年版，第 110 页。

的行为社会化、道德化。个体要在更高层次上实现自己的人生目标，就会对自己的道德提出更高的要求。可见，德育即育德的过程，在育德过程中、在满足人的道德需要过程中，培养学生正确处理、应对各种利益关系的能力。具备了这样的能力，就可以协调处理好个人与他人、群体、社会、国家的关系，从而满足个人、群体、社会、国家的发展需要，并促进社会生活的发展和社会秩序的稳定。个体在这个发展过程中也内在地把各种品德的养成和道德人格的完满作为自身的一种需要，从中获得一种精神的享受。

因此，本研究认为德育就是育德的过程，就是培养人的德性，教会人们识别、协调、处理应对各种利益关系。德育目的是德育的首要问题，德育必须是目的导向、行动导向的，德育就是育德的行动过程。

3. 德育制度与学校德育制度变迁

（1）德育制度的理解

首先是国家层面的德育制度。国家层面的德育制度一般称为德育政策，属于教育政策的范畴。德育政策是国家机关、政党及其他政治团体在特定时期为实现或服务于一定的德育目标所采取的政策行为或规定的行为准则，包括各种德育法律与法规、政策文件、重要的领导报告讲话、专业性的课程标准与教学大纲、德育条例、规章制度等。[1] 德育制度构成要素有三：一是观念形态的规范体系，如《中学德育大纲》《小学德育大纲》等；二是学校德育的组织系统，如学校德育的党、政领导，党、团、少先队组织，政教主任、班主任和德育教师所构成的德育工作者队伍等；三是保障德育活动的物质条件，如德育基地、校园环境等。[2]

其次是学校层面的德育制度。校本性的学校德育制度指学校根据自身的情况作出的有关德育方面的规范。[3] 学校层面的德育制度是对学校德育工作作出的规定，也是对学生的道德发展和道德面貌作出的规定。它所约束的对象既包括教师，也包括学生。它包括正式的、理性化的、系统的、形诸文字的行为规范，如学生守则、学生日常行为规范、学习制度（考勤

---

[1] 张晓东：《德育政策论》，人民教育出版社，2011年版，第28页。
[2] 班华主编：《现代德育论》（第二版），安徽人民出版社，2001年版，第57页。
[3] 胡斌武：《社会转型时期学校德育的现代化》，中央编译出版社，2006年版，第209—210页。

制度、课堂常规、考试制度、图书馆规则）、生活管理制度（作息制度、宿舍规则、卫生清洁制度等）、学生礼貌常规和品德测评制度等。① 学校层面的德育制度相对国家层面的德育政策更多体现在制度执行和制度实现上，因此有时候表现为一种学校师生的制度生活样态。

本研究中的德育制度特指中学的德育制度，既包含国家层面的德育政策，又包含具体的学校德育制度。根据前面对制度的理解，德育制度的定义中也应该考虑其中体现的权利、义务等利益关系。德育中同样存在"德育利益"，既包括德育活动过程中获得的物质利益，也包括其中所产生的精神愉悦、精神享受和社会道德效益。因此，从这种理解上看，德育制度的形成也是源于社会中利益关系的调节。

本研究认为德育制度是指德育主体在一定历史时期，为了实现一定的德育目标和任务，依据德育本质属性与德育主体之间的利益关系而制定并实施的有关德育活动的规范体系，是有关培养人的德性，教会人们识别、协调、处理应对各种利益关系的规范体系。从外延上看既包括正式的、成文的德育制度，也包括非正式的、不成文的规范。从德育制度调整的利益主体看，调整的是国家、社会、群体与个人之间的利益关系；从德育制度调节的领域看，调整的是政治利益、经济利益和精神利益的关系。

（2）学校德育制度变迁

根据对制度变迁的定义，本研究把学校德育制度变迁理解为有关学校制度产生、执行、修订、废止的一个过程，德育制度变迁的实质也是一种效率更高的德育制度对另一种德育制度的替代过程。学校德育制度变迁具体表现在一定时期学校德育制度数量的增减、制度内容的变化、制度背后的价值观变迁、制度制定主体和路径的改变等方面。学校德育制度的变迁就像一面镜子，真实地记录和反映了学校在不同历史时期，不同阶级、团体的权力和利益的变化。

---

① 杜时忠：《人文教育与制度德育》，安徽教育出版社，2012年版，297—298页。

二、制度变迁的主要理论

1. 不同学科视域中的制度变迁

在国外以"制度"为核心概念来解释政治、经济、社会现象的学术流派目前被统称为新制度主义（New Institutionalism）。不过，新制度主义或新制度理论并不是指单一的学术流派或研究取向，新制度主义不同的学术流派对制度变迁作出了不同的解释。制度经济学家较早对此进行了研究。戴维斯和诺斯是制度变迁概念与原因的最早研究者，他们认为如果预期的净收益超过预期的成本，一项制度安排就会被创新。① 拉坦提出了一个诱致性制度变迁模型，还论证了技术、制度的变迁与经济发展之间非常复杂的相互关系。② 林毅夫认为制度变迁包括诱致性制度变迁和强制性制度变迁。③

历史制度主义是以制定的制度和政策选择的持久影响力为假设的，存在超稳定制度结构的主导假设，因此强调制度的稳定性，它更适于解释模式的持久存在而不是模式的变迁，不过它提供了一种跨时代的观察政策的途径。④ 在历史制度主义模型中也有一些关于制度变迁的概念解释，如"均衡断裂"概念、"决策关键点"概念。它还认为制度似乎通过学习也能做到变迁，通过对新信息的反应能在各种均衡状态之间变动；政策观念的冲突是政策和制度变迁的根源。

组织社会学中的新制度主义缺乏对制度变迁现象的解释也是早期新制度主义学派最受人责难的问题。如布林特和卡拉贝尔早在1991年就指出，发展到今天的新制度主义，更适合研究制度的形式与运行，而难以分析制

---

① ［美］R. 科斯等著，陈剑波、胡庄君等译：《财产权利与制度变迁》，上海人民出版社，1994年版，第274页。
② ［美］R. 科斯等著，陈剑波、胡庄君等译：《财产权利与制度变迁》，上海人民出版社，1994年版，第333页。
③ ［美］R. 科斯等著，陈剑波、胡庄君等译：《财产权利与制度变迁》，上海人民出版社，1994年版，第384页。
④ ［美］B. 盖伊·彼得斯著，王向民、段红伟译：《政治科学中的制度理论："新制度主义"》（第二版），上海世纪出版集团，2011年版，第75—83页。

度的起源和转型。① 斯科特也认为制度变迁是制度理论家面临的一个新问题,以往的研究重点一直是制度的建构与趋同性变迁。这些研究假定制度是被植入然后才发挥其影响,但认为制度本身并不会进一步变迁。但近20年来,理论家与研究者们开始研究制度变迁的各种情况,包括既有制度形式的去制度化、被新的制度安排取代,而这种新的制度安排又会经历制度化的过程。② 在其看来制度变迁就是既有的一套信念、规范和实践如何受到挑战、逐渐失去合法性或不能扩散开来,被新规则、形式和脚本所取代的过程。③

总之,尽管新制度主义的各流派在制度产生、起源和变迁问题上有着不同的认识和假设,但他们都认为制度具有稳定性,不过从一个较长的时间周期来看,制度并不是真的永恒不变的,这已是不争的事实。因此,无论新制度主义如何发展,从历史的长河中寻求制度变迁的规律是其一个值得探讨的课题。

2. 制度变迁的主要论域

(1) 制度变迁的动因

其一,制度需求与制度供给共同决定了制度的变迁。对制度安排的变化的需求,来自于这样的认识:按照现有安排,无法获得潜在的利益;改变现有安排,就能获得在原有制度下得不到的利益。因此,一旦对于行为者来说创立和利用新的制度安排的净预期利益为正时,就会要求有新的安排。制度供给即制度的生产,它是对制度需求的回应。制度变化的供给,取决于政治秩序提供新的安排的能力和意愿。④ 舒尔茨和拉坦都从制度供求的角度对制度变迁进行了分析。舒尔茨将制度供求置于均衡分析框架中,解释那些作为对经济增长动态反应而发生的制度变迁。他说:"制度

---

① [美] 沃尔特·W. 鲍威尔、保罗·J. 迪马吉奥主编:《组织分析的新制度主义》,上海人民出版社,2008年版,第361页。

② [美] W. 理查德·斯科特著,姚伟、王黎芳译:《制度与组织》(第三版),中国人民大学出版社,2010年版,第203—204页。

③ [美] W. 理查德·斯科特著,姚伟、王黎芳译:《制度与组织》(第三版),中国人民大学出版社,2010年版,第103页。

④ [美] V. 奥斯特罗姆、D. 菲尼编:《制度分析与发展的反思》,商务印书馆,1992年版,第144页。

被视为一种具有经济价值的服务的供给者。我们假定增长进程改变了对服务的需求，并且这种需求上的改变又导致了以长期成本与收益来衡量的供求之间的非均衡。"① 拉坦认为，对制度变迁的需求与制度变迁的供给共同决定了制度变迁。② 二者运用成本—收益分析方法，并利用供求平衡的概念，建立了一个比较完美的理论体系。

其二，成本—收益是制度变迁的动力源泉。影响制度需求和供给的核心要素依然是围绕成本—收益展开的，"成本与收益的变动会使制度产生不均衡，并诱致了安排的再变迁"③，"如果预期的净收益超过预期的成本，一项制度安排就会被创新"④。无论是要素价格的变化、技术的变化还是科学知识的进步等，最终导致的都是收益或成本的变化。人类的一切活动动因都来自某种利益的需要，制度变迁也不例外。即使是人类社会中的一些利他主义道德行为，人类学家和社会生物学家通过观察灵长类动物、研究现存的狩猎—采集者文化来理解社会演化和人类的道德行为，运用科学的研究方法、大量观察数据，证明了在漫长的人类演化过程中，人类的道德起源，人类利他主义道德行为的产生依然与人类自身利益发展密切相关。⑤ 制度变迁是许多因素决定的，但从深层次上来说，制度变迁就是社会利益格局的重新调整。

其三，学习和竞争是制度变迁最基本的长期源泉。新制度经济学很重视学习与制度变迁的相互关系，认为制度变迁的动力取决于两个因素，即学习和竞争。"个人拥有的知识存量是经济、社会绩效的潜在决定因素，

---

① ［美］R. 科斯等著，陈剑波、胡庄君等译：《财产权利与制度变迁》，上海人民出版社，1994年版，第257—258页。

② ［美］R. 科斯等著，陈剑波、胡庄君等译：《财产权利与制度变迁》，上海人民出版社，1994年版，第333、328页。

③ ［美］R. 科斯等著，陈剑波、胡庄君等译：《财产权利与制度变迁》，上海人民出版社，1994年版，第296页。

④ ［美］R. 科斯等著，陈剑波、胡庄君等译：《财产权利与制度变迁》，上海人民出版社，1994年版，第274页。

⑤ 参见［美］克里斯托弗·博姆：《道德的起源——美德、利他、羞耻的演化》，浙江大学出版社，2015年版，第9页；［美］威尔逊：《社会生物学——新综合理论》，左岸文化事业有限公司，2012年版，第241、285页；［美］鲍尔斯、金迪斯：《合作的物种——人类的互惠性及其演化》，浙江大学出版社，2015年版，第1页。

知识的变化是经济演化的关键。关键之处是，个人和组织的学习是制度演化的主要动力",但是学习又受竞争的影响,"稀缺经济世界中竞争的普遍存在都会引起企业家和他们组织的成员对技能和知识进行投资。不管是通过干中学还是通过知识的习得，组织生存的关键是提高组织相对于竞争对手的效率","组织的激烈竞争会引发迅速的制度变迁"。①

要破解制度变迁的奥秘就要从人类学习过程开始,"创新与综合过程看来可以在个人学习水平上，以一种奇特的方式，在文化'强外在约束'自身的水平上进行"。人类由野蛮走向文明的过程中，文化的作用就是一个使上一代人所学到的知识对下代人的学习产生更直接影响的过程。"目前，新制度经济学的前沿可能更倾向于靠近认知心理学、认知科学以及复杂的非线性系统和神经网络理论的边缘。显而易见，有许多东西要学习。也许我们应该一起学习。"②

（2）制度变迁的主体

制度主体是指具有一定功能的所有系统层次上的制度实体。制度主体是具有适应性、能动性和智能性的基本单元。每个制度主体都拥有一定的信息和知识，每个制度主体都有它自己可行的策略或行动的集合，一个制度主体的全部可行策略称为它的策略空间，每个制度主体都有自己的得益。③ 因为制度变迁其实是制度内外部利益相关者对于内在利益与外在利益共同诉求的结果，因此制度变迁的主体就是制度变迁过程中的利益相关者。在制度变迁中有哪些主体？学者们从各自逻辑出发演绎了不同的表述。

①利益集团是制度变迁的推动主体

奥尔森认为他是第一个系统全面地研究利益集团与制度变迁关系的经济学家。他认为制度变迁的方向和性质取决于各个利益集团的力量对比；任何制度变迁都是经济主体为了获得因外部约束条件（如技术、资源禀

---

① ［美］道格拉斯·诺思著，钟正生、邢华等译：《理解经济变迁过程》，中国人民大学出版社，2008年版，第58、56页。

② ［美］约翰·N. 德勒巴克等编：《新制度经济学前沿》，经济科学出版社，2003年版，第333、343页。

③ 范如国：《制度演化及其复杂性》，科学出版社，2011年版，第39页。

赋、创新、制度供给等因素）的变化而产生的潜在利润，利益集团是这些潜在利润的分享者。每一种制度变迁的结果都可以看成是利益集团利益关系的"均衡"。①

②政府是最重要的

林毅夫认为在社会所有制度安排中，政府是最重要的一个主体。政府可以采取行动来矫正制度供给不足。由于"搭便车"问题的存在，政治或制度企业家的作用在正式制度安排创新中就尤为重要。② 在教育改革的路径上之所以大多采取自上而下的改革，足以说明政府作为利益主体、权力主体，乃至最高的权力主体的重要性，足以说明行政的力量是绕不过去的环节。

③民族国家和专业人员是现代制度形式的主要塑造者

迪马吉奥和鲍威尔正确地识别出民族国家和专业人员是现代制度形式的主要塑造者。各类制度能动者分为七类：民族—国家、专业人员、协会、其他精英、边缘博弈者、社会运动、普通参与者。③ 所有的行动者都会有意无意地参与对他们所栖居的社会系统的再生产和重构，制度不仅是自上而下地建立的，也是自下而上地建立的。

总的来说，制度变迁的主体离不开人。上面提到的所谓"民众""精英""制度企业家""专业人员""边缘博弈者""普通参与者"等只是我们按照人在社会组织中所起的作用不同、地位不同给予的不同称谓而已。而"利益集团""初级行为团体和次级行动团体""协会""政府或国家"等也是人按照自己在经济社会生活中所处的地位和获得经济利益方式的不同，或者按照社会地位、追求的效益目标、所持有的偏好以及意识形态层面等不同，形成的若干组织而已。国家是其中一个特殊的利益集团，在现代社会，国家更多地是扮演着利益协调者和制度供给者的角色，一方面，维持现有的法律、规章、制度，另一方面，通过对某些制度条文的制订和修

---

① 卢现祥主编：《新制度经济学》，武汉大学出版社，2004年版，第140页。
② ［美］R. 科斯等著，陈剑波、胡庄君等译：《财产权利与制度变迁》，上海人民出版社，1994年版，第391页。
③ ［美］W. 理查德·斯科特著，姚伟、王黎芳译：《制度与组织》（第三版），中国人民大学出版社，2010年版，第107—112页。

改,来维持国家内各主体间的利益均衡。

(3) 制度变迁的模式

制度变迁模式是指制度在变迁过程中所采取的形式、速度、突破口、时间路径等的总和。① 有的表述为制度变迁方式,依据不同的分类标准对制度演变模式有一些不同的表述。总的来说可以分为以下类型:从制度变迁的主体和诱因来看,制度变迁分为强制性制度变迁和诱致性制度变迁;从制度变迁的速度来看,有激进方式和渐进方式;从制度变迁的轨迹加总来看,可以组合成多种多样的变迁方式。根据需要,本研究重点分析诱致性制度变迁和强制性制度变迁两种方式。

①诱致性制度变迁

诱致性制度变迁指的是一群(个)人在响应由制度不均衡引致的获利机会时所进行的自发性变迁。② 诱致性制度变迁来自地方政府和微观主体对潜在利益的追求;改革的主体来自基层;程序为自下而上;改革往往是先易后难,逐步推进;改革路径是渐进的。它由个人或一群(个)人,在响应获利机会时自发倡导、组织和实行。因此,改革体现了需求,有坚实的组织保障机制,改革过程中可以及时修正失误,降低决策失误率。但是往往改革动力不足,创新缺少主体,改革需要一个较长的过程,成本高,容易出现制度上的"搭便车"行为。

②强制性制度变迁

强制性制度变迁指的是由政府法令引起的变迁。③ 强制性制度变迁由政府命令、法律引入来实现,政府为制度变迁的主体,变迁程序是自上而下,可以在比较短的时间实现制度结构的大变革,能够保证制度安排较好地运行。但是也可能会因为制度不符合现实发展需求,导致低效;还可能因为制度变迁影响到既得利益集团的利益,会出现"上有政策,下有对策"现象,导致制度低效或无效。从制度变迁的暴力性质来看,有暴力性

---

① 辛鸣:《制度论:关于制度哲学的理论建构》,人民出版社,2005年版,第177页。

② [美] R. 科斯等著,陈剑波、胡庄君等译:《财产权利与制度变迁》,上海人民出版社,1994年版,第374页。

③ [美] R. 科斯等著,陈剑波、胡庄君等译:《财产权利与制度变迁》,上海人民出版社,1994年版,第374页。

质的强制性制度变迁和非暴力性质的强制性制度变迁，前者成为自下而上的暴力革命，后者成为自上而下的改革。如我国从旧中国到新中国就是自下而上的暴力革命，而现在的教育变革就是自上而下的改革。

（4）制度变迁中的路径依赖

制度变迁具有路径依赖性质的论述是诺思对新制度经济学的一大贡献。20世纪80年代，阿瑟提出了技术演变过程中的自我强化机制，并建立了简单的数学模型，对技术变迁中存在的路径依赖现象给予了经济学解释。后来诺思将技术变迁中的路径依赖理论引进制度变迁的分析，他认为："制度变迁过程与技术变迁过程一样存在报酬递增和自我强化的机制。……人们过去做出的选择决定了他们现在可能的选择，沿着既定的路径，经济和政治制度的变迁可能进入良性循环轨道迅速优化；也可能顺着原来的错误路径往下滑，甚至被锁定在某种状态下而导致停滞。此外，路径依赖理论还强调，社会文化路径选择，与一个民族的文化传统有关。"① 这就是所谓的"路径依赖"。简单地说，路径依赖指的是制度变迁的路向对现存制度安排存在一定的依赖关系，即存在着制度惯性。②

在人类社会发展中，为什么那些相对无效率的经济体制能够长期驻存？是什么因素阻碍了它们去采用那些更有效率的经济体制的制度的呢？诺思认为这是因为"一些微小事件的结果以及机会环境能决定结局，并且，结局一旦出现，便会产生一条特定的路径"③，这就是他所说的制度变迁中的"路径依赖"。在一些书中，他反复进行了强调："路径依赖的研究主题就是过去是如何和现在、将来相联系的；路径依赖仅仅意味着现在的选择要受到从过去积累而成的制度传统的约束；路径依赖与其说是一种'惯性'，还不如说是过去的历史经验施加给现在的选择集的约束。"④ 路径依赖原理告诉我们"历史是重要的"，"人们过去做出的选择决定了他们现

---

① 诺思：《历时经济绩效》，《经济译文》，1994年第6期。
② 陈天祥：《论政府在制度变迁中的作用》，《中国行政管理》，2001年第10期。
③ ［美］道格拉斯·C.诺思著，杭行译：《制度、制度变迁与经济绩效》，格致出版社、上海三联书店、上海人民出版社，2008年版，第129页。
④ ［美］道格拉斯·诺思著，钟正生、邢华等译：《理解经济变迁过程》，中国人民大学出版社，2008年版，第48—49页。

在可能的选择"①。

不仅制度经济学家强调制度变迁中的路径依赖,历史制度主义中的路径依赖观点也认为一旦政府在某一政策领域作出了最初的政策与制度选择,由此形成的模式将被延续下去,除非有足够的力量克服项目起初形成的惯性。②组织社会学家还运用路径依赖理论解释了组织建立过程中的一些"铭记"现象,这种"铭记"会随着组织建立时间的不同而出现系统的差异,并且会保持相当长的时间。组织的记忆和学习过程不仅记录了组织的历史,也影响了组织将来的发展路径;发展路径的方向极大程度依赖记忆得以维持的过程。组织中的学习经常是"迷信式的",即组织常常遵从早期的通常也是偶然随意的成功所形成的惯例。③

3. 制度变迁理论的方法启示

(1) 将制度研究放在一定制度环境中考察

新制度经济学关注人类提出的解释自身环境的信念以及人类为塑造自身环境所创立的(政治的、经济的和社会的)制度。那么环境是什么?"社会环境是规定人类相互作用框架的规则、标准、习俗以及做事方式的人为构建。"④凡勃仑就认为,制度受环境影响,一旦环境发生变化,它就会随之而变。在制度变迁理论分析中,制度具有多样性和复杂性,应该从政治的、历史的、文化的、组织的等与制度相关联的领域来研究制度的变迁。

制度变迁与整个社会的经济、政治、文化发展密切相关,在全球化的今天,甚至与国际背景密切相连,这些构成了制度变迁的制度环境。新制度经济学认为制度环境,是一系列用来建立生产、交换与分配基础的基本

---

① [美]道格拉斯·C. 诺思著,陈郁、罗华平等译:《经济史中的结构与变迁》,上海三联书店、上海人民出版社,1994年版,第1—2页。
② [美]B. 盖伊·彼得斯著,王向民、段红伟译:《政治科学中的制度理论:"新制度主义"》(第二版),上海世纪出版集团,2011年版,第71页。
③ [美]沃尔特·W. 鲍威尔、保罗·J. 迪马吉奥主编:《组织分析的新制度主义》,上海人民出版社,2008年版,第209页。
④ [美]道格拉斯·诺思著,钟正生、邢华等译:《理解经济变迁过程》,中国人民大学出版社,2008年版,第12页。

的政治、社会和法律基础规则。① 制度环境并非只包括技术、资源条件、文化传统和个人道德精神，更为重要的是环境中还包含了所谓"合法性"的维度。它是一个组织所处的法律制度、文化期待、社会规范、观念制度等为人们所"广为接受"的社会事实。比如新中国在建立之初的向苏联学习，因为苏联是第一个社会主义制度国家，只能向它学习，不管它的具体制度是否符合我国实际情况。

（2）从制度建构认知中重新定位政府主体作用

制度设计过程实际上是不同利益集团博弈的结果。单个主体不能构成博弈的条件，正如鲁滨孙一个人在荒岛时是不需要考虑如何分工、如何进行资源配置的一样。在竞争与合作的过程中，相关利益集团之间为了争取利益最大化不断博弈，不同利益集团之间的博弈及其不平衡将会影响到国家目标及其行为，从而对于一个国家的制度及其体系的形成产生重要的影响。国家（政府）也是制度博弈的参与者，也具有自主性特性，有自己的利益与偏好。在中国社会进入新时代的发展时期，政府作为公共政策的供给者，制度的核心价值就是要妥善解决社会利益的分配问题，最终实现社会利益关系调整的公平公正和各种资源的合理配置，让广大人民共享改革的成果，满足人民日益增长的美好生活需要。

人类社会中许多制度的形成往往是集体行动的结果。理解、关注国家（政府）与社会（组织、个人）之间的互动关系和主体博弈，既要把研究的重点置于规范、过程以及惯例的程序，同时也要强调国家（政府）以外的其他主体的重要性。通过揭示制度变迁主体利益冲突错综复杂的互动关系，理解学校德育制度的变迁，在国家（政府）、学校、家庭和社会机构之间，搭建相互合作和沟通的渠道。当然，政府始终是制度的最终供给者，尽管如此，我们仍希望在制度变迁的方式上，走出一条政府主导、上下协动的需求诱致性制度变迁之路。

（3）发挥社会核心价值引领作用

虽然在制度变迁中反复强调成本—收益，但是对于潜在的利益，也不

---

① ［美］R.科斯等著，陈剑波、胡庄君等译：《财产权利与制度变迁》，上海人民出版社，1994年版，第270页。

能单从经济"收益"方面来判断，整合社会价值与其他需求同样重要。诺思在他后期的研究中十分重视信念体系和文化的作用，认为"人们持有的信念决定了他们所做出的选择"[①]。在中国这样一个人口众多，民族众多，地域广阔的国家，如果没有广泛认同的信仰和理念，维系整个社会的统一、稳定以及政府的权威，是十分困难的。随着各种各样的意识形态的出现，对于统治者来说，对使其委托者和代理者相信制度的合理与合法性进行投资，从而降低服从费用，对其自身是有益的。[②]

---

① [美] 道格拉斯·诺思著，钟正生、邢华等译：《理解经济变迁过程》，中国人民大学出版社，2008年版，第22页。
② [美] 道格拉斯·C. 诺思著，陈郁、罗华平等译：《经济史中的结构与变迁》，上海三联书店、上海人民出版社，1994年版，第229页。

第二章 我国学校德育制度变迁的历史回溯

诺思在他的制度变迁理论中曾强调"历史是重要的"。对学校德育制度变迁的研究一定是在历史中进行的,而历史是以一定时间和空间来表现的。在本章中,笔者将对我国学校德育制度变迁的百年历史进行阶段梳理,着重对各阶段制度变迁的制度环境、制度文本内容、制度动因、制度主体等进行制度分析,以期展现揭示不同的发展阶段中,我国学校德育制度变迁反映的制度价值取向、制度动力系统、制度主体、制度变迁路径等的嬗变过程和规律。

我国传统教育中很早就有"小学""大学"的观念,但没有"中学"的说法,中学观念的引入是"西学东渐"的结果。在维新运动期间,建立现代学校制度已成为有识之士一致的呼声,1898年百日维新期间,由梁启超草拟的《京师大学堂章程》中首次提及"中学"一词。1902年8月,中国第一个近代学制系统——"壬寅学制"《钦定学堂章程》颁布,中学正式成为学制系统中的一段。[①]

中学这一学段虽然随着近代学制系统的确立而确立,但是在中学要形成一定的德育系统和制度却是经历了一个漫长的历史演进过程。为了更好地了解中国学校德育制度变迁的历史过程,更好呈现学校德育制度变迁的历史文化背景,在更加宏大的历史文化背景中去思考我国学校德育制度变迁的规律,描述我国学校德育制度变迁的特征,揭示影响我国学校德育制度变迁的原因,本研究选取了中国一百多年来的中学德育制度变迁历史作为分析对象。在这一百多年的历史中,我国政治、经济、文化、社会生活

---

① 王伦信:《清末民国时期中学教育研究》,华东师范大学出版社,2002年版,第18页。

都发生了巨大变化，经历了许多重大历史时期：推翻封建专制统治，辛亥革命后中华民国的建立，新中国的成立，"文化大革命"，改革开放，社会主义市场经济体制建立，中国特色社会主义进入新时代等重大历史变革。这同时也是我国德育思想由传统走向现代，由一元走向多元，由专制走向人本，由人治走向法治的时期；我国学校德育制度由封建伦理教条逐步走向民主法治开放的时期。在这段历史时间和空间呈现出来的学校德育制度是一幅什么样的画卷呢？笔者试图这样来描述，见图2.1。

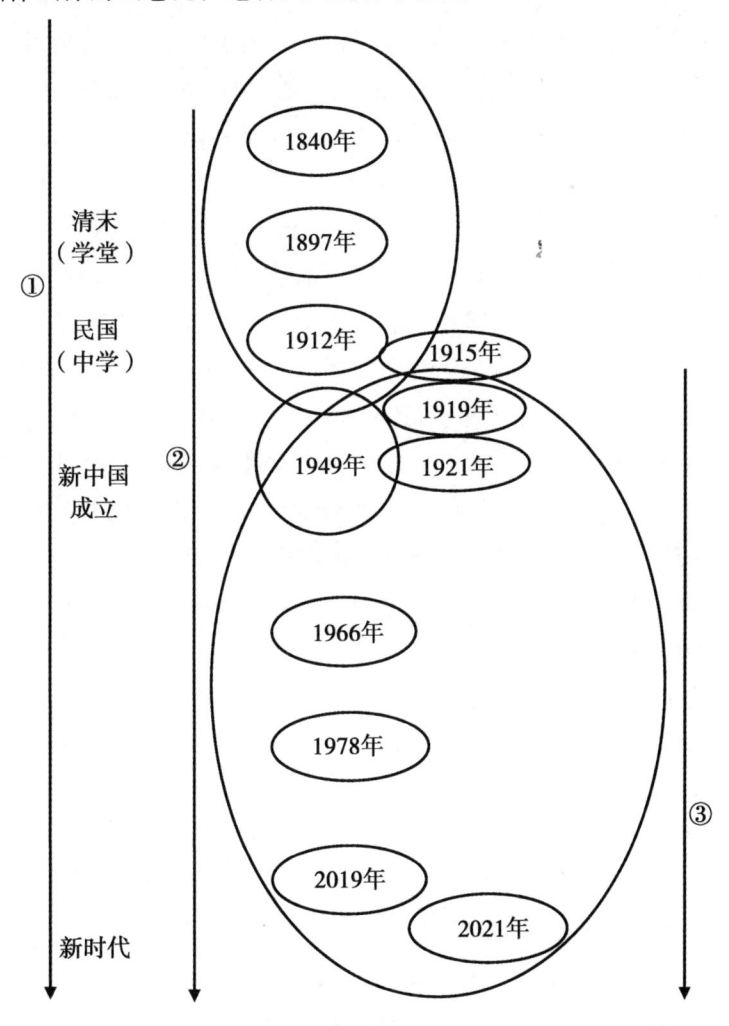

图 2.1　我国学校德育制度变迁的历史图谱

第二章　我国学校德育制度变迁的历史回溯 | 63

正如不少学者所言，在我国，实际起作用的至少有三种道德价值体系：中国社会主义道德体系、中国传统道德体系、现代西方道德体系。上图中三条纵向箭头就体现了这三种道德体系对中国学校德育制度的影响。其中纵向箭头①代表学校德育制度变迁自古以来受以孔孟之道为代表的中国传统伦理道德影响。纵向箭头②分为两个阶段。第一个阶段是从1840年鸦片战争开始到1949年新中国成立。在这一百多年中，西方国家用炮舰打开中国大门，近代中国经历了鸦片战争、甲午中日战争、辛亥革命，至1912年中华民国成立，中国结束了闭关自守，结束了帝制，赶走了皇帝，也开始否定奴性、臣民，开始重塑人的概念，塑造了现代人、现代国家的概念。但人民真正开始当家作主是1949年新中国成立，真正结束被侵略的历史。第二阶段从1949年新中国成立到2019年新中国成立70周年。在这180多年的历史中，西方海洋文明一直对中国学校德育制度变迁产生着影响。纵向箭头③代表1915年新文化运动和1919年五四运动，马克思主义开始在中国传播，1921年7月中国共产党成立，中国共产党人把马克思主义普遍真理同中国革命实际结合起来，走出了一条中国特色革命道路。从1915年至今一百多年的历史，特别是1978－2018年改革开放的40年，更是中国从富起来到强起来的过程，是中国在国际舞台贡献中国智慧、发出中国声音、提供中国方案的40年。在这个过程中，我国学校德育一直贯彻社会主义意识形态教育，坚持社会主义方向，坚持集体主义价值导向。但其中发生了几个关键的历史事件，对中国社会、学校德育产生断裂式影响。主要是1966年"文化大革命"爆发，中国学校德育出现单一的政治化倾向；1972年中美关系正常化，1978年中国开始改革开放，国人打开大门看世界，西方文化价值观进入我国，中国社会开始呈现多种价值观，学校德育面临一元与多元价值观并存的选择。在第二条和第三条线索中出现交叉区域，就是1912年中国民国成立到新中国成立这段历史时间段中，出现国民党统治下的国统区教育和共产党领导下的新民主主义教育并存。我国学校德育制度变迁主要就是在这三条历史线索中展开，学校德育制度变迁的研究正是基于对三条历史线索的把握而展开。

　　对历史时段进行分期，是史学研究的基本方法与惯例，旨在揭示不同历史时期或阶段之间的差异，从中把握历史发展的特点及规律。因此本研究将以历史时间为纵轴，以那个时代发生的重要政治、经济、教育改革关键事件、关键人物作为横轴，并结合德育自身发展规律和特点，把 100 多年的学校德育制度演变历史划分为三个阶段：第一阶段是 1912—1949 年尝试建立现代学校德育制度；第二阶段是 1949—1976 年，在模仿苏联的基础上创建新中国学校德育制度；第三阶段是 1977 年至今改革和创新现代学校德育制度。其中第三阶段又分为四个时期。

当然，这样划分并不意味着不同时间段之间是截然分离、没有延续性的，只是为了研究的需要而已。因为没有任何一种制度的变迁是独立于社会脉络之外的，也就是说，它们都不是发生在真空之中，任何制度的变迁都是和社会的历史文化、重大历史事件和重要人物纠结在一起的，都是在一定制度环境中发生和发展的。

一、尝试建立现代学校德育制度（1912—1949 年）

本研究对学校德育制度历史变迁的分析主要是通过各个时期的制度文件，对德育制度变迁的制度环境、变迁内容进行分析。教育政策学提出教育政策分析有三个维度，其中一个就是内容分析，微观层次的内容分析一般由目标、对象和手段三个要素构成。在内容分析中最为重要的有两点，一是教育政策的重点问题，二是教育与社会经济协调发展的问题。[①] 结合考虑学校教育总是"为了解决四个问题，即培养什么人——教育的目的，用什么培养人——教育的内容，怎样培育人——教育的方法，谁培养人——教育者"[②]，教育目的体现了教育制度的价值取向，教育内容一般通过学校课程得以体现，教育方法与学校组织制度建设密切相关，教育者与教师队伍建设联系在一起，因此，本研究将从学校德育制度变迁的制度环境、学校德育制度价值取向、德育课程制度、德育组织制度、德育教师制度建设等方面对学校德育制度的变迁展开分析。

1. 制度环境

清末民初是中国社会文化发展的转型期，也是中国学校德育迈向现代

[①] 袁振国主编：《教育政策学》，江苏教育出版社，2001 年版，第 267—268 页。
[②] 燕国材：《教育功能泛化刍议》，《探索与争鸣》，2003 年第 6 期。

化的过渡期。这一时期,西方近代德育观念已被资产阶级维新派和革命派陆续引入。康有为、梁启超、谭嗣同、严复等维新派人物在西方近代德育观念的导入及本土阐释方面作出了重要贡献。以孙中山、蔡元培、陈天华、邹容等为代表的资产阶级革命派"自觉地将德育变革与民族复兴、国家独立的暴力革命结合起来,进一步开展中西德育的汇合融通工作,从而极大地推动了中国近代德育的历史发展"[①]。

1911年辛亥革命爆发,以孙中山为首的资产阶级革命派推翻了清朝的封建统治,结束了统治中国两千多年的封建帝制,建立了三权分立的资产阶级民主共和国,开启了中国社会发展的新历程,奠定了教育民主化改革的政治基础,开辟了中国资产阶级教育发展的新时代。政治制度的变化对教育制度变革的需求增加,加之民国后,受五四新文化运动和新教育思潮的影响,国内思想界十分活跃,西方教育理论被大量介绍到国内。同时大批留学生回国在教育界任职,用所学的国外先进教育经验改革国内教育。1919年5月,杜威应邀来华讲学,实用主义教育理论在国内曾盛极一时。这一时期国内的教育方针政策、管理改革也带有浓厚的美国化色彩。杜威的"教育即生活""学校即社会""做中学"以及他的"儿童中心""生活中心""经验中心"等教育主张,在中国教育界广泛传播开来,体现在学校道德教育领域中,即要尊重学生,尊重儿童,以儿童为中心,教育要突出儿童的生活经验,符合儿童生活环境和儿童天性。

19世纪20年代是军阀战争和政治动荡的年代,北洋政府从1912年至1928年,16年间更换了46届内阁;1912年至1926年,14年间教育总长更动50次,更换了38个教育总长。由于军费占中央财政支出的比例高达40%左右,教育部不仅少有统辖教育事务的能力,甚至于自身难保,拖欠工薪严重。在这种情况下,民间组织、社会力量的蓬勃发展,各省的教育会、全国教育会联合会承担了越来越重要的功能。[②] 这为当时社会思想文化提供了一个难得的生长空间,期刊、出版业和民间教育组织等盛极一时,中国知识分子对国家以何种方式实现教育现代化,教育救国实业救国等进行了热烈讨论并付诸

---

① 黄书光:《中国中小学德育演进的文化审视》,山东教育出版社,2007年版,第9页。
② 杨东平:《艰难的日出:中国现代教育的20世纪》,文汇出版社,2003年版,第43页。

实践。公民教育如春潮初涌，曾经辉煌一时，晏阳初、梁漱溟、陶行知、黄炎培、雷沛鸿等开展的乡村教育运动、国民教育等中国式的教育改革和社会进步之路的探索，给我们留下了宝贵的文化财产。1928年，在结束军阀混战的局面之后，国民党开始了重建国家权威的努力，其中的重要内容是加强对社会思想的整肃和控制，实行事实上的一党专政。中国社会的精神风尚由此发生了明显的转变，此前较为自由宽松的风气渐为国家主义、权威主义所取代。①

2. 制度分析

对德育制度的认识，是基于对静态的制度文本和动态的制度过程的分析。政策是静态的文本叙述与动态的实践过程的总和。② 民国时期，向西方学习，开启了尝试建立现代学校德育制度的探索。为便于梳理其中演变的过程，笔者将从国家层面教育政策中有关教育宗旨、德育课程制度、学生德育管理制度等三个方面对这一时期学校德育制度进行整理，并从学校德育制度价值取向、公民课程制度、德育组织制度等三个方面对这一时期的中学德育制度内容进行分析，见表2.1。

表2.1　清末到民国的教育宗旨、德育课程制度、学生德育管理制度

时间 类别	1902—1912年 清末民初	1912—1920年 民国初期	1921—1949年	
^	^	^	国民政府时期	共产党领导下的地区
教育宗旨	1902年《钦定学堂章程》、1904年《奏定学堂章程》。	1912年蔡元培"五育并举"教育宗旨；1915年袁世凯《特定教育要旨》；1919年新教育宗旨。	1927年党化教育大纲、《国民政府教育方针草案》；1929年三民主义的教育宗旨及其实施方针；1930年《改进全国教育方案》；1931年《三民主义教育实施原则》。	1921年7月《关于中国共产党任务的第一个决议》；1922年《关于教育运动的决议案》；1931年第一次全国工农兵代表大会通过的《宣言》中明确提出了苏维埃政权的教育方针；1934年1月苏区教育的根本方针；抗战教育政策，教育为抗日战争服务，教育为生产劳动服务。

---

① 杨东平：《艰难的日出：中国现代教育的20世纪》，文汇出版社，2003年版，第67页。
② 范国睿：《教育政策的理论与实践》，上海教育出版社，2011年版，第7页。

续表

时间 类别	1902—1912年 清末民初	1912—1920年 民国初期	1921—1949年	
			国民政府时期	共产党领导下的地区
德育课程制度	《奏定学堂章程》中规定的中学课程设置有"修身、读经讲经、中国文学、外国语、历史、地理、算学、博物、理化、法制理财、图画、体操"。	修身科、公民科；1912年1月19日颁布的《普通教育暂行办法》和《普通教育暂行课程标准》，1912年12月颁布的《中学校令施行规则》等。	公民教育：1923年《新学制课程标准纲要》；1932年《小学公民训练标准》《初级中学公民课程标准》恢复了中断三年的"公民"课程。此后，在数次修订中学课程标准中，"公民"课程一直得以保留，直至民国结束。（具体见表2.2）	通过开办工人补习学校、子弟学校、阅书报社、讲演、游艺等开展工人教育；通过开办农民学校、农民补习学校、农民夜校等开展农民教育；通过正规和不正规的教学形式，各种学习小组如地头组、运输组、杂物组、拾粪组、揽羊组、妇女组、编制组，采取作坊学习、家庭学习、热炕学习、送教上门、送字、捎条子等形式逐渐向广大民众渗透，运用秧歌、歌谣、花鼓、剧社、竞赛、画报、标语、游戏等方式转化为大众喜闻乐见、易于理解的生动表象和简易符号，输送到中国社会最底层。
学生管理制度	《学堂管理通则》《学堂禁令章》《奏定学堂章程》。	学监制、级任制；《中学校令》《中学校令施行规则》《学校管理规程令》《学校仪式规程令》《学生操行成绩考查规程令》等。	实行训育制度、童子军、导师制、学生自治：1930年《中等学校训育要目》、1939年《训育纲要》等；1936年《高中以上学校军事管理办法》、1937年《初级中学童子军管理办法》；1944年《中等学校导师制》；1930年《学生自治会组织大纲》等。	

(1) 德育制度价值取向的变化

我国教育史上第一个得到施行的近代学制是"癸卯学制"。这个学制制定了系统的学校教育制度，厘定了教育宗旨。当时总的教育宗旨是："无论何等学堂，均以忠孝为本，以中国经史之学为基。俾学生心术壹归于纯正，而后以西学瀹其智识，练其艺能，务期他日成材，各适实用，以仰副国家造就通才，慎防流弊之意。"[①] 这个宗旨里强调的一是"忠孝为本"，二是"练其艺能"，很明显地体现了"中学为体，西学为用"的精神，是各级各类学堂必须遵守的办学方针。1906年，学部鉴于"近世目论之士袭泰西政教之皮毛者，甚欲举吾国固有彝伦而弃之"[②]，又明确提出五项十字教育宗旨，即"忠君、尊孔、尚公、尚武、尚实"，其核心依然是"中学为体，西学为用"。忠君、尊孔要求"务使全国学生每饭不忘忠义"，尚公"是即孔子之教弟子孝弟谨信而进之以泛爱亲仁也"，尚武要求"凡中小学堂各种教科书，必寓军国民主义"，尚实要求"以求实业为要政"。

中华民国成立后，1912年9月教育部颁布了以蔡元培"五育并举"为蓝本的教育宗旨："注重道德教育，以实利教育、军国民教育辅之，更以美感教育完成其道德。"取代了清末的"忠君、尊孔、尚公、尚武、尚实"的教育宗旨。这是以公民道德教育为中心的资产阶级的教育宗旨，也是民国初期的学校德育宗旨。此后，教育部又先后公布了《小学校令》《中学校令》等一系列教育法令和规程，《中学校令》规定"中学校以完足普通教育、造成健全国民为宗旨"。上述教育宗旨在培养目标上不再是培养为君主服务的人，而是培养为国家服务的国民。它强调了学生对于国家社会的责任，国民道德在教育体系中的地位受到重视。正如有学者所言："这个宗旨标揭德智体美四育并重，而以道德教育为中心。虽不免带有理想化色彩，但它否定了清末封建皇权的绝对权威和儒家纲常的一统地位，体现了民初政府开启民智、为国育才的共和思想，反映了资产阶级民主派的政治原则和人权思想，并保持了教育的相对中性和独立，突出了教育自身的特点和规律，代表了新兴资产阶级德智体美和谐发展的教育理念。"[③]

---

① 舒新城：《中国近代教育史资料》（上），人民教育出版社，1979年版，第197页。
② 舒新城：《中国近代教育史资料》（上），人民教育出版社，1979年版，第220页。
③ 杨天平：《中国教育方针发展研究》，武汉大学博士学位论文，2011年，第113页。

1915年袁世凯出于复辟需要颁定了一个《教育要旨》，提出了"爱国、尚武、尚实、法孔孟、重自治、戒贪争、戒躁进"七项教育宗旨。复辟帝制失败后，在全国进步人士的强烈要求下，1916年9月，国务院明令撤销了袁世凯颁布的教育宗旨，恢复民初的教育方针。但是，对1912年9月教育部制定的教育方针，教育界一直存在争议，认为存在着多主义的不足，从而对教育方针的改革也在酝酿中。此时，社会对新教育的理念逐渐形成比较普遍的共识，其要义是充分发展人的个性，造就民主共和国家的新国民。1919年4月，民间的《新教育》杂志提出一个"养成健全人格，发展共和精神，养成公民自治习惯，俾人人能负社会国家之责任"的教育宗旨。[①] 这个教育宗旨去除了以往宗旨中的多主义倾向，以办资产阶级教育为总体目标，并将学生的个性目标与此紧紧相连，显示出较前具有更为民主和自由的精神。1922年民国政府又公布了《学制系统改革案》，提出了"适应社会进化之需要、发挥平民教育精神、谋个性之发展、注意国民经济力、注意生活教育、使教育易于普及、多留地方伸缩余地"[②] 七条标准。这七项标准取代了民初的教育宗旨。这些标准体现了明显的实用主义教育思想，具有力图发挥更为民主、自由的精神的倾向，对以后的教育改革，包括学校德育变革产生了深远的影响。

1927年四一二反革命政变爆发，国民党右派背叛孙中山的"联俄、联共、扶助农工"的三大政策和新三民主义，并在南京成立了国民政府。1927年5月，蒋介石在南京举行的五四纪念会上提出实行"党化教育"，使"学生受本党（国民党）之指挥而指挥民众"，以三民主义教育感化"误入歧途之青年"，并授意各省、市成立"党化教育委员会"，拟定党化教育大纲。党化教育提出后引起了进步人士的反对，1928年5月中华民国大学院在南京举行第一届全国教育会议，提出改"党化教育"为"三民主义教育"，以之作为中华民国教育宗旨。1929年3月，国民党召开第三次全国代表大会，会上正式通过了三民主义的教育宗旨及其实施方针。教育宗旨是："中华民国之教育根据三民主义，以充实人民生活，扶植社会生

---

① 杨东平：《艰难的日出：中国现代教育的20世纪》，文汇出版社，2003年版，第29页。
② 李桂林主编：《中国现代教育史教学参考资料》，人民教育出版社，1987年版，第284页。

存,发展国民生计,延续民族生命为目的;务期民族独立,民权普遍,民生发展,以促进世界大同。"1930年国民政府教育部在南京举行第二届全国教育会议,制定了《改进全国教育方案》,其中提出加强师资训练,注重公民训练,从而控制学校教育。蒋介石还以国民政府主席身份到会演说,提出"改革教育当用革命手段整顿学风,使从前纷乱之教育现象改转过来",并应"十分注意党义教育,以三民主义统一思想"。①

在上述三民主义教育宗旨和实施原则的指导下,国民政府及其教育部分别于1932年和1933年颁布了《中学法》《中学规程》。其中《中学法》规定中学教育是"继续小学之基础训练,以发展青年身心,培养健全国民,并为研究高深学术及从事各种事业之准备",《中学规程》里规定中学为严格训练青年心身、培养健全国民之场所。青年要实施以下训练:"锻炼强健体格;陶融公民道德;培育民族文化;充实生活知能;培植科学基础;养成劳动习惯;启发艺术兴趣。"② 1937年抗日战争爆发,在国难当头、战火蔓延之际,许多热血青年投笔从戎,走上战场;一些学校举办短期的军事训练班,"国防教育"的呼声很高。1939年3月,蒋介石在第三次全国教育会议上发表"训词",提出"平时要当战时看,战时要当平时看"的观点,还在学校中全面推行封建伦理道德的"四维八德",把"四维"(礼义廉耻)作为全国共同校训,以"八德"(忠孝仁爱信义和平)为国训要求人人遵行。在推行"新生活运动"期间,要求把"礼义廉耻"贯穿到衣食住行之中,以规范学生的思想和行动。

(2)公民课程制度的建立

1902年清政府颁布的《钦定学堂章程》中规定当时中学的课程主要有"修身、读经、算学、词章、中外史学、中外舆地、外国文、图画、博物、物理、化学、体操",其中德育课程主要是修身和读经,对修身一科,要求为"当本《论语》《孝经》之旨趣,授以人伦道德之要领"。1904年《奏定学堂章程》中规定的中学课程设置有"修身、读经讲经、中国文学、外国语、历史、地理、算学、博物、理化、法制理财、图画、体操",其中

---

① 转引自孙培青主编:《中国教育管理史》,人民教育出版社,1996年版,第493页。
② 《第一次中国教育年鉴·甲编·教育总述》,开明书店,1934年版,第34—35页。

对修身一科明确规定摘讲陈宏谋五种遗规。

中华民国成立后，南京临时政府即着手通过课程对封建伦理道德教育进行改造，颁布了系列法令，如1912年1月19日颁布了《普通教育暂行办法》和《普通教育暂行课程标准》。1912年12月颁布的《中学校令施行规则》取消了读经科，将修身科列为专门对学生进行道德教育的课程。从当时最有影响的修身教科书出版商商务印书馆和中华书局出版的有关修身教科书来看，当时修身课程主要有这样一些德目：卫生之道；修学之道；谋生之道；修德之道；个人与家庭；个人与社会；个人与国家；个人与国际及万有。这些德目所反映出的基本道德价值主要包括：孝悌、恭敬、仁爱、忠恕、正直、清洁、勤俭、礼仪、勇敢、独立、自由、平等、博爱、爱国等。[①] 从这些内容来看，除了保留中国传统道德中注重个人修养的"修齐治平""内圣外王"的观念外，增加了独立、自由、平等、博爱等一些现代西方的道德原则；适应当时国家所面临的紧迫政治、经济形势，较多强调了个人对国家、对社会的责任。

五四之前的学校德育课程还是以修身为主要内容，主要侧重个人私德，侧重个人品德的修养，对社会公德还重视不够。五四新文化运动倡导民主与科学，唤醒人们的民族意识，人们认识到个人与社会、国家的关系，个人权利与国家利益是紧密相连的，因而由重视个人修养为主转变为重视个人作为国家公民的基本道德。这一时期由于军阀争权夺利，忙于内战，暂时来不及严格控制教育，这也使思想上已获得相当解放，深受"教育救国论"影响的民初教育界有了充分研究、发展教育的可能。1922年，在新学制的指导下，五四时期的学校德育出现了公民科，取代了原来的修身科。

在1923年的《新学制课程标准纲要》中，公民科取代修身科进入国家课程体系。早期公民教育的主要内容包括社会生活及其组织、中华民国之组织、宪政原则、社会问题、经济生活、道德问题以及国际关系等，以后公民教育的内容大致以此为框架。[②] 1922年至1927年，公民教育曾一度盛

[①] 郑航：《中国近代德育课程史》，人民教育出版社，2004年版，第97—101页。

[②] 郑航：《社会变迁中公民教育的引进——兼论我国学校公民教育的实施》，《清华大学教育研究》，2000年第3期。

行。南京国民政府建立后,实行党化教育,以取代公民教育。后因遭到反对,"党义科"仅存在三年即被取消。1932年恢复了"公民"课程。1923—1948年国家出台的中学课程标准、课程文件①主要有:1923年《初级中学公民课程纲要》等,1927年《学校实施党化教育办法草案》《各级学校增加党义课程暂行通则》,1931年《三民主义教育实施原则》,1932年《初级中学公民课程标准》《高级中学公民课程标准》,1936年《初级中学公民课程标准》等,1941年《六年制中学公民课程标准草案》,1948年《修订初级中学公民课程标准》《修订高级中学公民课程标准》等。具体见下表。

表2.2 1923—1948年国家课程标准、课程文件②

颁布时间	名称	教学目标	纲目或内容
1923年	《初级中学公民课程纲要》	(一)研究人类社会生活。(二)了解宪政的精神。(三)培养法律的常识。(四)略知经济学原理。(五)略明国际关系。(六)养成公民的道德。	1. 社会生活及其组织;2. 宪政原则;3. 中华民国的组织;4. 经济问题;5. 社会问题;6. 国际关系。
1923年	《高级中学公共必修的人生哲学课程纲要》	在使学者渐明人生之真相与修养之方法。	1. 概论;2. 人之外观;3. 人之内观;4. 人生之价值及其修养。
1923年	《高级中学公共必修的社会问题课程纲要》		1. 绪论;2. 家庭问题;3. 人口问题;4. 产业问题;5. 社会病理问题;6. 社会学。
1923年	《高级中学第一组必修的论理学初步课程纲要》		1. 绪论;2. 推理的步骤;3. 论假设;4. 论求证之法;5. 论谬误。

① 吴履平主编:《20世纪中国中小学课程标准·教学大纲汇编(思想政治卷)》,人民教育出版社,2001年版,第135—193页。

② 吴履平主编:《20世纪中国中小学课程标准·教学大纲汇编(思想政治卷)》,人民教育出版社,2001年版,第135—193页。

续表

颁布时间	名称	教学目标	纲目或内容
1923年	《高级中学第一组必修的心理学初步课程纲要》		分三编共四十八课,第一编学习心理,第二编个性差异,第三编生理方面的心理学。
1927年	《学校实施党化教育办法草案》《各级学校增加党义课程暂行通则》		1. 建国大纲浅说;2. 建国方略概要;3. 三民主义;4. 五权宪法浅释;5. 直接民权运用。
1931年	《三民主义教育实施原则》		初中、高中的党义课改为公民课。提出"三民主义不应限于党义一科内进行,各科教学均应注意及之。应改党义科为公民科,内容除党义外并增加道德、政治、法律及经济(高中并增加社会及伦理思想)等教材。
1932年	《初级中学公民课程标准》	(一)使学生由实际生活,体验群己之关系,养成修己待人之善良品性。(二)使学生明了三民主义之要旨,及政治经济法律与地方自治之基本知识,培养健全之公民资格。(三)使学生了解我国固有道德之意义,确定复兴民族之道德的基础。	1. 公民生活与公民道德(学校生活、家庭生活、社会生活);2. 公民与政治生活(国家、公民与政府、革命建设之程序);3. 地方自治;4. 法律大意;5. 公民与经济生活。

续表

颁布时间	名称	教学目标	纲目或内容
1932年	《高级中学公民课程标准》	（一）使学生习得社会生活必需之知识，为服务社会之准备。（二）使学生认识中国国民党之主义政纲政策，为建国及解决社会问题唯一之途径。（三）使学生明了人生之意义，启发其自觉心，以确定其人生观，并养成其对于复兴民族之责任心。	1. 社会问题；2. 政治概要；3. 经济概要；4. 法律大意；5. 伦理大意。
1936年	《初级中学公民课程标准》	（一）使学生由实际生活，体验群己之关系，养成立己之善良品性。（二）使学生明了三民主义之要旨，及地方自治之基本知识，培养其健全之公民资格。（三）使学生了解我国固有道德之意义及实践新生活运动之规律，确定复兴民族之道德的基础。	1. 公民之意义；2. 学校生活与公民道德之培养；3. 家庭生活；4. 社会生活；5. 公民与国家；6. 公民与政治；7. 地方自治；8. 地方财政；9. 农村繁荣与公共幸福。

续表

颁布时间	名称	教学目标	纲目或内容
1936年	《高级中学公民课程标准》	（一）使学生习得社会生活必需之知识以及组织能力、治事方法，为服务社会之准备。（二）使学生认识中国国民党之主义、政纲、政策，为建国及解决社会问题唯一之途径。（三）使学生明了人生之意义，启发其自觉心，以确定其人生观，并养成其对于复兴民族之责任心。	1. 社会问题；2. 政治概要；3. 经济概要；4. 法律大意；5. 伦理大意。
1940年	《修正初级中学公民课程标准》	（一）使学生由实际生活，体念群己之关系，了解我国固有道德之意义，以养成修己善群之善良品性。（二）使学生明了三民主义之要旨，国家民族之意义，以正确其思想，坚定其信仰。（三）使学生认识政治之组织与运用，及研究地方自治之基本知能，以陶铸其健全之公民品格，而培植其服务地方自治之能力。	1. 公民之意义及信守；2. 学校生活；3. 家庭生活；4. 社会生活；5. 地方自治制度；6. 公民与政治；7. 公民与国家；8. 公民与世界。

续表

颁布时间	名称	教学目标	纲目或内容
1940年	《修正高级中学公民课程标准》	（一）使学生认识中华民族之构成因素及其固有道德与国际之关系，以养成其伟大之民族意识。（二）使学生明了政治制度、宪法运用、法律常识以及中国国民党之政纲、政策，以培养其使用民权之能力。（三）使学生习得国民经济之常识，本国农、工、商业及资源之情形，以启发其正确之民生观念。	1. 公民与三民主义；2. 公民与民族主义；3. 公民与民权主义；4. 公民与民生主义。
1941年	《六年制中学公民课程标准草案》	（一）使学生由实际生活，体念群己之关系，以养成良好之生活习惯及修己善群之善良品性。（二）使学生对三民主义有真切之了解，以正确其思想，坚定其信仰。（三）使学生明了政治制度，宪法运用，法律常识，以及中国国民党之政纲政策，以培养其使用民权之能力。（四）使学生习得国民经济之常识，本国农工商业及资源之情形以启发其正确之民生观念。	1. 校史章则；2. 团体训练；3. 个性考察；4. 修学指导；5. 道德修养；6. 公民之意义及其信守；7. 学校生活；8. 家庭生活；9. 社会生活；10. 公民与国家；11. 公民与世界；12. 公民与三民主义；13. 公民与民族主义；14. 公民与民权主义；15. 公民与民生主义。

第二章　我国学校德育制度变迁的历史回溯

续表

颁布时间	名称	教学目标	纲目或内容
1948年	《修订初级中学公民课程标准》	（一）训练履践四维八德各项具体条款使逐渐成为习惯。（二）养成对于家庭他人学校社会国家及世界之正当关系与态度，以确定其正确之人生观。（三）灌输一般公民应有之政治经济道德与社会生活各项常识。（四）启发人民权责之由来，鼓舞服务社会效忠国家致力人类之志愿与精神。	1.训育规条：忠勇、孝顺、仁爱、信义、和平、礼节、服从、勤俭、整洁、助人、学问、有恒。2.讲习纲要：公民与学校、公民与家庭、公民与社会、公民与地方、公民与国家、公民与世界。
1948年	《修订高级中学公民课程标准》	（一）明确体认我国固有道德并继续笃实履践。（二）获得社会政治经济法律道德文化等项重要知识之基本概念。（三）认识本国社会政治经济法律道德文化的特质与时代精神，树立大国民之风范。（四）体验实际生活，增强一个公民知能上与品性上之修养，确立对民族国家世界人类的责任。	1.训育规条：忠勇、孝顺、仁爱、信义、和平、仁爱、服从、勤俭、整洁、助人、学问、有恒。2.讲习教材：社会、政治、法律、经济、伦理、文化。

从公民教育的教学目标和教学内容来看，以1936年修正后的中学课程标准为例，这一时期公民科的教学目标和教学内容主要有：初中的教学目标包括使学生"体验群己之关系，养成立己之善良品性"、培养"明了三民主义之要旨，及地方自治之基本知识"的"健全之公民资格"与"确定复兴民族之道德的基础"三个方面；高中的教学目标为使学生"习得社会

生活必需之知识以及组织能力、治事方法"、"认识中国国民党之主义、政纲、政策"之重要性和"养成其对于复兴民族之责任心"。① 初中阶段的教育纲要包括公民之意义，学校生活与公民道德之培养，家庭生活，社会生活，公民与国家，公民与政治，地方自治等；高中阶段的教材纲要包括社会问题，政治概要，经济概要，法律大意，伦理大意。每一纲要又含有若干具体内容，如高中阶段的社会问题纲要，即包含有人口问题，农村问题，劳动问题，职业问题和婚姻问题。② 这些教学目标和教材纲要，强调政治性，强调公民的社会责任感，主要突出国家、民族意识，强调学生对国家社会生活的各个方面如政治、经济、法律、伦理等的了解，以培养适应现实生活的合格公民。除了在课程设置中突出公民教育，在时间分配上也不断强化公民训练，以课时分配来计算，1940年"三三"制中学课程周教学总时数372课时（初中与高中文科或理科合并课时），其中"公民和体育童子军训练军事看护"已经达到66课时，③ 所占比重为17.74%，是所有课程中所占课时最多的。这主要与20世纪三四十年代中日民族矛盾日益加剧有关，出于战争需要，这些课程成为了国民党施行军事管理的工具。

（3）德育组织制度的形成

民国学校德育组织制度的变化主要体现在训育组织设置的变化上，一方面学校各种训育组织设置由学监制发展到级任制、导师制，另一方面与训育有关的学生自治团体如学生自治会出现。

《奏定学堂章程》对各级各类学堂的组织机构和领导体制作出了比较详细的规定，其中对中学堂的规定是：中学堂设监督一人，主管一切教育事宜，下设掌书一人（以教员兼充）；文字一人，专管学堂往来文牍；会计一人，负责学堂的款项出入；庶务一人，管理学堂的各项杂务。监督具有绝对权威，学生见监督须先用手禀，叙明事由，经其许可，然后才能传见。监学的基本工作范围和所管理的事务情况主要是监督学生的学习活

---

① 吴履平主编：《20世纪中国中小学课程标准·教学大纲汇编（思想政治卷）》，人民教育出版社，2001年版，第160—167页。
② 吴履平主编：《20世纪中国中小学课程标准·教学大纲汇编（思想政治卷）》，人民教育出版社，2001年版，第160—167页。
③ 王伦信：《清末民国时期中学教育研究》，华东师范大学出版社，2002年版，第112页。

动,巡视晚自修,负责学生考勤等,其职责类似教务。

1911年帝制推翻后,中学所处的历史环境发生了变化,中学与中央教育行政的关系发生了变化,这使得中学的训育呈现一些新的特点。中学的监督改为了校长,监学改为学监,中学管理和设置权下放给了学校,中学校定为省立,教育部不再像清末学部那样给各学校颁布苛细的管理条文。这样校长对于学校的一切管理细则,较能相对自由地根据部章的原则,斟酌地方的情况自行决定。

同时这一时期的训育注意于人格感化,规定除学科教授外,教师对学生还负有训导之责,明确了教师进行教学和教育的双重任务。民初范源濂继蔡元培任教育总长,就力求在训育上酿造一种注重人格感化的风气,力求校长和教员注意以人格为学生的表率,为学生所信仰和爱戴。学生的操行格外受到重视,除了详细规定操行评定等级及项目外,也通过开展课余活动来培养学生的良好品行,并对道德课教学进行改革。《学生操行成绩考查规程令》将学生操行成绩分为甲、乙、丙、丁四等,并使之与升留级、毕业联系起来。为了加强对学生的品行训练,改革了既有的修身课,提出了修身做法。所谓修身做法,是指对学生的修身教育不单是注重修身书本,即道德知识灌输,且更要从实际做法上指导学生进行道德训练,使得道德的知与行结合起来。修身做法是同日常管理、课余活动等方式并行的训育方式。[①]

1922年新学制颁布后,中学教育年限延长两年,采取三三分段,高中还加设职业科,中学的教育实际上肩负起升学与就业的双重任务。中学教育目标的这一变化,首先引起中学体制的改变,采用综合中学模式,高级中学实行选科制、学分制。这一变动在体现切近社会需要的同时,也增加了教育管理的量和难度,在施行之初,效果并不理想,一些地方教学秩序还发生混乱,学生不满,家长抗议。中学校的行政组织系统发生了变化,校长及教务会以下设立训育部、教务部、事务部、舍务部等部门,训育和教务开始分离,核心是训育部、教务部、事务部;在设置训育主任的同时还推行了"级任制",即每个学期每一年级设一专任教师担任级任,实行

---

① 田海洋:《道德之维:民国时期训育研究》,浙江大学出版社,2012年版,第18页。

训育（主任）与级任结合，负责训导该级学生，学校的训导管理体制初步建立。如在国民政府颁布的《中学规程》（1935年修正）中明确写道："中学每一学级设级任一人，择该级一专任教员任之，掌理各该级之训育及管理事项。"

级任制实施后也出现了一些不足之处，如级任既要担任主科教学，又要担任繁重的训导事务，难免精力不足。而且因为有级任负责班级的训育工作，其他科任教师就不再过问了，这与"训教合一"的思想不合。另外因每个级任风格各异，管理上各级存在很大差异，也不利于学校整体管理思维的统一贯彻。因此如何克服级任制的不足，探索一条更适合的训育模式是努力的方向。1938年颁布的《中等以上学校导师制纲要》中规定："各校应将全校每一学级学生分为若干组，每组人数以五人至十五人为度，每组设导师一人，并由校长指定专任教师充任之。"施行导师制的目的是鼓励教师都参与到学生训育工作中，实现"训教合一"，但在实践中并不理想，到民国末年，导师制其实是不了了之了。这一时期，国民政府还把军训引入学校，对学生实行军事化管理。

民国时期在学生方面与训育有关的学生自治团体如学生自治会也在五四运动后大量涌现，这一组织几乎成为中学训育活动的主体，也得到了各校当局大力提倡。学生自治会的普遍成立对于反对专制主义威权管理，张扬学生个性，培养学生的自主独立精神，活泼校园文化生活，传播自由、平等意识均具有不可磨灭的重要意义，是训育开始走向民主化的重要标志。当局也出台了系列管理规定如《学生团体组织原则》（1930年）、《学生自治会组织大纲》（1930年）、《学生自治会组织大纲实施细则》（1930年）、《学生自治会规则》（1943年），通过这些制度对学生自治活动进行严格限定。

（4）中国共产党领导下的新民主主义德育制度

伴随着俄国革命的胜利，社会主义思潮在我国得到了广泛的传播，中国共产党人发动了一场改变中国命运的农民革命运动。在夺取政权的长期革命实践中，中国共产党人根据新的意识形态，构建了一套全新的革命教育理论，在苏区、在延安、在解放区得到了广泛实践。因此，这一时期在国统区和苏区、解放区，两种不同的教育制度并存，呈现出不同的教育形态。

1921年7月，中共第一次全国代表大会明确提出了党应向工人灌输阶级斗争精神，唤醒劳工觉悟，并通过在工矿成立"劳工补习学校""劳动组织讲习所"等，进行教育和宣传。1922年7月中共在二大召开之前，通过了青年团教育工作的行动纲领《关于教育运动的决议案》，决议案提出：关于政治教育方面，要求对多数无产阶级青年，宣传社会主义，启发并培养他们的政治觉悟及批判能力。中国共产党十分重视工农教育，通过开办工人补习学校、子弟学校、阅书报社、讲演、游艺等开展工人教育；通过开办农民学校、农民补习学校、农民夜校等开展农民教育。教育形式因地制宜、灵活多样。

1927年第一次国共合作破裂后，迫于局势，中共逐步建立起一批农村革命根据地，简称为苏区，并在各根据地建立了各级苏维埃政权。在严酷的战争环境下，我党围绕革命战争的中心任务，进行土地革命和经济改革，同时积极开展文化教育的建设。

1934年1月，毛泽东在全国苏维埃代表大会的工作报告中具体、明确地表述了苏区教育的根本方针："在于以共产主义的精神来教育广大的劳苦大众，在于使文化教育为革命战争与阶级斗争服务，在于使教育与劳动联系起来，在于使广大中国民众都成为享受文明幸福的人。"[①] 这是中国共产党对新民主主义教育方针的最初表述，这一方针成了当时及后来解放区学校德育工作的指南。

"七七事变"后，根据国际形势和国内的主要矛盾变化，中共中央制定了一系列教育方针政策，如实行抗战教育政策，提倡国防教育，实行文化教育中的统一战线政策，实行教育和生活劳动相结合的方针等，发展了抗日根据地教育。延安时期逐步形成了新的教育方针，就是：教育为抗日战争服务，教育为生产劳动服务。

总之，中国共产党人根据中国传统农村经济和中国农民的特点以及当时的国内国际形势，创造性地进行了广泛的政治宣传和德育动员，形成了"革命德育观"，是一种革命和文化互动的政治实践产物。这一时期的德育

---

① 孙培青主编：《中国教育史（修订版）》，华东师范大学出版社，2000年版，第487页。

观念主要是在马克思主义基础上的全心全意为人民服务、爱国主义、坚持集体主义、坚定共产主义信仰、加大政治宣传力度、艰苦奋斗、勤俭节约等新型德育观念。革命根据地教育提供了大量成功经验,比如"教育为政治服务""教育与生产劳动相结合""依靠群众办学"等等,这些经验不仅使中国共产党人深深获益,也是中国教育史上一份有借鉴价值的遗产,尽管由于缺乏从事一种全新教育的实践经验,由于受外界影响,也一度出现过"左"倾问题。透过历史发展的脉络,我们也可以发现,这时期无论是成功的经验还是失败的教训,都对新中国成立后我国学校德育制度产生了重大影响,在新中国学校德育制度建设中出现了"路径依赖"。

3. 该时期德育制度变迁特征

制度变迁是由需求引发的。民国时期随着中华民国政府的建立,如何建立与之相应的教育制度,培养为国所需的人才显得十分迫切,政府和社会有志之士都有变革教育制度的需求。从这一时期的德育制度变化来看,制度变迁体现这样一些特征:

第一,政治体制的变革决定了德育制度价值取向的变化。制度变迁理论指出:"宪法秩序的变化,即政权的基本规则的变化,它能深刻影响创立新的制度安排的预期成本和利益,因而也就深刻影响着对新的制度安排的需求。"[1] 民国政治体制的改变要求教育制度作出相应的变革,导致这一时期教育宗旨的改变。正如前文制度变迁的主体的分析所言,政府是最重要的。在社会所有制度安排中,政府是最重要的一个,政府可以采取行动来矫正制度供给的不足。

第二,制度变迁核心动力因素是利益集团的博弈。民国时期,政治形势风云变幻,教育制度变迁也跌宕起伏,出现多次反复。民国初期的教育方针提出的培养共和国国民的思想与千百年来忠君、尊孔的思想相异,危及了原有封建专制统治阶级利益,所以会出现袁世凯的复辟。国民政府时期,蒋介石为维护国民党统治,搞党化教育,在学校全面推行封建伦理道德的"四维八德"。

第三,制度变迁在不断向西方学习中展开。南京临时政府教育部成立

---

[1] 罗必良主编:《新制度经济学》,山西经济出版社,2005年版,第134页。

之初，即将制订民国新学制作为工作的重点，召集了一批留学日本和欧美的归国人员，分别草拟各级学校规程。民初教育方针中"实利主义教育"也是蔡元培对当时流行欧美，以杜威为代表的实用主义教育思想的一种概括。① 1919年5月，杜威应邀来华讲学，实用主义教育理论在国内盛极一时。同时大批留学生回国在教育界任职，对美国教育的在华影响客观上起到了推动作用。

第四，制度变迁模式出现政府主导的强制性制度变迁与民间教育组织推动的诱致性制度变迁相结合模式。由于政治体制的变革，民主共和政体代替了君主专制政体，教育无论是在思想观念上，还是在实践中，都与在专制政治下有所不同，国家对思想文化的钳制比以前要少许多。另外民国初年政治的动荡不安也降低了政治对文化思想的规范、导向作用。这一时期教育制度的变迁尽管主要还是由政体中政治中心人物或精英人物来推动，但是在具体决策中会广泛征求意见。比如，民国新学制草案的制订。草案初稿经两次修改，形成第一、二、三共三个方案，教育部将各方及专家的意见一同公布，广泛征求意见，最后形成了第四个方案，1912年7月交全国临时教育会议讨论通过。② 同时，民间教育组织在制度变迁中发挥重要作用。如1922年的"新学制"制订过程：1921年全国教育会联合会第七届年会在广州召开，以学制为主要议题，广东等十一省提出各自的学制改革方案；大会经过认真讨论审查，于10月30日通过了新的"学制系统草案"；为进一步征求各方面意见，大会要求各地组织讨论，并请各报馆、各教育杂志发表草案全文，向全国征求修改意见，以便在来年召开的第八届年会上作最后的决定。③ 这种自上而下强制性制度变迁和自下而上的诱致性制度变迁，能够充分发挥民主，集思广益，包容各方利益主体，体现了民国时期教育的民主化、开放性，是资产阶级建立现代学校制度的尝试，可以说是当时制度变迁中的创新之举。

总体上看，"20世纪20年代以后，中国基础教育在不断科学化的同时，也不断正规化。尤其是国民党建立南京国民政府之后，加紧致力于教

---

① 孙培青主编：《中国教育史（修订版）》，华东师范大学出版社，2000年版，第360、367页。
② 孙培青主编：《中国教育史（修订版）》，华东师范大学出版社，2000年版，第361页。
③ 孙培青主编：《中国教育史（修订版）》，华东师范大学出版社，2000年版，第394页。

育规范化建设"。"旨在加强学校教育管理的法律、法规、制度的制订，结束了清末民初新式学校教育体系建立以来新旧教育冲突的混乱局面，一定程度上有利于教育秩序的稳定和教育质量的提高。"[①] 这一时期，中国教育现代化已经由清末民初的物的或技术层面的现代化进入了制度现代化阶段，新式教育体系已开始融入中国社会发展之中。

二、创建新中国学校德育制度（1949—1976年）

本研究把新中国建立到改革开放前近30年时间的学校德育制度分为三个阶段：第一阶段是新中国成立初期（1949—1956年），是学校德育制度改造时期；第二阶段是十年社会主义建设时期（1956—1966年），是学校德育制度探新时期；第三个阶段是"文革"十年（1966—1976年），是学校德育制度遭受破坏时期。

1949年10月1日，中华人民共和国成立，宣告了一个伟大的时代的诞生和一个民族历史发展的根本转折。通过清末到民国，在一次次的战争、运动的洗礼中，中国学校德育已经实现了传统德育向现代德育转型的一些基本任务，废除了科举、废除了尊孔读经，颁布了新学制，举起了科学与民主的大旗，开展了盛极一时的公民教育等，但这些都是在旧制度下推行的德育变革。新中国的建立，与以往历史上的改朝换代有着根本的区别，它以一种革命的方式实现了社会制度的本质转变，是中国从半殖民地半封建社会转向民主社会制度的历史质变，是一种革命性断代。

这种跳跃式的革命性断代，与西方国家根植于社会文化传统和社会内部新经济因素增长基础上的制度创新有很大不同。我国新的社会制度是建立在一个经济落后、政治形势严峻的社会基础之上的。在文化上，中国作为一个沿袭了几千年封建制度的国家，传统的道德观念和文化传统不可能随着社会制度的变革而马上退出历史舞台，正如陈独秀所言，中国的进步必赖国人之不断觉悟，伦理的觉悟才是真正的觉悟。新中国成立是一次重

---

① 黄书光：《中国基础教育改革的历史反思与前瞻》，天津教育出版社，2006年版，第10页。

大的文明替代和更新,它倡导一种全新的文明,必然要求建立一个全新的学校德育体系。但是道德作为民族文化的特定物,具有很强的历史连续性和传承性。况且,国民政府时期,国民党早已建立了一套从目的、内容、体制到措施等方面都非常完整的德育体系,对学校生活和各科教学产生了很大影响。因此,创建新中国学校德育注定是一场极其艰苦的工作,充满着艰难险阻。

1. 制度改造(1949—1956年)

这一时期新中国面临的是建立政权和维护政治稳定的突出问题。中国共产党将人民群众组织起来,建立了各级人民政府,剥夺官僚资本并归国有,统一了全国财政经济工作,稳定了物价,完成了新解放区土地制度的改革,镇压了反革命,开展了"三反""五反"运动,胜利完成了社会主义改造任务,还进行了抗美援朝、保家卫国战争。与此同时,随着帝国主义和封建买办统治在中国宣告终结,旧教育的政治经济基础基本上被摧毁了,代替这种旧教育的是作为反映新的政治经济要求的新教育,作为巩固与发展人民民主专政的一种斗争工具的新教育。改造旧教育和建设新教育是两个密切联系不可分开的过程,前者在后者的指导下进行;新教育的建设从旧教育中吸取合理的成分。因此,党和政府也及时地对旧教育实行接收管理和改造,模仿和移植苏联教育经验,进行了课程、教学和管理方面的改造,大力开展群众性的识字运动和社会教育,使教育在配合建国初期各项工作并在为其服务中得到迅速的发展。

(1)提出以"五爱"为核心的基本公德目标

教育方针是"国家和政党在一定历史阶段提出的教育工作发展的总方向,是教育基本政策的总概括。教育方针是代表一定阶级利益的政治实体所确立的行为规范和行动模式,都是为了实现教育目标、完成教育使命而制定的行动准则"[①]。因此,建设新教育首先必须明确国家的教育方针、教育目的。1949年《中国人民政治协商会议共同纲领》规定:"提倡爱祖国、爱人民、爱劳动、爱科学、爱护公共财物为中华人民共和国全体国民的公德。"纲领特别强调在学校中大力开展和实施"五爱"教育。1949年12月

---

① 孙绵涛主编:《教育政策学》,中国人民大学出版社,2010年版,第21—22页。

召开的第一次全国教育工作会议确定建设中华人民共和国新教育的指导方针是"以老解放区的教育经验为基础,吸收旧教育有用经验,借助苏联经验",建设"以提高人民文化水平,培养国家建设人才,肃清封建的、买办的、法西斯主义思想,发展为人民服务的思想为主要任务"的新民主主义教育。1954 年,政务院在《关于改进和发展中学教育的指示》中指出,"思想教育的任务,是树立社会主义的政治方向,培养辩证唯物论世界观的基础和共产主义的道德",为此,必须在中学里巩固和加强工人阶级思想的领导地位,增强社会主义思想,批判资产阶级思想和继续肃清封建的、买办的、法西斯的思想残余。政治思想教育,应根据学生现有的思想情况,继续努力培养"爱祖国、爱人民、爱劳动、爱科学、爱护公共财物的国民公德,并注意培养集体主义精神,自觉的纪律,及坚韧、勇敢、谦虚、诚实、节俭、朴素等品质。目前应特别注重爱国主义教育、劳动教育和自觉纪律教育"。这对捍卫新生的中华人民共和国是完全必要的,也体现了我国学校德育目标注意突出政治品质的培养。提出以"五爱"为核心的基本公德要求,具有明显的政治伦理导向,集中体现了教育为无产阶级政治服务、教劳结合和培养社会主义接班人。

(2) 建立思想政治教育课程制度

对旧教育制度的改造是一个长期的过程,要废除旧的德育课程,就必须建立起新的德育课程体系。在新解放区,中央人民政府宣布废除了国民党设立的"党义""公民""军事训练""童子军训练"等课程和教材,改国民政府时期的公民教育课程,统称为思想政治教育或政治课,带有解放战争时期的特点。在模仿和移植苏联德育经验基础上,开设了"新民主主义论""社会发展史"等马列主义、毛泽东思想的新课程。1950 年 8 月,教育部颁发《中学暂行教学计划(草案)》,指出除各科均应贯彻政治思想教育外,初、高中各学年均设政治科目,并列于各学科之首位,以期加强中学政治思想教育。

(3) 建立了初步的学生管理组织制度

取缔了"三青团"等反动组织,解散"童子军"等旧的学生团体和德育组织,废除旧的"四四儿童节"等,同时建立系统的德育工作机构和工作体系。1949 年 10 月,中国新民主主义青年团中央委员会常委扩大会议通过《关于建立中国少年儿童队的决议》和《中国少年儿童队章程草案》，推动全国小学建立少年儿童队。1949年12月，中国新民主主义青年团东北筹委会发表《改进学校中青年团工作》的指示。指示要求：学生团员遵守学习纪律，做到有革命理想、学习成绩好、具有健康的身体三个条件，成为新民主主义学习模范。1951年11月，教育部颁发了《各级学校升降旗办法》，随后各级学校开展了升降旗仪式的活动，并以此作为进行德育的重要形式。1952年教育部和青年团联合会发出《关于中国少年儿童队工作的联合决定》，规定各校设立专职专任的总辅导员，使少儿队工作逐步规范化，并成为学校德育的重要机构。同年，教育部先后颁布了各级学校的暂行规程（草案）。1954年政务院发布《关于改进和发展中学教育的指示》；1955年教育部公布《小学生守则》20条、《中学生守则》18条，《中等学校学生会组织条例》，并发出《关于实施〈中学生守则〉的指示》。至此，新中国已初步形成了德育工作体系和规范。

(4) 学习模仿苏联学校德育经验

这一时期对新中国学校德育建设具有重要意义的一个方面是全面学习苏联的学校德育经验。1949年11月7日，《人民日报》发表题为《学习苏联，学习马列主义理论》的文章，指出：中国人民要在今后的工作中向苏联学习，并且还要向苏联学习马列主义理论。苏联是中国人民革命的老师，而且首先和主要的是中国人民学习马列主义理论的老师。学习苏联经验主要有这样一些做法：各种报刊及出版社刊发出版引介苏联教育的文章、书籍，介绍苏联的各种教育理论、教育方法以及教科书；全面引用苏联学校德育的指导思想。如加里宁和马卡连柯著的《论共产主义教育》，强调阶级观点，强调系统的政治理论学习，强调学校工作德育化，强调劳动教育，推行英雄主义教育；全面推行凯洛夫《教育学》中的德育理论与工作体系，主张"三中心论"，即"书本中心，课堂中心，教师中心"，"智育第一"倾向明显；全面引介马卡连柯的德育思想，他的"在集体中，通过集体、为了集体"的集体教育思想，对学生尊重爱护与严格要求相统一的思想，坚持劳动教育的思想对新中国学校德育产生了重大影响。学习苏联经验，为我们提供了一个国家推行社会主义学校德育的完整模式和实践体系，提供了创立社会主义国家德育理论的完整的理论范型，对中国接管旧教育、创立新德育体系，建立正常的德育秩序和理论体系起了重要作用。①

2. 制度探新（1956—1966年）

1956年我国取得社会主义"三大改造"的全面的决定性的胜利，我国进入全面社会主义建设时期。毛泽东对高度集权、科层化、正规化的苏式管理一直心存疑虑，开始探索走自己的道路。

（1）"为无产阶级政治服务"制度价值取向确立

1957年2月，毛泽东在最高国务会议上发表题为《关于正确处理人民内部矛盾的问题》的讲话，指出："我们的教育方针，应该使受教育者在德育、智育、体育几方面都得到发展，成为有社会主义觉悟的有文化的劳动者。"1958年之后，由于政治形势向"左"转，中小学德育开始向极"左"方向转化。1958年9月，中共中央、国务院发布了《关于教育工作的指示》，提出："党的教育工作方针，是教育为无产阶级的政治服务，教育与生产劳动相结合。"

根据这一教育方针，学校德育工作突出了以无产阶级政治挂帅，把政治教育作为德育工作的核心。德育的内容就是阶级斗争和政治斗争，德育就是政治教育，德育就是阶级斗争。德育的形式就是引导学生学习系统的政治理论，积极参加各种政治运动，用政治斗争的观点来指导德育，用阶级的观点来分析一切道德问题。在德育目标上，更是注重突出政治品质的培养。依此，劳动教育也要用阶级观点教育后代，"母爱""童心"则是因为"对阶级观点和革命观点教育认识不足，资产阶级人道主义教育思想影响很深"，"有些人是因为不懂得这是一种超阶级的观点，不懂得'爱的教育'在实质上就是资产阶级人道主义教育"。② 学雷锋活动也被赋予"无产阶级化，更加突出无产阶级政治、更加拥护党的领导以及增强对敌包括所有资产阶级国家的仇恨，和加深对社会主义祖国和伟大领袖的热爱"③。

（2）调整和确立中学政治课程制度

---

① 孙少平编著：《新中国德育50年》，福建教育出版社，2002年版，第35页。

② 何东昌主编：《中华人民共和国重要教育文献（1949—1975）》，海南出版社，1998年版，第1251页。

③ 孙少平编著：《新中国德育50年》，福建教育出版社，2002年版，第93页。

在新中国建立初期，由于在学习苏联经验时的教条主义，1956年初三至高二的政治课曾停开，只保留高三的"宪法课"，小学也不专设思想品德课，主要通过各科教学渗透以"五爱"为重点的德育内容。这种现象在1957年后有大的变化。1957年3月，毛泽东提出加强思想政治工作，要恢复中学方面的政治课，取消宪法课，要编写新的思想政治课本；1957年8月17日，教育部发出《关于中学、师范学校设置政治课的通知》，要求全面恢复政治课；1957年8月27日，教育部、团中央发布联合通知，把原定各年级政治课的内容改为进行以反右派斗争为中心的社会主义思想教育；1959年的《中等学校政治课教学大纲（试行草案）》规定了政治课的地位和任务，指出政治课是党在学校中的思想政治工作的重要组成部分，中等学校政治课是思想政治教育和道德品质教育的重要课程；1964年10月，《中央宣传部、高教部党组、教育部临时党组关于改进高等学校、中等学校政治理论课的意见》提出，中等学校除学习时事政策和选读毛主席著作外，今年新编和修订的四种课本，可在初中一年级到高中二年级的五个年级试用。这就初步形成了完整的学科体系，为后来政治课的完善奠定了基础。具体见下表。

表2.3 1956－1966年我国中学德育课程制度

序号	时间	重大事件或制度	制度变迁主体
1	1957年3月	毛泽东提出加强思想政治工作，要恢复中学方面的政治课，取消宪法课，要编写新的思想政治课本。	国家主要领导人
2	1957年8月17日	《关于中学、师范学校设置政治课的通知》，要求全面恢复政治课，初中一、二年级讲"青少年修养"，初中三年级讲"政治常识"，高中一、二年级讲"社会科学常识"，高中三年级讲"社会主义建设"，并规定授课时数，除初中一、二年级为每周1小时外，其余各年级为每周2小时。	教育部

续表

序号	时间	重大事件或制度	制度变迁主体
3	1957年8月27日	《关于对中学和师范学校学生进行社会主义思想教育的联合通知》，提出：原定各年级政治课的内容改为进行以反右派斗争为中心的社会主义思想教育。	教育部、团中央
4	1958年9月	发布《关于教育工作的指示》，提出必须改变政治教育中教条主义的教学方法，并指出：轻视思想政治工作和拒绝在学校中设政治课，不论用什么借口，都是错误的。	中共中央、国务院
5	1959年7月	颁发《中等学校政治课教学大纲（试行草案）》，规定了政治课的地位和任务。指出政治课是党在学校中的思想政治工作的重要组成部分，中等学校政治课是思想政治教育和道德品质教育的重要课程。	教育部
6	1964年10月	《中央宣传部、高教部党组、教育部临时党组关于改进高等学校、中等学校政治理论课的意见》，提出：政治理论课必须同国内国际的阶级斗争密切联系，坚决反对主要危险现代修正主义，同时也反对现代教条主义。政治理论课必须以毛泽东思想为指针，把宣传毛泽东思想作为最根本的任务，把毛主席著作作为最基本的教材。中等学校，除学习时事政策和选读毛主席著作外，今年新编和修订的四种课本，可在初中一年级到高中二年级的五个年级试用。《做革命的接班人》可在初一，或初一至初二年级开设。《社会发展史》可在初二，或初二至初三年级开设。《我国社会主义革命和建设》可在初三或高一年级开设。《辩证唯物主义常识》可在高一或高二年级开设。	中共中央

第二章 我国学校德育制度变迁的历史回溯

(3) 高度重视生产劳动教育

生产劳动被高度重视与当时经济、教育发展形势密切相关。1956年我国的教育发展极为迅速，国家经济财力已无法支持教育规模的扩张，大量的中小学生毕业无法升学而必须走向劳动就业，"教育供给和需求之间差距巨大，成为人民内部矛盾在教育领域的一个突出表现"[①]。当时中央还认为教育部门存在教条主义、教育脱离生产劳动、脱离实际，在1958年发布的《关于教育工作的指示》中就明确提出了"教育与生产劳动相结合"的方针。

梳理这一时期出台的有关生产劳动教育的文件，从1954—1966年就有十多项，如青年团中央关于组织不能升学的高小和初中毕业生参加或准备参加劳动生产的指示（1954年4月22日）、青年团中央批转青年团北京市委《关于组织大、中学生参加义务劳动的报告》（1954年9月）、中共中央转发教育部党组《关于初中和高小毕业生从事生产劳动的宣传教育工作报告》给各地党委的指示（1955年4月12日）、青年团中央批转团中央学校高中部《关于组织学生对工厂、农村进行义务帮助的报告》（1956年2月）、中共中央关于加强中小学校毕业生劳动生产教育的通知（1957年3月16日）、教育部关于1958—1959学年度中学教学计划的通知和1958—1959学年度中学教学计划的说明（1958年3月8日）、中共中央和国务院发布《关于教育工作的指示》（1958年9月19日）、中共中央颁布《全日制中学暂行工作条例（草案）》和《对当前中小学教育工作几个问题的指示》（1963年3月23日）、教育部关于中小学开设农业生产知识（常识）课的通知（1963年6月12日）、教育部关于实行全日制中小学新教学计划（草案）的通知（1963年7月31日）、中共中央批转共青团中央书记处关于组织城市知识青年参加农村社会主义建设的报告（1964年4月24日）、中共中央转发教育部党组关于全国城市半工半读教育会议的报告（1966年5月21日）等，制度主体有青年团中央、教育部、中共中央等，内容主要涉及对初中和高小毕业生从事生产劳动的宣传教育、义务劳动、勤工俭学、生产劳动教学安排等，正如有学者所言，1957—1966年，劳动教育的

---

① 李庆刚：《正确处理人民内部矛盾探索中的制度创新》，《北京党史》，2017年第3期。

政治意义、经济意义和认识论意义都被提升到前所未有的高度，在实践中也开始以一种前所未有的姿态强势推进。[1]

其中尤其值得一提的是，1958年8月，时任宣传部长陆定一发表《教育必须与生产劳动相结合》的长文，将是否坚持"教育与生产劳动相结合"视为教育战线资本主义和社会主义两条路线斗争的表现。他说："资产阶级教育学者认为，生产劳动，尤其是体力劳动和体力劳动者，那是下贱的。""教育为政治服务，教育与生产劳动结合，教育必须由党来领导，这三者是互相联系的。教育既然脱离生产劳动，就必须在一定程度上忽视政治和忽视党的领导。这样，教育就脱离我国的实际，势必发生右倾的和教条主义的错误。"[2] 可见，生产劳动教育成为了消灭体力劳动和脑力劳动差别，进行阶级斗争的政治工具，生产劳动的政治意义被无限拔高，劳动教育被异化。

（4）建立党对学校德育的领导制度

1958年前出台的有关对学校的领导的文件中只是强调行政领导，并没有强调党的领导。比如1954年政务院发布的《关于改进和发展中学教育的指示》中谈到改进学校领导工作时，要求"首先在于建立学校领导核心，发挥集体领导作用，校长对学校工作应全面负责"，"各级教育行政领导机关必须进一步加强对中学的领导"。[3] 1958年，中共中央、国务院《关于教育工作的指示》中明确提出："教育工作必须由党来领导。没有党的领导，社会主义的教育是不能设想的。""一切教育行政机关和一切学校，应该受党委的领导。""学校党委，应当配备党员去领导级与班的工作，配备党员去做政治思想工作、学校的行政工作和生产管理工作，党委书记和委员力求担任政治课的教学、研究工作。""在学校内部，在政治工作、管理工作、教学工作、研究工作等方面，也应该贯彻党委领导下的群众路线的工

---

[1] 李珂、曲霞：《1949年以来劳动教育在党的教育方针中的历史演变与省思》，《教育学报》，2018年第5期。

[2] 何东昌主编：《中华人民共和国重要教育文献（1949—1975）》，海南出版社，1998年版，第852—855页。

[3] 何东昌主编：《中华人民共和国重要教育文献（1949—1975）》，海南出版社，1998年版，第306页。

作方法。"①

3. 制度遭受破坏（1966—1976年）

1966—1976年，是"文化大革命"的十年，普通中学教育遭受了严重破坏。学校德育成了政治斗争的附庸和工具，受到灾难性破坏，进入非制度化。

1966年，根据当时国家领导人的错误判断，当时中共中央做出了《关于无产阶级文化大革命的决定》，决定采取自下而上的群众性"斗、批、改"运动方式，不仅号召广大的工农兵、革命知识分子和干部主动参与其中，而且要求学生"不但要学文，也要学工、学农、学军，也要随时参加批判资产阶级的文化大革命的斗争"②。一时间，青少年学生纷纷冲出校园，走向社会，投入到全国性的红卫兵大串联活动，参与到大鸣、大放、大揭露、大批判的"大民主"运动之中，学校的正常教学秩序很快陷入瘫痪。

1971年4月15日至7月31日全国教育工作会议期间，林彪、江青反革命集团以批"修正主义教育路线"为幌子，炮制了所谓教育战线的"黑线专政论"，编造了一个《全国教育工作会议纪要》，对新中国成立后17年的教育工作作出了荒谬的"两个基本估计"③：一是教育部门的领导权不在无产阶级手中，推行的是一条修正主义教育路线，毛泽东的无产阶级教育路线基本没有得到贯彻执行；二是原有教师队伍中大多数世界观基本是资产阶级的，是资产阶级知识分子。这个会议纪要还把所谓的全民教育、天才教育、智育第一、洋奴哲学、知识私有、个人奋斗、读书做官、读书无用，作为"刘少奇修正主义教育路线"的"八大精神支柱"加以批判，全盘否定新中国成立后17年的教育工作。在"文革"中，各级教育机关的"造反派"把各级领导干部诬为"走资派"和"犯走资派错误"进行长期

---

① 何东昌主编：《中华人民共和国重要教育文献（1949—1975）》，海南出版社，1998年版，第859—860页。

② 何东昌主编：《中华人民共和国重要教育文献（1949—1975）》，海南出版社，1998年版，第1408页。

③ 《中国教育年鉴》编辑部：《中国教育年鉴（1949—1981）》，中国大百科全书出版社，1984年版，第82页。

的、残酷的批判斗争，还让原有教师分期分批下工厂、农村、部队，政治上接受再教育，业务上进行再学习，尽快适应教育革命的要求。

"文革"十年，全面否定了新中国成立以来学校德育的优良传统，系统的政治理论课和正常的思想政治教育被取消。各地中小学课程没有统一规定，强调政治挂帅、精简课程内容，突出生产劳动是其基本的"革命"方向。政治课主要是学习毛泽东语录和报刊社论等，开展大批判。中华民族的传统美德、社会公德等对人伦关系以及社会精神风貌具有重要调节、维系作用的道德内容也由于被贴上了"封资修"的标签而遭受到无情的消解，整个社会陷入一种极其不健康的政治迷狂状态，学校德育环境、德育内容等都遭受严重破坏，德育严重异化。学校德育内容上传递的主要就是语录化、口号化的政治宏大叙事与高度个人崇拜的现代神话，在形式上则表现为一系列的"运动"。这种依附于社会政治运动的学校德育严重破坏了德育的社会形象，引起了社会以及教师、学生的厌恶和反感。①

4. 该时期德育制度变迁特征

1949年新中国成立是一场彻底的社会革命，是一次历史发展的重大创新，它以崭新的社会制度确立了历史转折的新纪元。人民当家做了主人，社会制度的制定权力属于代表人民根本利益的人民政府。为了广大人民的切身利益，需要新的教育制度来约束他人和自我，因此教育制度的供给显得十分迫切。这一时期的制度变迁呈现以下的特点。

第一，制度供给为主。制度供给即制度的生产，是对制度需求的一种回应。制度学家认为"制度变迁的供给是极其重要的，需求诱致虽是必要条件，但不是实现制度变迁的充分条件。制度变化的供给，取决于政治秩序提供新的安排的能力和意愿。有很多重要因素影响政治秩序提供新的制度安排的能力和意愿。"② 新中国建立后，面临改造旧教育和建设新教育的任务，必须要考虑其中的制度成本。初期，受制于人力、物力所限，革命干部缺少社会科学知识，大多数知识分子又被列入改造行列，缺少必要的德育理论研究和反思。在这样的条件下，对民国时期的"旧"德育进行批

---

① 顾明远主编：《改革开放30年中国教育纪实》，人民出版社，2008年版，第413页。
② ［美］V. 奥斯特罗姆、D. 菲尼编：《制度分析与发展的反思》，商务印书馆，1992年版，第144页。

判性改造比移植和模仿苏联德育经验需要付出更高成本，而且当时面临的紧迫军事、政治形势也不容许花更多时间去进行试错性的、渐进式的变革，因此这一时期呈现供给保障型制度变迁特点，这种供给在建国初期主要以学习模仿苏联为主。

第二，强化并升级了政府主导的强制性制度变迁模式。新中国建国后到改革开放前，我国德育制度演变的一个基本特征就是政府主导的强化和升级，而且很多时候是个别政治精英人物的意志。这一时期出台的制度很多以草案、讲话、通知、意见、指示等形式出现，体现明显的行政长官意志。这其中始终有一条主线在主宰着德育制度的变迁，这就是政治。学校德育的一种重要形式就是参与社会政治运动，阶级斗争成为教育乃至德育的唯一任务，政治成为德育的唯一取向和价值。这种政府主导的强制性制度变迁模式有时候表现为疾风骤雨般的自上而下的教育革命和运动，出现建国初期对传统教育和西方资产阶级德育思想的彻底批判，以行政手段强制不加选择地照搬苏联的共产主义道德，甚至导致一段时间出现学校的非制度化。

第三，制度变化频率高。1949年至1976年，我国的文化教育制度经历反反复复多次变化，根据主要领导人的主观意志作决策，以国家当前的政治任务作为学校德育的任务，社会搞什么运动，学校就进行什么教育，频繁的政治运动不断赋予学校新的德育任务，学校德育内容也因此不断改变，德育内容缺乏科学性、系统性、稳定性。

第四，制度变迁中路径依赖明显。第一次全国教育工作会议就提出了"以老解放区的教育经验为基础，吸收旧教育有用经验，借助苏联经验"的教育方针，由于老解放区德育的成功经验，有力地推动了新中国成立初期对旧学校德育的反动性的批判，新中国顺利完成了对旧学校的接管，因此自新中国成立以来，一直广泛推广和宣传老区德育的经验。当时推行老区经验，创建新德育的主要工作有：①突出政治教育，重视提高全体师生的阶级觉悟；②开设系统的政治课程；③进行形象生动的思想政治教育，引导学生积极参加社会斗争实践活动；④成立各种学生团体和教育机构，开展爱国主义教育，组织少年儿童课外活动；⑤大力倡导民主作风，倡导理论联系实际的德育。[①] 正是这种成功的经验,导致后期学校德育制度建设中的"路径依赖",出现制度惯性。

三、改革和创新现代学校德育制度(1977年至今)

改革开放40年是我国社会发生巨大变化的40年,我们国家开始从富起来走向强起来,教育事业取得快速稳步发展,书写了世界历史上穷国办大教育的奇迹,其中德育的地位凸显、取得的成绩显著、面临的挑战也越来越复杂。40年改革开放首先触动了经济体制及人们在经济活动中的关系,从根本上改变了中国社会的利益格局,原来倡导的调节利益关系的社会道德在某些方面已经不能完全适应新的经济体制的要求,传统的德育价值体系已经很难适应现代社会的要求。为了适应社会主义市场经济体制的新要求和时代发展要求,党和政府不断地针对社会发展变化对德育制度进行调整和改革。结合改革开放以来中国社会经济的发展和社会主要矛盾的变化,国家重要领导人的变更和重大历史事件的发生以及国家教育政策变革和重大德育政策出台,本研究把这一阶段学校德育制度变迁分为四个时期,即1977—1985年的德育制度重整期,1985—2002年的德育制度规范期,2002—2012年的德育制度创新期,2012年至今的德育制度深化期。

1. 制度重整(1977—1985年)

"文革"结束后,学校教育也是"拨乱反正"的重点领域,要尽快消除混乱局面,恢复正常秩序。1978年12月中共十一届三中全会作出了把党和国家的工作重心转移到经济建设上来,实行改革开放的伟大决策。1984年我国开始了社会主义经济体制改革,这势必要改变人们的社会关系,也会影响人们的价值观,给学校德育带来重大挑战。社会主义经济体制改革,经济关系的变化把中国传统道德思想中的"义"与"利"的关系问题,在新的历史条件下又一次摆在人们面前。面对新情况、新问题,学校德育制度不得不做出回答。

(1)重整学校德育制度价值理念

[①] 孙少平编著:《新中国德育50年》,福建教育出版社,2002年版,第20—22页。

"文化大革命"中扭曲的"政治教育"造成了一部分人错误的认识，以为政治教育和学校教育是对立的。为此，邓小平同志在1978年全国教育工作会议上的讲话中，强调了新中国建立后确立的以"五爱"为核心的德育要求。他还指出："学校应该永远把坚定正确的政治方向放在第一位。""学生把坚定正确的政治方向放在第一位，这不仅不排斥学习科学文化知识，相反，政治觉悟越是高，为革命学习科学文化就应该越加自觉，越加刻苦。"① 1979年4月22日至5月7日，教育部在北京召开了思想政治教育工作座谈会。座谈会强调了思想品德教育的重要性，要求坚持"三好"原则，即"思想品德好、学习好、身体好"，把"思想品德好"放在"三好"的第一位。② 1980年5月26日，邓小平给《中国少年报》和《辅导员》杂志题词："希望全国的小朋友，立志做有理想、有道德、有知识、有体力的人，立志为人民作贡献，为祖国作贡献，为人类作贡献。"1985年，邓小平在《一靠理想二靠纪律才能团结起来》的讲话中提出："教育全国人民做到有理想、有道德、有文化、有纪律。"③ 这是"四有新人"的明确表述。邓小平同志的这些讲话打破了当时人们对思想政治教育的模糊认识和错误观念，特别是关于思想政治教育和科学文化教育关系的理解，使学校德育回到正确的方向上来，同时"四有新人"的提出给了新时代的德育新的方向，某种程度上回答了"培养什么人"的问题。

（2）恢复学校德育管理制度

针对十年"文革"被破坏了的学校秩序，教育部按照"文革"前17年中国教育的模式建设新时期的教育，1978－1979年相继重新颁发了在20世纪60年代的条例基础上修改而成的《全日制小学暂行工作条例（试行草案）》《全日制中学暂行工作条例（试行草案）》《全国重点高等学校暂行工作条例（试行草案）》等，对全日制中学学生、小学学生的培养目标、思想政治教育等作出了规定，为恢复学校德育工作秩序提供了依据和保障。1979年8月，教育部重新制定和颁发了《小学生守则（试行草案）》

---

① 邓小平：《邓小平文选（第2卷）》，人民出版社，1994年版，第104页。
② 何东昌主编：《中华人民共和国重要教育文献（1976－1990）》，海南出版社，1998年版，第1690页。
③ 邓小平：《邓小平文选（第3卷）》，人民出版社，1993年版，第110页。

和《中学生守则（试行草案）》。1981年8月，教育部对两个守则作了修改，并正式颁布。这两个守则的颁布，加强了道德准则和行为规范教育，对学校思想政治教育培养学生良好行为习惯起到了积极作用。

（3）恢复和改进德育课程制度

中学德育课程作为国家意志在教育方面的体现，其建设一直在党和国家的关注下有领导、有组织、有计划地进行。十一届三中全会后，教育部根据社会发展的现实以及学校教育和青少年身心发展的实际，重新确定了德育在学校教育中的地位。1979年4月22日至5月7日，教育部召开了全国中小学思想政治教育工作座谈会，同年9月5日教育部印发《全国中小学思想政治教育工作座谈会纪要》。纪要从开展学校思想政治教育的背景、目的、主要任务、领导力量以及社会、家庭支持系统等方面，对改革开放初期学校德育工作的具体展开作了原则性的说明，并明确提出了当前思想政治工作的首要任务就是要下大力气开发一套政治课教材。由此，教育部以政治课教材建设为抓手，协调各方面力量，开始了改革开放之后第一次全国范围内的政治课教材编订工作。下表是这时期中学德育课程设置情况。①

表2.4　制度重整时期中学德育课程设置

时间	课程名称	备注
1978—1981年	初一年级：社会发展简史 初二年级：社会发展简史 初三年级：科学社会主义常识 高一年级：辩证唯物主义常识 高二年级：政治经济学常识	高三年级复习高一、高二课程，迎考。
1981—1985年	初一年级：青少年修养 初二年级：社会发展简史 初三年级：法律常识 高一年级：政治经济学常识 高二年级：辩证唯物主义常识	高三年级复习高一、高二课程，迎考。

① 吴铎编著：《德育课程与教学论》，浙江教育出版社，2003年版，第8页。

这一时期，国家出台的德育课程政策文件有：1978年初，教育部颁发了《全日制十年制中小学教学计划（试行草案）》，要求中小学的政治课对学生进行马列主义、毛泽东思想基本观点的教育。1980年9月12日，教育部印发了《改进和加强中学政治课的意见》，意见明确规定：中学政治课"是对学生进行马列主义、毛泽东思想基础知识教育的课程，是思想政治教育的重要途径之一，是贯彻德、智、体全面发展的教育方针的重要方面，是区分社会主义教育与资本主义教育的重要标志"[①]。以该意见为标志，中学政治课经过"拨乱反正"走上了正常轨道。思想品德教育在中学德育中也获得了自身相对独立的地位。学校德育从单纯、扭曲的政治运动中解放出来，开始了对自身发展规律的探索，在课程设置上注意保持相对的稳定；考虑学生的年龄特点和知识水平，在教学上注意结合学生的知识水平和接受能力，注意改进教学方法，注意坚持民主的方法、说服的方法等；同时也建立了较为完善的学校德育课程体系。1982年，教育部颁布了《初级中学青少年修养教学大纲（试行草案）》《初级中学社会发展简史教学大纲（试行草案）》《高级中学辩证唯物主义常识教学大纲（试行草案）》。相比1978年的课程设置，改进后的课程内容及其难易程度有了明显的层次区分，尤其是青少年修养的设置使得中学德育课体现出一定的学科性和科学性。

2. 制度规范（1985—2002年）

制度变迁受经济利益、历史事件、制度环境、问题—寻求等的驱动，这一阶段学校德育制度的变迁也深受20世纪80年代末90年代初国际国内政治、经济局势重大变化和教育内部改革的影响。国际上，东欧剧变和苏联解体，国际共产主义运动遭受重大挫折。在国内，则发生了严重的政治风波。面对这样一种严峻的形势，防止资产阶级自由化成了学校德育工作的重中之重。1984年10月，中共十二届三中全会通过了《中共中央关于经济体制改革的决定》，提出了以城市为重点的整个经济体制改革的方向、性质、任务和各项基本方针政策。经济体制改革的新举措必然要求学校德

[①] 吴履平主编：《20世纪中国中小学课程标准·教学大纲汇编（思想政治卷）》，人民教育出版社，2001年版，第235页。

育作出相应的调整和变革,鲁洁先生在《商品经济与教育》中曾指出,随着我国商品经济的发展,"教育的观念和意识也必然在商品经济的影响下产生一系列的变化"①。1985年5月27日,中共中央正式公布了《中共中央关于教育体制改革的决定》,提出了"教育必须为社会主义建设服务,社会主义建设必须依靠教育",我国的教育改革开始真正启动。1992年春,邓小平南行讲话加快了经济体制改革步伐,同年10月召开的党的十四大确立了经济体制改革的目标是建立社会主义市场经济体制,该目标的提出迫切需要学校德育作出主动的调适。1993年,《中国教育改革与发展纲要》发布,明确指出要进行素质教育的教育改革,这预示一个教育改革的时代正式来临。

(1) 加强社会主义道德制度环境建设

德育是学校教育活动的组成部分,学校是社会的一部分,学校德育是受社会整个大环境影响的。社会环境具有"普遍性与开放性、文化性与隐蔽性、互动性和创造性"② 的特点,是个体道德成长的"空气"和水,使个体尤其是儿童的道德发展处在全方位的影响之中,而且这种影响是隐性的、渗透性的。学校德育依赖于社会环境为基地,为补充,以社会环境为动力导向,因此营造良好的社会政治、经济、文化制度环境对学校道德建设是十分重要的。

回顾早已走上现代化道路的西方国家的教育及其道德教育发展史,都会发现其在这个过程中曾经走过一些弯路,后来又出现道德教育复兴的经历。比如20世纪50—60年代的美国或西欧,都曾经处在一种经济、科技至上的社会发展模式下,这种发展模式导致了一个道德教育的"荒凉时代"。③ 我们的近邻日本,在经济实现腾飞之后,小原国芳曾指出:"现在尽管日本也被称为世界第二位的经济大国,但精神方面却没有相应地成长起来,被人嘲笑为'经济动物'!"④ 因此,在改革开放之初,党和国家领

---

① 鲁洁:《商品经济与教育》,《江苏高教》,1989年第1期。
② 鲁洁:《德育社会学》,福建教育出版社,1998年版,第62—63页。
③ 鲁洁:《德育社会学》,福建教育出版社,1998年版,第30页。
④ [日]小原国芳著,刘剑乔、由其民、吴光威译:《小原国芳教育论著选(下)》,人民教育出版社,1993年版,第4页。

导人就十分重视精神文明建设，尽量避免重走西方国家走过的弯路。

十一届三中全会后，邓小平同志就一直强调"两个文明"要一起抓。1986年9月28日，中共十二届六中全会通过《中共中央关于社会主义精神文明建设指导方针的决议》①，这是改革开放以后，中共中央作出的第一个推进我国社会主义精神文明建设的指导性文件。决议指出，社会主义道德建设的基本内容包括职业道德建设、社会公德建设和社会主义民主、法制、纪律教育。决议明确了德育在社会主义精神文明建设中的重要地位，明确了德育的主要内容。决议首次明确提出把培育有理想、有道德、有文化、有纪律的社会主义公民作为教育的目标。

决议发表10年以后的1996年10月10日，中国共产党第十四届中央委员会第六次全体会议根据全面实现我国国民经济和社会发展"九五"计划和2010年远景目标的要求，分析了社会主义精神文明建设面临的形势，总结了经验和教训，再次通过了《中共中央关于加强社会主义精神文明建设若干重要问题的决议》②。该决议是在社会主义市场经济的背景下，为了解决"一手比较硬、一手比较软"的问题和在社会精神生活方面存在的一些相当严重的问题而作出的。决议指出：思想道德建设的基本任务是"坚持爱国主义、集体主义、社会主义教育，加强社会公德、职业道德、家庭美德建设，引导人们树立建设有中国特色社会主义的共同理想和正确的世界观、人生观、价值观"。

为了更好地引导人民在日益增长的物质和精神文化需求背景下继续发扬爱国主义传统，更好地投身到中国特色社会主义建设中去，1994年8月23日，中共中央印发《爱国主义教育实施纲要》，提出了爱国主义教育的基本原则、主要内容、如何开展青少年爱国主义教育等。2001年1月10日，在世纪之初，新年伊始，江泽民总书记提出把依法治国和以德治国结合起来的治国方略。2001年9月20日，中共中央印发了《公民道德建设实施纲要》③，这是继1986年和1996年两个精神文明建设文件之后，我党

---

① 《中共中央关于社会主义精神文明建设指导方针的决议》，《半月谈》，1986年第19期。

② 《中共中央关于加强社会主义精神文明建设若干重要问题的决议》，《求是》，1996年第21期。

③ 《公民道德建设实施纲要》，《中国德育》，2001年第10期。

历史上第一个正式的道德建设文件。纲要提出了我国公民应该遵守的20字基本道德规范"爱国守法、明礼诚信、团结友善、勤俭自强、敬业奉献"和公民道德建设的指导思想、方针原则。

从1986年、1996年两个决议提出加强社会主义精神文明建设，逐步明晰了思想道德建设与精神文明建设关系、思想道德建设的基本任务和内容，到2001年纲要明确提出我国公民应该遵守的20字基本道德规范和公民道德建设内容，在如何建设与社会主义市场经济相适应的社会主义道德建设体系上，我们在不断进行道德理论和道德体制上的创新。这种探索为学校德育营造了良好的社会道德建设大环境，也成为了指导学校德育制度建设的重要指导性文件和学校德育课程的重要内容。

（2）全面部署中小学德育课程制度改革

1985年颁布的《中共中央关于改革学校思想品德和政治理论课教学的通知》[1]是改革开放后中共中央制定的第一个德育政策文件，[2]它对大中小学德育课程改革进行了全面的规划。此次德育课程改革是为了适应我国社会主义现代化建设的需要，适应现代科学技术和现代经济政治的巨大发展变化，适应新时期青少年心理发展的具体状况。该通知对初中阶段和高中阶段德育课程的内容作了具体的规定。以这个通知为标志，改革开放以后我国中学德育课程进入全面改革阶段。下表是1985—2001年中学德育课程设置情况。[3]

---

[1] 吴履平主编：《20世纪中国中小学课程标准·教学大纲汇编（思想政治卷）》，人民教育出版社，2001年版，第265页。

[2] 朱永新主编：《中国教育改革大系德育卷》，湖北教育出版社，2016年版，第39页。

[3] 吴铎编著：《德育课程与教学论》，浙江教育出版社，2003年版，第8—9页。

表 2.5 1985－2001 年中学德育课程设置

时间	课程名称	备注
1985－1992 年	初一年级：公民 初二年级：社会发展简史 初三年级：中国社会主义建设常识 高一年级：共产主义人生观 高二年级：经济常识 高三年级：政治常识	1988 年，国家教委发布《中学思想政治课各科改革试验教学大纲（试行草案）》，高一的《共产主义人生观》改为《科学人生观》。
1992－1996 年	初一年级：思想政治课 初二年级：思想政治课 初三年级：思想政治课 高一年级：思想政治课 高二年级：思想政治课 高三年级：思想政治课	初一年级进行公民道德、国家观念、法制观念教育； 初二年级进行社会发展史常识教育； 初三年级进行有中国特色社会主义和中华人民共和国宪法常识教育； 高一年级进行马克思主义政治经济学常识教育； 高二年级进行辩证唯物主义世界观和科学人生观教育； 高三年级进行马克思主义常识教育。
1997－2001 年	初一年级：思想政治课 初二年级：思想政治课 初三年级：思想政治课 高一年级：思想政治课 高二年级：思想政治课 高三年级：思想政治课	初一年级进行公民道德、心理品质教育； 初二年级进行法制教育； 初三年级进行基本国情教育； 高一年级进行经济常识教育； 高二年级进行哲学常识教育； 高三年级进行政治常识教育。

1985 年 11 月 18 日，国家教委下发了《关于落实中学思想政治课改革试验的通知》，决定用三年左右时间在部分地方首先进行哲学思想政治课

改革的实验。1986年国家教委印发了《中学思想政治课改革实验教学大纲（初稿）》，1988年国家教委发布了《中学思想政治课各科改革实验教学大纲（试行草案）》。1992年国家教委印发了《九年义务教育全日制小学、初级中学课程计划（试用）》和24个学科教学大纲，其中包括小学、初级中学思想政治课教学大纲，即《九年义务教育全日制小学思想品德课教学大纲（试用）》和《九年义务教育全日制初级中学思想政治课教学大纲（试用）》。从1992年9月开始，中学的各门政治课统一称为"思想政治"，这样有利于课程内容的综合化。1995年12月20日，国家教委印发《关于进一步加强和改进中学思想政治课教学工作的意见》，该意见提出："根据初中和高中思想政治课教学目标要求，国家教委负责组织编订《九年义务教育初级中学思想政治课课程标准》和《高级中学思想政治课课程标准》，并组织编写示范性的教材。"① 1996年国家教委首次印发《全日制普通高级中学思想政治课课程标准（试行）》。1997年国家教委发出《关于印发〈九年义务教育小学思想品德课和初中思想政治课课程标准（试行）〉的通知》，原来的教学大纲改为了课程标准。2001年，教育部颁发《基础教育课程改革纲要（试行）》，这一纲要的颁布，为基础教育所有课程的改革提供了新的指导思想和依据。2001年教育部印发了《九年义务教育小学思想品德课和初中思想政治课课程标准（修订）》，修订课程标准的指导思想是，增强中小学德育工作的"针对性、实效性和主动性"，要解决课程"繁、难、偏、旧"和偏重书本知识的问题，还要"增强时代感，淡化学科体系，强化实践环节"等。该课程标准在具体教学内容上有较大变动，在教学方法上有新的提法，在学习内容的要求上也有所变化。作为初中德育课程，愈来愈逼近这门课程对于初中学生思想品德发展的本质。

(3) 推进德育工作制度科学化建设

改革开放以后，我国学校德育制度化发展是以德育政策和德育规范性文件的制定为标志的，德育制度化是德育科学化的保障。1988年《中学德育大纲（试行稿）》中指出，要"逐步实现德育工作科学化、序列化、制

---

① 国家教委：《关于进一步加强和改进中学思想政治课教学工作的意见》，《思想政治课教学》，1996年第1期。

度化",1995年正式颁发的《中学德育大纲》表述为"逐步实现德育工作的科学化、规范化、制度化"。1985—2001年,党和国家制定、颁布了多项德育政策,大到国家的宏观政策,小到学生日常行为规范,可参见下表。

表2.6 1985—2001年党和国家制定、颁布的德育政策

时间	政策名称	制度主体
1985年	中共中央关于改革学校思想品德和政治理论课教学的通知	中共中央
1988年	小学德育纲要(试行草案)	国家教委
	中学德育大纲(试行稿)	国家教委
	小学生日常行为规范(试行草案)	国家教委
	中学生日常行为规范(试行)	国家教委
	小学班主任工作暂行规定(试行草案)	国家教委
	中学班主任工作暂行规定	国家教委
	中共中央关于改革和加强中小学德育工作的通知	中共中央
1990年	关于进一步加强中小学德育工作的几点意见	国家教委
	中等师范学校德育大纲(试行)	国家教委
	小学生日常行为规范	国家教委
	中华人民共和国未成年人保护法	全国人民代表大会常务委员会
1991年	中小学教师职业道德规范	国家教委、全国教育工会
1993年	小学德育纲要	国家教委
	中华人民共和国教师法	全国人民代表大会常务委员会
1994年	中学生日常行为规范	国家教委
	关于进一步加强和改进学校德育工作的若干意见	中共中央

续表

时间	政策名称	制度主体
1995年	中学德育大纲	国家教委
	中华人民共和国教育法	全国人大
	中国普通高等学校德育大纲（试行）	国家教委
1997年	中小学教师职业道德规范（修订）	国家教委、全国教育工会
1998年	中小学德育工作规程	国家教委
1999年	中华人民共和国预防未成年人犯罪法	全国人民代表大会常务委员会
	关于加强中小学心理健康教育的若干意见	教育部
	关于加强和改进思想政治工作的若干意见	中共中央
2000年	关于适应新形势进一步加强和改进中小学德育工作的意见	中办、国办
	关于加强中小学教师职业道德建设的若干意见	教育部

德育的制度化、科学化，首先体现在德育概念、内涵的界定和对德育任务、内容、对象、活动的认识。1988年《中共中央关于改革和加强中小学德育工作的通知》的发出，标志着德育科学化思想基本形成。德育作为客观的科学认识对象，需要回答的基本问题是：德育是什么，德育的任务是什么，德育中的对象是怎样的，德育活动是怎样对德育对象发生影响的，等等。[①] 1998年《中小学德育工作规程》的颁发，使得我国中小学德育工作有了法规依据，正如原国家教委副主任柳斌曾说过的："加强德育法规制度建设，目的是为了加强中小学德育工作的科学管理，保障学校德育的地位、任务和主要方针、原则的权威性、稳定性。"[②] 其次体现为德育政策的与时俱进、不断改革。随着社会改革、教育改革的深入和对德育研究的深化，德育政策坚持实事求是的思想路线，不断研究变化的实际，不

[①] 朱永新主编：《中国教育改革大系德育卷》，湖北教育出版社，2016年版，第13页。
[②] 柳斌：《新时期中小学的德育工作》，《人民教育》，1997年第Z1期。

断探索德育规律，不断改变一切不符合人的思想品德发展规律的做法。针对不同时期出现的问题，制定不同的德育政策。

(4) 加强德育教师制度建设

这一时期，国家还十分重视德育教师制度建设，对德育教师队伍管理和建设并重。1988 年《中共中央关于改革和加强中小学德育工作的通知》中提出"建立校长负责德育工作的体制，加强德育工作队伍的建设"，要求校长对德育工作负有领导责任，学校教育中，"教书"与"育人"是统一的。学校中的德育工作者，不是某些人，而是"全体教师和职工"。班主任、思想品德课和政治课教师、共青团专职干部和少先队辅导员是德育的骨干力量。

1994 年《中共中央关于进一步加强和改进学校德育工作的若干意见》对德育队伍建设提出了一些新的措施。1995 年的《中学德育大纲》中关于德育工作队伍建设方面的要求与 1994 年"意见"精神是吻合的，并首次提出了"加强德育的科学研究"。1998 年《中小学德育工作规程》第五章单列"队伍建设和管理"，对德育队伍建设和管理作了全面规定，我国中小学德育工作有了法规的依据。2000 年《关于适应新形势进一步加强和改进中小学德育工作的意见》提出"建立和完善中小学教师职业道德考核奖惩制度"；"加强德育工作队伍的建设，……重视中小学德育的科学研究工作"。

此外，国家还出台了对班主任和教师职业道德方面的具体要求，如 1988 年《小学班主任工作暂行规定（试行草案）》《中学班主任工作暂行规定》，1991 年、1997 年的《中小学教师职业道德规范》，2000 年 8 月教育部印发的《关于加强中小学教师职业道德建设的若干意见》。1988 年关于班主任工作的暂行规定，对班主任的地位和作用、任务和职责、工作原则和方法、条件和任免、待遇和奖励、领导和管理等都作出了规定，比 1979 年《关于班主任工作的要求》更具体和完善。为进一步加强教师队伍建设，全面提高中小学教师队伍的师德素质和专业水平，国家教委和全国教育工会也多次对中小学教师职业道德规范进行了修订。

3. 制度创新（2002—2012 年）

随着改革开放向纵深发展，世界多极化、经济全球化、社会信息化以及文化多元化对人们思想观念、生活方式的影响巨大。特别是进入新世纪以来，我国已进入改革发展的关键时期，经济体制深刻变革，社会结构深刻变动，利益格局深刻调整，思想观念深刻变化。其中一个明显结果是与市场经济要求相适应的自我独立的主体意识逐步确立，个人的自我意识与主体意识显著增强。这客观上要求国家和社会对人的地位和尊严给予承认和尊重。面对国内外的严峻形势和挑战，中国共产党人不断进行理论创新和制度创新。从2003年提出科学发展观到2004年把"国家尊重和保护人权"等内容写入宪法，2006年提出构建和谐社会的指导思想、目标任务、原则和内容，其中首要的原则就是"以人为本"，"实现好、维护好、发展好最广大人民的根本利益"，"做到发展为了人民、发展依靠人民、发展成果由人民共享，促进人的全面发展"。2007年党的十七次全国代表大会把"科学发展观"写入党章，科学发展观第一要义是发展，核心是以人为本。人作为社会发展的关键因素得到前所未有的重视，和谐社会倡导的"以人为本"的"科学发展观"为学校德育制度变革提供了新视角。

从20世纪80年代到21世纪初，基础教育阶段还有一个问题愈演愈烈，这就是"应试教育"问题。为了解决这个问题，20世纪90年代中期，"素质教育"的概念逐渐从民间进入官方，最后成为国家教育政策。2001年国务院颁布《关于基础教育改革与发展的决定》，教育部印发《基础教育课程改革纲要（试行）》，以课程改革作为基础教育推进素质教育的突破口，提出构建符合素质教育要求的新的基础教育课程体系，为学校德育变革提供了大环境，奠定了学校德育改革的基调和发展方向。

（1）确立以人为本德育制度价值取向

1985年《中共中央关于教育体制改革的决定》提出教育必须为社会主义建设服务，社会主义建设必须依靠教育，这相对于以往的"教育为无产阶级政治服务"，无疑是历史的进步。但是在具体的教育变革实践中，"为社会主义建设服务"的教育追求却与以追求GDP增长为核心的经济发展模式相呼应，逐步异化为以片面追求升学率和教育文凭为代表的效率主义教育发展方式。[①] 这违背了教育改革的初衷，危害了学生身心健康，加剧

---

① 范国睿：《教育变革的制度逻辑》，《探索与争鸣》，2018年第8期。

了教育的不平衡，损害了教育公平。1999年，第三次全国教育工作会议首次在教育方针中加入了"为人民服务"的要求；2002年中共十六大报告中重申教育要"为人民服务"；2007年中共十七大报告中提出"坚持育人为本、德育为先，实施素质教育，提高教育现代化水平……办好人民满意的教育"；2010年7月，《国家中长期教育改革和发展规划纲要（2010－2020年）》再次重申教育要"为人民服务"，要"把育人为本作为教育工作的根本要求"，要"以学生为主体，以教师为主导，充分发挥学生的主动性，把促进学生健康成长作为学校一切工作的出发点和落脚点"；2012年中共十八大报告中提出"努力办好人民满意的教育"；2017年中共十九大报告进一步提出"落实立德树人根本任务，发展素质教育，推进教育公平""把人民对美好生活的向往作为奋斗目标""贯彻以人民为中心的发展思想""努力让每个孩子都能享有公平而有质量的教育"。至此，教育制度变革的伦理基础已经由20世纪80年代和90年代的经济伦理取向向促进人的全面发展的教育本质回归。

（2）确立生活化德育课程制度

2001年《基础教育课程改革纲要（试行）》确立了"回归生活世界"的课程理念，从教育部先后颁布的品德与生活、品德与社会、思想品德和思想政治课程标准可以看出，德育课程制度理念已经发生根本转变。2003年5月教育部颁布了供初中使用的《全日制义务教育思想品德课程标准（实验稿）》，规定九年义务教育初中思想品德课是为初中学生思想品德健康发展奠定基础的一门综合性的必修课程，具有思想性、人文性、实践性、综合性特点；课程的基本理念是初中学生逐步扩展的生活是本课程建构的基础，帮助学生学习做负责任的公民、过积极健康的生活是本课程的追求。2004年颁布的《普通高中思想政治课程标准（实验稿）》规定课程的基本理念是"加强思想政治方向的引导与注重学生成长的特点相结合，构建以生活为基础、以学科知识为支撑的课程模块"，因此"本课程要立足于学生现实的生活经验，着眼于学生的发展需求，把理论观点的阐述寓于社会生活的主题之中，构建学科知识与生活现象、理论逻辑与生活逻辑有机结合的课程模块；在开设必修课程的同时，提供具有拓展性和应用性的选修课程，以满足学生发展的不同需要"。以上三个课程标准的共同点就是都强调生活对于德育的重要价值，回归生活世界的理念在课程中突显，改变了以往关于强调知识系统的知性德育和德目主义倾向。2011年，为贯彻《国家中长期教育改革和发展规划纲要（2010—2020年）》，适应新时期全面实施素质教育的要求，深化基础教育课程改革，教育部组织专家对义务教育各学科课程标准进行了修订和完善，《义务教育思想品德课程标准（2011年版）》于2011年12月颁布。2011年版课程标准对该课程性质的界定是，该课程是以初中学生生活为基础、以引导和促进初中学生思想品德健康发展为根本目的的综合课程，进一步突出了思想品德课程的生活性，以及学生品德培养的重要性；课程理念突出强调课程的核心是"帮助学生过积极健康的生活，做负责任的公民"；课程设计也更加强调了学生身心特点和生活基础。

（3）确立社会主义核心价值观

从1978年改革开放开始，随着我们国家对社会主义商品经济、社会主义市场经济探索的深入，人们的生活水平日益提高，同时由于人们对现实物质欲望追求的日益增长，导致人的精神家园的失落，整个社会信仰出现危机。而在市场经济中，不同的利益主体在道德行为、价值观念上存在差异，人们对道德的评价标准越来越难于统一，客观上导致社会道德行为的混乱，甚至进一步导致社会秩序的混乱。这样，寻求某种程度或范围的社会主义市场经济的道德价值共识，就成为社会主义市场经济健康发展的内在需求。

德育的核心正是价值观的教育，一种德育必定是以某种核心价值观为导向的。当代中国德育的发展也是追寻核心价值的过程。当代德育发展过程中，所遭遇的困难，也在于追寻具有感召力并足以自信的核心价值取向。在20世纪20多年的探索中，从"五爱""四有"公民的价值追求到1986年、1996年关于加强社会主义精神文明建设的两个决议和21世纪之初的"20字"公民基本道德规范的出台，都表明了我们追寻核心价值的过程，都是我党针对如何建设与社会主义市场经济相适应的社会主义道德体系，从理论和制度层面作出的某种程度的回答。

21世纪初，随着"以人为本"科学发展观的提出，我们党继续进行社会主义核心价值的追寻。2006年3月4日，胡锦涛同志在第十届中国人民政治协商会议第四次会议的民盟、民进联组会上发表了"关于树立社会主义荣辱观"的讲话,提出"八荣八耻"。社会主义荣辱观反映了公民道德建设的基本内容,体现了公民基本道德内涵。继"八荣八耻"的社会主义荣辱观提出后,2006年党的十六届六中全会提出社会主义核心价值体系的基本内容,之后在党的十七大、中共十七届六中全会、党的十八大等会议上多次予以强调,2012年党的十八大凝练出24个字的社会主义核心价值观,从国家、社会、公民三个层面对我国公民提出了道德要求,回答了我们要建设什么样的国家、建设什么样的社会、培育什么样的公民的重大问题。

(4) 加强班主任教师队伍制度建设

进入21世纪后,随着经济社会的深刻变化,教育改革的不断深化,学生成长中出现新的特点,班主任工作面临新的挑战。加强班主任队伍专业化建设,提高班主任育德能力,对于完成新世纪中小学德育工作新任务意义越发凸显。班主任岗位的专业性问题也引发了学界和政策议程的关注。2006年,教育部印发《关于进一步加强中小学班主任工作的意见》,第一次明确指出:"班主任岗位是具有较高素质和人格要求的重要专业性岗位。""做班主任和授课一样都是中小学的主业,班主任队伍建设与任课教师队伍建设同等重要。"这对于确立班主任的专业性地位,加强班主任队伍的专业化建设具有十分重要的意义。同年,教育部启动全国中小学班主任培训计划,建立中小学班主任岗位培训制度。

2009年,为了进一步加强中小学班主任工作,发挥班主任在中小学教育中的重要作用,保障班主任的合法权益,全面推进素质教育,教育部在时隔三年后又发布了《中小学班主任工作规定》。新发布的规定有四个方面亮点:一是明确了班主任的工作量,使班主任有更多的时间来做班主任工作;二是提高了班主任的经济待遇,使班主任有更多的热情来做班主任工作;三是保证了班主任教育学生的权利,使班主任有更多的空间来做班主任工作;四是强调了班主任在学校中的地位,使班主任有更多的信心来做班主任工作。[1] 规定引起了社会各界的广泛关注,成为我国班主任工作

---

[1] 《中小学班主任工作规定》,《班主任》,2009年第9期。

发展史上一个里程碑。

4. 制度深化（2012 年至今）

2012 年中共十八大召开，我国进入"全面建成小康社会"时期。尽管我国在经济总量、民主法治、社会文化、改善民生等方面已经取得很大成就，但是我们还存在不少困难和问题，我国仍处于社会主义初级阶段。由于发展的不平衡，社会矛盾明显增多，关系群众切身利益的问题较多，部分群众生活比较困难，一些领域存在道德失范、诚信缺失现象……要解决这些矛盾和问题，需要有新思维、新举措。2013 年，中共十八届三中全会通过《中共中央关于全面深化改革若干重大问题的决定》，要求全面深化改革，完善和发展中国特色社会主义制度，推进国家治理体系和治理能力现代化。2017 年颁布的《关于深化教育体制机制改革的意见》对新时期教育的育人方式、办学模式、管理体制、保障机制等方面改革进行了综合部署，提出深化教育体制机制改革的主要目标是："到 2020 年，教育基础性制度体系基本建立，形成充满活力、富有效率、更加开放、有利于科学发展的教育体制机制，人民群众关心的教育热点难点问题进一步缓解，政府依法宏观管理、学校依法自主办学、社会有序参与、各方合力推进的格局更加完善，为发展具有中国特色、世界水平的现代教育提供制度支撑。" 2017 年中国共产党第十九次全国代表大会胜利召开，开启了中国特色社会主义新时代，大会作出了我国社会主要矛盾已经转化为人民日益增长的美好生活需要和不平衡不充分的发展之间的矛盾的历史判断。强国必先强教，中共十九大报告明确指出，建设教育强国是中华民族伟大复兴的基础工程，强调要把教育事业放在优先发展位置，加快教育现代化，办好人民满意的教育。这为新时代中国教育改革发展确立了新方位，提出了新目标，指明了新路径。

具有中国特色、世界水平的现代教育需要强有力的制度保障。2019 年十九届中央委员会第四次全体会议着重研究了坚持和完善中国特色社会主义制度、推进国家治理体系和治理能力现代化的若干重大问题，这为国家治理体系下，学校德育的法治化提供了良好的社会、政治、文化制度环境。

（1）整体规划学校德育制度体系建设

在学校教育中，我国一直十分重视德育，重视德育体系建设，但是由于长期以来我国学校德育存在"大中小学德育各自为政，德育过程缺乏衔接；学校内部'教书'与'育人'各行其是，德育要素缺乏整合；学校、家庭、社会彼此冲突，德育影响缺乏协调"① 等突出问题，造成学校德育实效性不高而备受贬责。因此如何从单一德育要素的改革走向整体学校德育体系的建设也成为德育理论界和各级学校关注的重点，学校德育体系建构是学校教育的"新生长点"。

全面加强学校德育体系建设不是一时之需，不是权宜之计，需要稳定化、体系化的制度来保障。早在1994年8月31日，中共中央颁布的《关于进一步加强和改进学校德育工作的若干意见》就首次明确提出要整体规划学校德育体系。2005年，教育部就德育体系建设专门发文件，颁布了《教育部关于整体规划大中小学德育体系的意见》，对"整体规划大中小学德育体系"的含义、目标、要求作了说明，为学校德育体系的研究和建设明确了方向和内容。2010年，《国家中长期教育改革和发展规划纲要（2010—2020年）》把"构建大中小学有效衔接的德育体系"作为中长期教育改革发展的重要任务。2017年，中共中央办公厅、国务院办公厅印发《关于深化教育体制机制改革的意见》，提出构建以社会主义核心价值观为引领的大中小幼一体化德育体系。2017年8月，教育部印发《中小学德育工作指南》，指南在德育目标设计上既有总体目标，又有各学段目标，在实施途径上提出了课程育人、文化育人、活动育人、实践育人、管理育人、协同育人等六大育人途径，基本涵盖了学生在课堂教学、学校文化、学生活动、学校管理、社会和家庭等各个方面和领域。2020年，教育部先后印发了《大中小学劳动教育指导纲要（试行）》《大中小学国家安全教育指导纲要》，分别对大中小学劳动教育体系，大中小学各学段国家安全教育目标、教育内容等作出了明确规定，以期形成纵向衔接、横向配合、有机融入的教育格局。

2019年，中共中央、国务院印发了《新时代公民道德建设实施纲要》，

---

① 杜时忠：《我国学校德育体系将进入"五个德育"新境界》，《人民教育》，2018年第22期。

要求全社会大力弘扬社会主义核心价值观，积极倡导富强民主文明和谐、自由平等公正法治、爱国敬业诚信友善，全面推进社会公德、职业道德、家庭美德、个人品德建设，持续强化教育引导、实践养成、制度保障，不断提升公民道德素质，促进人的全面发展，培养和造就担当民族复兴大任的时代新人。2021年10月第十三届全国人民代表大会常务委员会通过的《中华人民共和国家庭教育促进法》旨在推动学校、家庭、社会教育紧密结合，形成家校社一体化育人共同体。

(2) 整体推进德育课程和"大思政课"制度一体化建设

2005年，《教育部关于整体规划大中小学德育体系的意见》就科学设置各教育阶段德育课程专门作了要求，并提出整体规划大中小学德育体系工作的重点是要科学构建各级各类学校德育课程体系，合理确定课程的设置及课程标准。针对当前我国课程改革中整体规划、系统推进不够，高校与中小学课程目标衔接不够，学科内容交叉、课程系统性不够等问题，2014年国家启动了高中课程标准的修订工作。同年，教育部正式印发了《关于全面深化课程改革落实立德树人根本任务的意见》，提出了要加快"核心素养体系"的建设。2017年12月，《普通高中课程方案（2017年版）》和普通高中各学科课程标准颁布，各个学科都提出了本学科的学科核心素养。高中思想政治课的学科核心素养为政治认同、科学精神、法治意识和公共参与。高中思想政治课以立德树人为根本任务，以培育社会主义核心价值观为根本目的。[①] 2017年版的课程标准下接初中思想品德课程，上连高等学校政治理论课程，是以"思想政治教育"为核心来建设这门课程的。

为了更好地强化国家意志、贯彻党的教育方针、落实社会主义核心价值观，2012年国家还启动了义务教育三科统编教材编写工作，2017年全部完成编写工作。2017年9月，经国家教材委员会审查通过的义务教育道德与法治、语文和历史三科教材在全国中小学起始年级投入使用。与此同时，义务教育课程标准修订工作也正在展开，目标就是"要将党的教育方针转化为各门课程的核心素养和课程目标，积极为学校育人画像，为教师

---

① 中华人民共和国教育部：《普通高中思想政治课程标准（2017年版）》，人民教育出版社，2017年版，第1页。

教学架桥，为学生成长导航"①。修订中的义务教育道德与法治课程标准，也对1—2年级、3—4年级、5—6年级、7—9年级的课程素养、内容标准和课程实施进行了一体化设计。

2019年3月18日，习近平总书记在学校思想政治理论课教师座谈会上指出："要把统筹推进大中小思政课一体化作为一项重要工程。"2019年8月，中共中央办公厅、国务院办公厅印发《关于深化新时代学校思想政治理论课改革创新的若干意见》，根据大中小学一体化的思路，对思政课进行了序列化设计，提出大学阶段重在增强使命担当，高中阶段重在提升政治素养，初中阶段重在打牢思想基础，小学阶段重在启蒙道德情感。

党的十九大之后，为贯彻落实习近平新时代中国特色社会主义思想，全面推动习近平新时代中国特色社会主义思想进教材进课堂进学生头脑，把社会主义核心价值观贯穿国民教育全过程，2019年《加快推进教育现代化实施方案（2018—2022年）》提出推进教育现代化的十项重点任务之一就是"实施新时代立德树人工程"，要"把习近平新时代中国特色社会主义思想贯穿课程教材建设全过程，把教材体系、教学体系有效转化为学生的知识体系、价值体系"。2019年8月，《关于深化新时代学校思想政治理论课改革创新的若干意见》整体规划了思政课课程教材体系建设，"在保持思政课必修课程设置相对稳定基础上，结合大中小学各学段特点构建形成必修课加选修课的课程体系"②。2021年秋季学期开始，《习近平新时代中国特色社会主义思想学生读本》作为必修内容，已在全国中小学的三年级上学期、五年级上学期、初二年级上学期、高一年级（含中等职业学校）上学期正式使用。国家明确规定，学校要利用道德与法治（思想政治）课、班团队课、校本课程等统筹安排课时，由道德与法治（思想政治）课教师主讲，每册集中学习1学期，平均每周1课时。

2020年12月，全国中小学德育工作会议在上海召开，教育部有关领导在会议上提出："思政课程要与其他课程相结合，重在互补。要不断加

---

① 中华人民共和国教育部 http://www.moe.gov.cn/jyb_xwfb/gzdt_gzdt/moe_1485/202008/t20200827_480433.html.

② 中华人民共和国教育部 http://www.moe.gov.cn/jyb_xxgk/moe_1777/moe_1778/201908/t20190815_394663.html.

强新时代思政课改革创新,进一步树立大德育观念,加强全科育人,发挥各学科优势,注重社团活动,实现学科之间、课堂内外互补共育。"① 近年来,围绕建党百年,还在中小学中开展了"从小学党史 永远跟党走""学习新思想 做好接班人"等主题教育活动,在中小学开展党史学习教育活动,与思政课教育教学紧密结合,用建党一百周年庆祝活动、抗疫、奥运等"大思政课",引导中小学生从小坚定理想信念。

(3)学校思政课教师队伍建设受到高度重视

2019年3月,习近平主持召开了学校思想政治理论课教师座谈会,在会上他强调"思政课作用不可替代,思政课教师队伍责任重大"。同年9月,教育部等五部门印发了《关于加强新时代中小学思想政治理论课教师队伍建设的意见》,对中小学思政课教师的重要性、队伍配备管理、素质能力提升、评价激励机制等方面提出了意见。2020年12月,教育部成立大中小学思政课一体化建设指导委员会;2021年11月,《教育部大中小学思政课一体化建设指导委员会章程》印发,其目的就是要加强对不同学段思政课建设的统筹指导,深入推进习近平新时代中国特色社会主义思想"三进",推动新发展阶段学校思政课高质量发展,充分发挥思政课立德树人关键课程的作用。

(4)加强道德法治化建设

德育制度创新是需要相应法律法规来保驾护航的。1994年颁布的《中共中央关于进一步加强和改进学校德育工作的若干意见》就提出:"学校德育工作要有法制保障。学校德育的地位、任务和主要方针、原则要有权威性和稳定性,必须制定相应的法律法规,以保证教育者、受教育者及社会有关方面共同遵循。"这是我国德育政策中较早提出有关德育工作与法制建设的关系问题的文件,在接下来国家颁布的德育政策中都涉及道德建设与法制建设关系,要求法制为道德建设提供强有力的支持,如2000年《关于适应新形势进一步加强和改进中小学德育工作的意见》、2001年《公民道德建设实施纲要》、2004年《关于进一步加强和改进未成年人思想道

---

① 中华人民共和国教育部 http://www.moe.gov.cn/jyb_xwfb/gzdt_gzdt/moe_1485/202012/t20201203_503087.html.

德建设的若干意见》、2005年《关于整体规划大中小学德育体系的意见》等。尽管如此，有学者还是认为："德育政策的法制化建设滞后。德育政策的法制化意识不足，没有从法制层面促进政策的进一步深入完善，使得作为一项社会性系统工程的德育接受社会各方面的支撑不足，良好与完善的德育保障体系与制度呵护尚显薄弱。"① 2010年的《国家中长期教育改革和发展规划纲要（2010—2020年）》第二十章"推进依法治教"中提出要完善教育法律法规、全面推进依法行政、大力推进依法治校、完善督导制度和监督问责机制。根据规划要求，教育领域的法制建设也在逐步推进，教育方面的法律法规立法和修订数量增加。据不完全统计，1986年至2018年国家出台的教育法律、法规不下15部，这些法律法规为我国实现全面依法治国提供了最直接、最基本的法律依据，初步形成了教育法律法规体系的基本框架，也为学校德育制度提供了制定依据。

道德法治化是伴随我国国家治理法治化和依法治教进程向前推进的。2012年12月，习近平在首都各界纪念现行宪法公布施行30周年大会上发表重要讲话；2013年中共十八届三中全会作出了建设法治中国的重大战略部署；2014年中共十八届四中全会首次在中央文件采用"法治教育"的表述，首次强调把法治教育纳入国民教育体系，对教育系统提出新的更高要求；2015年，中共中央、国务院印发了《法治政府建设实施纲要（2015—2020年）》；2017年党的十九大报告提出了"坚持全面依法治国""建设中国特色社会主义法治体系""深化依法治国实践""以良法促进发展、保障善治""建设社会主义法治文化，树立宪法法律至上、法律面前人人平等的法治理念"。与此相应，2012年教育部印发了《全面推进依法治校实施纲要》。2016年1月教育部颁布《依法治教实施纲要（2016—2020年）》，提出要构建完善的教育法律及制度体系，大力加强教育立法工作。到2020年，在国家层面，基本形成适应实践需要、内容完备的教育法律、行政法规。2016年4月教育部将义务教育小学和初中的品德与生活、品德与社会、思想品德教材名称统一更改为道德与法治。同年7月，教育部、司法部、全国普法办印发了《青少年法治教育大纲》，分别对基础教育各

---

① 张晓东：《德育政策论》，人民教育出版社，2011年版，第16页。

学段和高等教育阶段法治教育的目标、内容和要求、实施途径等提出了具体要求。同年印发的《关于进一步把社会主义核心价值观融入法治建设的指导意见》提出：把社会主义核心价值观的要求体现到宪法法律、法规规章和公共政策之中，转化为具有刚性约束力的法律规定；注重把一些基本道德规范转化为法律规范，把实践中行之有效的政策制度及时上升为法律法规，推动文明行为、社会诚信、见义勇为、尊崇英雄、志愿服务、勤劳节俭、孝亲敬老等方面的立法工作，实现社会的良法、善治。

法治化不仅体现在教育方面法律及制度体系的完善上，更重要的是体现在其制定和执行上的规范化和程序化，即程序正义上。2016年1月教育部颁布的《依法治教实施纲要（2016—2020年）》就提出要"根据法定职权，抓紧制定出台各类教育标准、规范、程序。按照公开、公正、民主、科学的原则，进一步健全规章、规范性文件起草程序，涉及群众切身利益或者重大利益调整的，要采取座谈会、论证会、听证会等方式广泛听取意见"。事实上，这些年国家在相关政策、文件出台前都十分注意规范化、程序化，比如2013年教育部在出台《中小学教师违反职业道德行为处理办法》前，就专门在中央政府门户网站上征求意见。① 2013年教育部教师工作司负责人就研究制定《关于建立健全中小学师德建设长效机制的意见》文件的有关情况回答了记者的提问，就文件的形成过程进行了回答，文件研制是在课题组开展专题研究基础上，征集全国各地师德建设经验和做法，对中外师德建设情况作了比较研究，到我国中、西部城市实地调研，召开座谈会，后又经过专家审定，多次讨论修改形成的。从以上文件制定和出台过程可以充分体现教育法规和政策的法治化的过程。

（5）完善各类教育标准体系

在国家推进治理体系和治理能力现代化的过程中，"教育制度变革，旨在通过教育法治建设，规范各教育利益相关者的责权利，……因此政府需要综合运用法律、规划、经费、标准、监测、评价、督导等政策工具，通过制定教育规划与教育标准、配置教育资源、监管教育质量，为学校提

---

① 中华人民共和国中央人民政府网 http://www.gov.cn/gzdt/2013-11/29/content_2538229.htm

供教育服务……"① 据不完全统计，2012 年至今，国家制定或修订的有关教育的标准、指南或大纲有 20 多项，具体见表 2.7。

表 2.7 2012—2020 年制定的教育方面标准、指南、大纲

时间	文件名称	颁布单位
2012 年 9 月	《幼儿园教师专业标准（试行）》 《小学教师专业标准（试行）》 《中学教师专业标准（试行）》	教育部
2012 年 12 月	《全面推进依法治校实施纲要》	教育部
2012 年 12 月	《中小学心理健康教育指导纲要》	教育部
2013 年 2 月	《义务教育学校校长专业标准》	教育部
2013 年 9 月	《中等职业学校教师专业标准（试行）》	教育部
2014 年 3 月	《完善中华优秀传统文化教育指导纲要》	教育部
2014 年 8 月	《义务教育学校管理标准（试行）》	教育部
2015 年 1 月	《中等职业学校德育大纲（2014 年修订）》	教育部
2015 年 1 月	《普通高中校长专业标准》 《中等职业学校校长专业标准》 《幼儿园园长专业标准》	教育部
2015 年 8 月	《特殊教育教师专业标准（试行）》	教育部
2016 年 3 月	《幼儿园工作规程》	教育部
2017 年 8 月	《中小学德育工作指南》	教育部
2017 年 12 月	《义务教育学校管理标准》	教育部
2018 年 1 月	《普通高中课程方案和语文等学科课程标准（2017 年版）》	教育部
2018 年 4 月	《中小学数字校园建设规范（试行）》	教育部
2018 年 5 月	《中小学图书馆（室）规程》	教育部

---

① 范国睿：《40 年教育政策与教育改革的逻辑》，《中国教师报》，2018 年 1 月 26 日第 2 版。

续表

时间	文件名称	颁布单位
2018年11月	《新时代高校教师职业行为十项准则》《新时代中小学教师职业行为十项准则》《新时代幼儿园教师职业行为十项准则》	教育部
2019年10月	《新时代公民道德建设实施纲要》	中共中央、国务院
2019年11月	《新时代爱国主义教育实施纲要》	中共中央、国务院
2020年7月	《大中小学劳动教育指导纲要（试行）》	教育部
2020年10月	《大中小学国家安全教育指导纲要》	教育部
2020年10月	《深化新时代教育评价改革总体方案》	中共中央、国务院
2021年12月	《普通高中学校办学质量评价指南》	教育部

通过完善和建立从学前教育到高等教育各学段人才质量培养标准、学校办学条件标准、教师教育标准等，以标准引领和规范教育事业的发展。

(6) 加强新时代师德师风建设

改革开放以来，我国于1985、1991、1997年先后三次颁布和修改了《中小学教师职业道德规范》，对教师职业道德的发展起了积极的推动作用。2008年教育部重新修订和印发了《中小学教师职业道德规范》。

2018年1月，中共中央、国务院《关于全面深化新时代教师队伍建设改革的意见》对师德师风建设作出了总体部署，要求"着力提升思想政治素质，全面加强师德师风建设"。针对教师队伍中个别教师放松自我要求，不能认真履职尽责，甚至出现严重违反师德行为，损害教师队伍整体形象，11月教育部印发了《新时代高校教师职业行为十项准则》《新时代中小学教师职业行为十项准则》《新时代幼儿园教师职业行为十项准则》，以贯彻落实习近平总书记关于教育的重要论述和全国教育大会精神，扎实推进中共中央、国务院《关于全面深化新时代教师队伍建设改革的意见》的实施。2019年11月，教育部等七部门又印发《关于加强和改进新时代师德师风建设的意见》，目标是经过5年左右努力，基本建立起完备的师德师风建设制度体系和有效的师德师风建设长效机制。在制度实施执行上，教育行政部门一方面树立、宣传优秀师德典型，一方面公开曝光违反教师职业行为十项准则典型案例，以此推进师德长效机制建设。2020年12月，教育部专门成立全国师德师风建设专家委员会，充分发挥专家组织对师德师风建设的研究、咨询和指导作用，进一步加强和改进师德师风建设，加快造就新时代高素质专业化创新型教师队伍。

5. 该时期德育制度变迁特征

改革开放40多年来，中国社会在经济、政治等方面都发生了巨大变化，确立了社会主义市场经济体制，逐步探索社会主义民主法治建设，确立了以人为本、以人民为中心的发展思想，开启了全面推进依法治国，建设社会主义法治国家的新征程。

第一，制度主体利益均衡成为制度变迁的根本动力。我国的改革开放首先从经济体制改革开始，直接触动了人们在经济活动中的利益关系。面对社会经济成分、组织形式、就业方式、利益关系和分配方式多样化的趋势，一些领域出现道德失范，拜金主义、享乐主义、个人主义滋长，不同的利益主体在道德行为、价值观念上存在差异，以及人们对道德的评价标准越来越难于统一等问题，积极探索德育制度改革，在内容、形式、方法、手段、机制等方面进行改进和创新，以不断协调社会不同利益主体的利益，这成为这一阶段德育制度变革的根本动力。

第二，学习和竞争贯穿于制度变迁过程之中。如果说新中国建立之初的学习是"以胜利者、革命者的姿态，全盘否定中国传统道德文化与德育思想，全盘否定西方近现代德育理论，'一边倒'地学习苏联"的话，改革开放时期的学习经历了一个"全盘西化"到反思，大胆借鉴学习国外优秀德育理论和经验的过程。这种学习又深受竞争的影响。放眼世界，所有发达国家在20世纪80年代以来都推行了重大教育改革，如美国、日本等。即使同是发展中国家的印度，也在1985年1月宣布要进行教育改革，同年印度政府发表了《教育的挑战——政策透视》，重新设计国家的教育体制。在教育改革的全球化浪潮中，我国也不甘落后。1985年、1993年、1998年、2001年、2004年、2009年分别颁布了关于教育改革的文件。这一时期，对西方德育理论的学习和研究也十分活跃，翻译和出版了许多当代西方德育论和西方德育思想理论著作，这些都极大拓展了国内德育理论界的视野。

第三，制度变迁模式以渐进式为主，形成自上而下和自下而上相结合的制度创新。在当代中国现代化过程中，存在大量的道德失范现象，既是社会转型过程中的必然，又是制度有效供给不足的表现。因此，有学者认为，制度供给是理解、解释晚发国家现代化过程中秩序失范与秩序重建机制之一。① 在转型期，旧的秩序和价值系统被打破，新的秩序及其价值系统有待建设；新的交往关系、生活方式的制度化、法治化，以及与其相适应的新价值系统确立，这既须通过强有力政府的一系列有效制度供给而保持其有序性，还要有来自自下而上的推动、补充。这时期的学校德育制度变迁不可能回到改革开放前计划经济时代的高度中央集权的老路上去，也不可能再像以前那样采取革命的手段、运动的形式，只能是渐进式的、试错式的，多主体参与共同推进的制度完善和制度创新的过程。因此，尽管这一时期我国学校德育制度在不断完善，走向规范、科学化，但是仍然显得有效制度供给不足。

第四，重视非正式制度作用，发挥核心价值观引领。按照诺思对制度的定义，其中非正式制度就包括习俗惯例、道德伦理、意识形态、宗教等。他认为，"意识形态是种节约机制"，"一致的意识形态可以替代规范性规则和服从程序"，"一种制度能否诞生、诞生之后能否在低成本状态下运行，与人们对该种制度的合理性、公正性的理解高度相关"。② 我国十分重视意识形态领域教育，改革开放之初，邓小平同志在各种讲话中多次强调坚持四项基本原则，指出要加强党的思想政治工作，加强建设社会主义精神文明，批判违反四项基本原则的错误思潮，反对资产阶级自由化。21世纪初党中央提出社会主义核心价值体系建设，2012年凝练出24字的社会主义核心价值观。2013年起国家相继出台有关制度，如《关于培育和践行社会主义核心价值观的意见》《关于全面深化课程改革落实立德树人根本任务的意见》《关于培育和践行社会主义核心价值观进一步加强中小学德育工作的意见》等，要求把培育和践行社会主义核心价值观融入国民教育全过程，目的就是凝聚共识。2019年中共中央、国务院印发的《新时代

---

① 高兆明：《道德失范研究：基于制度正义视角》，商务印书馆，2016年版，第22页。
② ［美］D. 诺思著，陈郁等译：《经济史中的结构与变迁》，上海三联书店、上海人民出版社，1994年版，53—55页。

公民道德建设实施纲要》要求坚持以社会主义核心价值观为引领,将国家、社会、个人层面的价值要求贯穿到道德建设各方面,以主流价值建构道德规范、强化道德认同、指引道德实践,引导人们明大德、守公德、严私德。

第三章　NS 学校德育制度变迁的个案考察

在前一章中，笔者对中国学校德育制度百年变迁历程进行了整体的梳理和阶段特征描述，从中逐渐明晰了德育制度在国家层面、中央层面演进的历史过程和呈现出来的阶段变迁特征。政策分析重要的研究方法之一就是个案研究，因此在本章中，笔者选取了广西某市的一所百年学校的德育制度变迁作为个案，从宏观到微观具体考察在地方和校本层面学校德育制度执行和实现的过程以及学校师生制度生活的样态，以此来印证或说明学校德育制度变迁国家逻辑的合理性。为便于论述，这里首先对 NS 学校作一个概况描述。

NS 学校前身是 1897 年由维新人士余镜清创办的南宁乌龙寺讲堂。光绪三十一年（1905 年）改称南宁府中学堂，当时学校组织简单，还没有校长，学校事务由南宁知府兼任，设一监学协助。民国元年（1912 年），南宁府中学堂改成南宁府中学校，学制仍采用四年制。1913 年改名为南宁中学校，学校组织仍然简单，但已设置校长主持校务，校长之下，有学监 1 人、舍监 1 人、文牍会计 1 人、庶务 1 人，分担全校事务。学校首任校长是著名教育家雷沛鸿先生，1912—1916 年学校更换校长 6 人。民国 6 年（1917 年）9 月，广西省长李静诚命令将南宁中学校改为省立，NS 学校改名为广西省立第一中学校，并由政府拨辅助费。此时学校的组织更完备了，校长以下，设教务主任 1 人，训育主任 1 人，体育主任 1 人，美育主任 1 人，教务员 1 人，会计庶务 1 人，文牍 1 人，校医 1 人。1922 年（民国 11 年），根据全国教育会议精神，学校实行"三三"新学制，把中学阶段的年限定为六年，分高、初两级各三年，同时，还健全了学校的组织，校长以下，分设三课：教务课、训育课和事务课，以办理教务、训育和事务等各项事宜。1917—1930年广西省立第一中学更换了13位校长,最短只有3个月。1930年7月,省一中初中部更名为广西省立第一初级中学,后学校分两部:高中部、初中部。省一中高中部更名为广西省立第一高级中学,1934年8月,改名为广西省立南宁高级中学。同时,省政府命令邕宁县立初级中学和省立第一初级中学合并,改名为广西省立南宁初级中学(简称南初)。1944年秋,南初设高中部,改名为广西省立南宁中学。从1931年至1949年,受战乱影响或广西省的行政命令,学校有六次分分合合,在省内多地迁徙,其间更易校长共26人,其中任职最短1年不到,最长不到3年。1954年学校奉命迁往埌边校区。1955年2月,学校奉命更名为NS学校,一直沿用至今。

1963年,学校被自治区确定为第一批重点办好的学校。1981年被自治区教育厅确定为自治区首先办好的重点中学。1983年,学校被评为全国群众体育先进单位、全国"五讲四美"先进单位。1984年,洪××被任命为校长,为解决办学经费困难问题,学校多渠道筹集办学经费,改善办学条件,在全区首开集资办学先例。1996年学校创办了南宁市首家国有民办学校,成立了广西基础教育第一家中学科研所。1997年,邓×出任校长。学校首次建立宿舍管理员制度,聘用社会人士担任学生生活指导老师,创办了校刊《方圆天地》。1999年,学校尝试进行教育教学管理体制改革,在高一、初一教职工队伍中试行聘任制,实行定岗定编,双向选择,竞争上岗,择优录取的用人制度改革,改教师年级管理为教研组管理,强化教研组、备课组的作用,促进学科教学质量提高。2001年,方××被任命为NS学校校长。时任教育部部长陈至立到校视察,为学校题词:"建特色学校,育创新人才。"学校将政教处更名为学生处,正式启动自治区示范性普通高中立项建设评估工作,提出全面开展创建示范性高中工作,制定了《NS中学创建自治区示范性普通高中发展规划》,提出"真·爱"教育办学思想,确定了创办西部一流国内知名的现代新型高中的办学目标。2003年,学校获得自治区示范性普通高中荣誉称号。2004年,学校德育工作被中央人民广播电台作为未成年人思想道德建设典型经验向全国宣传推广。2007年10月,《中国教育报》刊登了校长专文《将德育做实在实践活动中》,详细介绍了NS学校德育工作特色和成果。同年11月,由教育部中学校长培训中心和南宁市教育局联合举办、NS学校承办的"现代学校文化建设中外名校长论坛"在南宁市举行，方校长以《文化管理引领学校和谐成长》为题，就现代化学校建设与文化建设发表了主题演讲。2009年，为迎接广西第一批示范性普通高中复查评估，在听取学校老校长的意见后，学校中层以上干部会议建议恢复20世纪30年代"敦品力学"校训。与会领导干部一致同意和认可，在经过深入的民主讨论后，正式把学校校训恢复为"敦品力学"。2011年，在N市中小学"文化立校、特色兴校、质量强校"工作暨学校特色开放周启动仪式上，方校长在会上作了《从文化管理走向文化自觉》的主题发言。后来，《校长》杂志和《中国教育报》专门对学校办学和文化管理进行了报道。2012年，学校荣获"全国青少年道德培养实验基地"称号，学校分管副校长荣获"青少年道德培训导师"称号。同年，黄××被任命为南宁NS学校校长。N市教育局开始实施集团化办学，作为N市龙头学校，在市里支持下，NS学校开始筹划集团化办学。2016年秋季学期，NS学校初中部××校区、高中部××校区相继开办，加上最初创办的一所民办学校，目前学校占地总面积已达530 935平方米，在校学生8000人，多校区齐头并进，各具特色，各美其美，已打造成广西空前强大的基础教育集团。2018年学校有三项教育教学成果获全国基础教育成果二等奖，其中《高中"实践型"德育课程十九年改革与探索》就是其中一项。

一、民国至新世纪NS学校德育制度变迁历程

为了深入了解这所百年名校的学校德育制度变迁，收集和获取第一手资料，2012—2015年，笔者用了3年时间跟踪该校学生校园生活，查阅学校相关资料，对学校校长、副校长、学生处主任、校团委书记、班主任、特级教师代表、青年教师进行了访谈。2012年、2013年3—6月、2014年、2015年多次到NS中学参加学校庆元旦通宵活动、学生家长会、高三学生成人礼；2013年3月多次到NS中学档案室、图书馆查阅资料，参观学校校史馆；2013年5月、6月多次赴广西壮族自治区图书馆查阅民国时期NS中学和广西省的教育资料，查阅了1954—1981年的《广西教育》

(1954年4月创刊，1959年停刊，后复刊)，查阅该校1999－2016年校刊《方圆天地》。2012－2018年，笔者同时还通过学校网站、学校教师微博、微信朋友圈等媒体资料，了解学校发生的重要事件和师生关注的热门话题、参与的讨论等。

1. 民国时期的学校德育制度

2013年5月、6月，笔者在广西自治区图书馆查阅到民国时期该校出版保存下来的校刊有32本。因为该校在发展过程中多次出现分合，学校名称多次更换，因此校刊中有初中、有高中，校刊名称也有差异。主要有：广西省立第一中学校校览（民国22年，1933年）、广西省立第一中学校学生特刊（民国22年，1933年）、一中学生半月刊（广西省一初中学生自治会学术股出版，1933年一、三、四期）、一初中二十八周年纪念特刊（民国23年，1934年）、南宁初中学生月刊（广西省立初级中学学生自治会学术股编辑，1935年5月30日第一期、1935年12月第三期）、南宁初中学生期刊（1937年1月10日）、南宁初中校刊（创刊号，1935年11月5日）、南宁初中校刊（广西省立南宁初级中学校刊委员会1935年11月20日第二期）、南宁初中校刊（1936年5月6日第八期）、南宁初中校刊（1936年5月20日第九期）、南宁初中校刊（1937年1月25日第十五、十六期）、南宁初中校刊（1938年4月10日第二十二期）、南高月刊（民国25年，1936年第一期、第三和四期合刊、第五期，第二卷第一期）、南高（民国31年，1942年第三、四、五、六、七、八期）、省一联中校刊（民国34年12月1日，1945年12月1日第一卷第一期）、省一联中校刊（民国35年1月，1946年1月第一卷第二期）、省一联中校刊（民国35年1月，1946年1月第一卷第三期）、省一联中校刊（民国35年3月，1946年3月第一卷第四期）、南高（民国35年，1946年）、南高42周年校诞纪念特刊（民国37年，1948年）等，共计32本。这些校刊主要栏目有规程、校闻、会议记录、论文等，学生管理制度并不集中呈现。此外笔者还查阅到该省民国时期出版的有关内部印刷物《广西全省中等教育视导总报告》3本，《广西省中等学校校长级主任会议录》1本。

36本校刊和省内发行的内部印刷资料中，涉及学校德育制度的有10本，具体情况见表3.1。

表 3.1　NS 学校民国时期部分德育制度

时间	刊号/编辑者	制度名称
1933 年（民国 22 年 5 月 31 日）	广西省立第一中学校学生特刊/广西省立第一中学校印行	广西省立第一中学校概况表（本校训育目标）
1935 年 11 月 5 日	南宁初中校刊（创刊号）/广西省立南宁初级中学校刊委员会	《广西省立南宁初级中学二十四年度上学期行政计划纲要》《教育工作纲要》
1935 年 11 月 20 日	南宁初中校刊（第二期）/广西省立南宁初级中学校刊委员会	《广西中等以上学校军训学生应守规则》
1936 年 5 月 6 日	南宁初中校刊（第八期）/广西省立南宁初级中学校刊委员会	《广西省立南宁初级中学政治教育实施计划书》
1936 年（民国 25 年 4 月 1 日）	南高月刊第三和四期合刊	《训育概况》《南高剧团组织大纲》《学生生活指导委员会组织大纲》
1938 年（民国 27 年 9 月 20 日）	广西省中等学校校长级主任会议录/会议秘书处编印	《广西中学导师制施行办法》
1945 年（民国 34 年 12 月 1 日）	省一联中校刊（第一卷第一期）/广西省立第一联合中学校刊编辑委员会	（一）学生课外活动表；（二）学生出版壁报办法；（三）学生演讲比赛办法；（四）导师指导学生写作日记办法；（五）学生互励公约；（六）学生膳食委员会暂行办法；（七）本校出版校刊办法

续表

时间	刊号/编辑者	制度名称
1946年（民国35年1月）	省一联中校刊（第一卷第二期）/广西省立第一联合中学校刊编辑委员会	（一）学生学业成绩考查办法；（二）英语比赛办法；（三）数学比赛办法；（四）图书比赛办法；（五）国文比赛办法；（六）会报规则；（七）总值日设置办法；（八）值日导师设置办法；（九）职员书记去职离校办法
1946年（民国35年1月）	省一联中校刊（第一卷第三期）/广西省立第一联合中学校刊编辑委员会	（一）本校三十四年度下学期学生回校须知；（二）本校三十四年下学期学生寄宿办法；（三）学生操行成绩评定办法；（四）教职员书记领用文具各物办法；（五）本校三十四年校务进行计划大纲
1946年（民国35年3月）	省一联中校刊（第一卷第四期）/广西省立第一联合中学校刊编辑委员会	《广西省立第一联合中学班会组织条例》《广西省立第一联合中学班代表会组织条例》《广西省立第一联合中学教师批改学生各科习作及导师批阅学生生活日记次数标准》

查阅这些校刊里记载的校闻、会议记录、论文和一些学校规程，可以发现 NS 学校民国时期的德育制度具有以下特点。

（1）提倡教训合一

从清末兴学以来，随着学校管理组织结构的日益健全，学校内部工作职能划分逐渐分化，通常将对学生的工作分为教学和训育两大块，前者注重学生知识技能发展，后者注重学生思想品德的形成，但在实践中往往二者不能做到有机结合，导致割裂教育的整体性。针对这种教训分离的局面，"教训合一"一直是清末民初中学训育探讨和加强的主题。

首先学校在训育目标、组织机构设置上和平时会议中强调"教训合一"。1933年（民国22年）5月31日广西省立第一中学校概况表中规定训育目标是："养成学生的纪律行动，团体的生活，劳动的身手，朴实的习惯，自治的能力，健全的体魄……，主管理方法则：1. 不主放任而主严肃；2. 不重压抑而尚教导；3. 不主单纯的消极纠正和破坏，而着力于积极的建设和预防；4. 全校教职员与训导部协力训育之责，以收管教合一之效。"① 1934年（民国23年）5月21日在一初中二十八周年纪念特刊中，时任校长在《今后的一中（续）》一文中这样写道："今后的一初中组织在它被运用起来的时候，我们就应该越觉得它有新的灵魂的存在，这是什么？这是'教务中心'组织的精神。今后的一初中最重要的部分就是教务处。""教务处的职能是教授与训练兼顾而合一的。这教训合一的精神，我们就凭着教务处做中心去灌注到学校，施教的一切一切。""教务处分股，在数量说有五股，在质说熔教训为一炉，但因为各股工作在会议上有陈述及评论之机会，彼此间大有由了解而进于共同负责的趋势。第一股的职员多属于训育方面，原来与其他各股无关系；但各股永没有因为无关系而隔膜，反之，当得各股的帮助而较为收效。如屡次的襟章检查，制服检查是很易见的小例子。同样的，第三股的工作亦常因第一股第二股的工作的联络关系而加速进行。如缺席旷训时数之统计与公布之认真与敏捷，大非从前所可比。" 1935年南宁初中校刊（创刊号）中记载的该校第一次教职员会议录，提出本校本学期实施事项及今后改进事项"双十节游艺会本校参加游艺请各先生指导学生参加"。② 1936年第三和四期合刊《南高月刊》中有关训育概况是："每周举行'教导军训常会'一次，以商讨下周应行进行的工作。教导军训常会的组织分子，为：校长，教导主任，级主任，女生指导员，体育指导员，教务员及训育员。这种制度是本校各方面一种推动的力量，在教务，训育，军训，以及其他重要事件，都可以在这会内解决，实为一种最灵活而权力集中地良好制度。"③ 1938年《广西中学导师制施行办法》中规定："各校应就各学校中分每班学生二十八至三十人为一组（每班学生在三十以上则概分为两组），每组设导师一人，每学校指定导师为级主任导师。"级任导师之任务是"随时考核指导各该级学

---

① 《广西省立第一中学校概况表：本校训育目标》，广西省立第一中学校校览，1933年。
② 广西省一初中学生自治会学术股出版：《今后的一中（续）》，《一初中二十八周年纪念特刊（中）》，1934年。
③ 广西省立南宁高级中学南高月刊编辑委员会：《训育概况》，《南高月刊》，1936年第三和四期合刊。

生操行思想及学业；参加并指导各该级学生之各种课外活动；召集各该级全体导师及教师讨论本级教训问题"。导师之任务是"与各该组学生共同生活；核阅各该组学生之生活日记；每周召集各该组学生谈话一次并随时举行个别谈话；参加并指导各该组学生之各种课外活动"。① 这些体现了学校在训育目标和学校组织机构设置上力求做到"教训合一"。

  其次，在学校组织的具体活动中要求教师积极参与并予以指导，在活动中落实"教训合一"。通过教员的学科教学和参与指导学生的活动来体现"教训合一"，如1934年的《一中学生半月刊》曾有记载："一初中的教员也不能说是怎样的闲。虽然上课的时候少，但，为了替学生计划一切，脑子是时常忙着的。譬如说：对于一个有价值的学术问题，或者是一个严重的国际问题，或者是一个实际的社会问题，我们应该怎样去暗示学生鼓动学生自动地起来组织一个研究会，讨论？因为我们的原则是要避免去提倡，去替学生组织，而使他们陷入被动的地位的。"② "运用各学科与实际生活打成一片以求达到训育教学上之联系。"③ 在学校政治教育的实施中，有政治训练委员会，革命史地时事座谈会，社会科学研究会等项工作的训练。政治训练委员会是政治教育中最主要的一个机构，它把全校的学生作为训练的对象，而以教导主任、级主任，公民，公文，国文，史地等教员为训练委员，校长为训练委员长。革命史地时事座谈会是以班为单位，每两周举行一次，由级主任主持，另请国文、公民、史地等科教员分次参加，其谈话内容，以时事、史地、革命等事项为限。社会科学研究会由师生嗜好研究社会科学者共同组织，设常务、文牍、会计等干事，负责会务的处理。此外在教师中指定数员指导研究之责。在学生生活指导委员会各系的活动中，下设九系（见图 3.1），如中国文学、英国文学、自然科学、社会科学、军事学术、艺术科学、康乐、社会运动、生产等系，各以其范围内应有的知识技能来训练学生。其中，中国文学系包含：诗歌、散文、

---

  ① 会议秘书处编印：《广西省中等学校校长级主任会议录》，1938年。
  ② 广西省一初中学生自治会学术股出版：《一初中访问记》，《一初中二十八周年纪念特刊》，1934年。
  ③ 广西省立南宁初级中学校刊委员会：《教育工作纲要》，《南宁初中校刊（创刊号）》，1935年。

小说、应用文等组；英国文学系包含：文法、会话、作文等组；自然科学系包含：物理、化学、生物、数学等组；社会科学系包含：历史、政治、经济、法律、教育等组；军事学术系不分组；艺术科学系包含：图画、音乐、戏剧等组；康乐系包含：旅行、卫生、娱乐、膳食等组；社会运动系包含：演讲、出版、宣传、调查等组；生产系包含：生产建设及合作社（合作社又分为消费与信用二部分）等组。每周均由教职员负责指导，每两星期开会一次决定一切工作。开会时参加该系组的师生均须出席。每学期末开"生活指导大会"一次；并举行"自我批判"，检讨过去一学期的工作，以资下期改进的参考。① 即使是在军训规则中，也要求"军事学之修习以洞习学理活用原则为主其与术科关联者应求融会贯通期能实用"②。

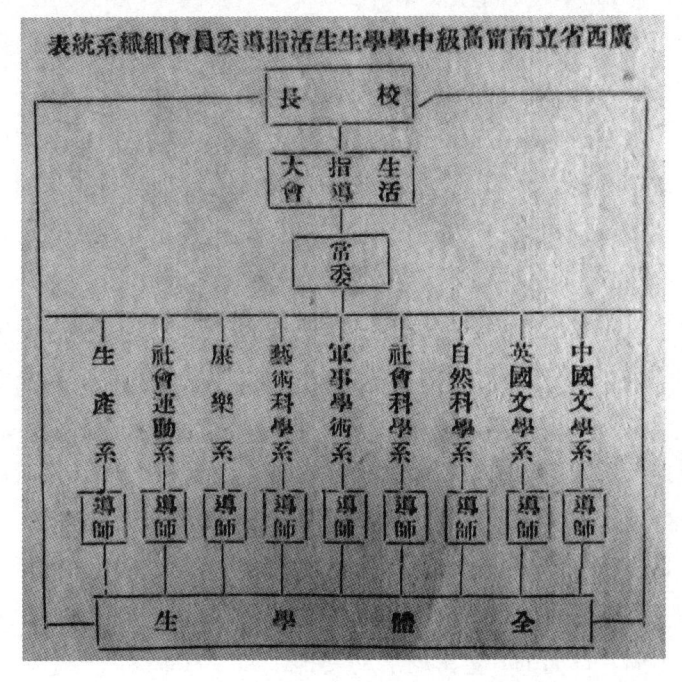

图 3.1　广西省立南宁高级中学学生生活指导委员会组织系统表

---

①　广西省立南宁高级中学南高月刊编辑委员会：《训育概况》，《南高月刊》，1936 年第三和四期合刊。

②　广西省立南宁初级中学校刊委员会：《广西中等以上学校军训学生应守规则》，《南宁初中校刊》第二期，1935 年。

(2) 实施军训制度

国民政府对中学实施控制的一个重要措施就是在训育中实施军训制度，对初中阶段学生实施童子军训练，对高中以上学生实施军事训练。清末民初，由于受军国民教育思想的影响，学校体育课中普遍有"兵操"的项目，事实上起到了军事训练的作用，有些学校还自发地组织较系统的军事训练，成立了类似学生军的组织。

童子军是一种使儿童少年接受军事化教育训练的组织形式。在广西，桂系在学生中施行军训，是从 1931 年开始的。据记载，1925 年，以李宗仁、白崇禧为首的新桂系打败旧桂系陆荣廷、沈鸿英之后，登上统治桂系的政治舞台。1931 年，新桂系开始推行"三自三寓"（自卫、自治、自给，寓兵于团、寓将于学、寓征于募）政策。白崇禧把巩固广西的割据以防蒋反蒋防共反共，都称为自卫。从自卫的需要出发，而办民团、征兵，实行学生军训，加上其他政治上的措施，财政上的保证，于是产生所谓的"三自三寓"政策。1931 年 9 月，广西高级中学学生军训暂行规程颁布，开始实行学生军训练。1932 年 7 月，广西公布实施中学以上学生军事训练规程。从 1934 年起，初中修业期满的学生，还得集中军训 5 个月，成绩及格，经过会考才发给证书，列为预备军官役。[①] 1934 年广西还颁布了《广西建设纲领》，并把它定为广西的宪法。因此，1935 年南宁初中校刊（创刊号）在《教育工作纲要》中规定训育原则是："以三民主义为最高训育原则；根据广西建设纲领及施政计划纲要推行三自三寓政策为训育之中心思想。"这是与广西当时的政治局势有很大关系的，当然这与整个国家抗战的大背景也有关。

1933 年，广西省立第一中学校校览中记载的学校《行事历》中从第一周到第二十周，每周都有童军的活动安排，如"童军编队产生队长；规定童军内务用品规格；新编童军队员填志愿书；填童军登记表；公布童军入营须知；办理全体童军团员总登记；计划童军露营事务并布告本月露营日期；开始逐日公布童军常识一则；新编童军练习礼节；发给新童军各项用

---

① 黄习礼：《新桂系"三自三寓"政策和〈广西建设纲领〉述评》，《学术论坛》，1989 年第 5 期。

具；选择固定营地并参观；开童军中队队长会议讨论露营事项；拟定队长联合露营办法并实行露营；举行童军小队露营；准备双十节童军表演；检查童军服装；童军参加全省运动会服务并表演；童军择定昏夜寻路路线；童军演习昏夜寻路；举行童军课程比赛；组织童军自由车队；举行童军会操并表演；举行童军小队露营；拟定童军冬季旅行办法；童军冬季旅行；童军救护演习；长距离越野跑；拟定童军野战办法；举行童军野战；童军准备野火会表演；准备童军团检阅礼；举行童军团检阅典礼"① 等。1935年南宁初中校刊第二期登载了《广西中等以上学校军训学生应守规则》总共 60 条，内容涵盖礼节、修业、起居等方方面面。《二十五年度广西全省中等教育视导总报告》中记载当时组织之变更，"各校军训队部，改为军训处，与教导处事务处共为三处，同直属于校长"，新的组织具有"注意军事教育之实施，与普通教育融为一体"的特点。

（3）学生自治会是学生在校活动的组织制度

学生自治会是以学生为主体的学校训育组织，1920 年第六届全国教育会联合会大会通过了"学生自治纲要案"。此后各种类型的学生自治会雨后春笋般地出现在各中学校。据当时对全国 20 个省份 69 所中学的调查，正式成立学生自治会的达 62 所，占 89.9%。69 所中学共有各种形式的社团 461 个，平均每校设立社团 6.7 个。②

在查阅 NS 学校民国时期的校刊时，可以看到当时学校校刊基本上是学生自治会学术股编辑出版的，每学期学生自治会要对一学期来本会工作进行报告，1935 年南宁初中校刊（创刊号）《教育工作纲要》中规定训育方法的组织系统就有"成立班会并指导学生自治会"。③ 1936 年《南高月刊》第三和四期合刊记载当时学治会概况："本校的学生自治会，由全校学生组成。以会员大会为最高权力机关，会员大会不开会时，以各班班代表大会为最高权力所在；而以干事会为执行机关，干事会下设文书、事

---

① 《行事历》，《广西省立第一中学校校览》，1933 年。
② 转引自王伦信：《清末民国时期中学教育研究》，华东师范大学出版社，2002 年版，第 188 页。
③ 广西省立南宁初级中学校刊委员会：《教育工作纲要》，《南宁初中校刊（创刊号）》，1935 年。

务、学术、体育、游艺五股。另设消费合作社，信用合作社，鱼塘管理委员会，膳食监察委员会，壁报编辑委员会，期刊编辑委员会，党义研究会，宣传团，演讲会等。至各班的组织，则每班有一班会，班会内分总务、学术、交际、娱乐、体育五股，每股设干事一人，负责该班各该股的进行事宜。"① 1937 年南宁初中学生期刊中记载："本学期的第十周我们干事就职，开始了工作以来，到现在已经十周了，因为时间及我们学识浅陋的关系，在这一个学期当中，没有做出什么工作成绩的表现，这是我们觉得抱歉的。然而，我们从没有因为时间的不许可，学识的浅陋，而把工作放弃，推诿，仍然是极努力的干下去。所以，我们尚觉得无愧于心。"② 当时学生自治会下设学术股、事务股、文书股、宣传股、体育股、游艺股、卫生股、常务股，各股下设主任，组织开展学校各项学生活动。

学生自治会作为当时学校里所规定的一种学生组织，它的任务是发挥学生的自治能力，培养学生民主守法的精神，中心工作是协助学校当局和领导各项课外活动，健全集体生活的纪律。民国时期 NS 学校的学生自治会确实在这些方面发挥了很好的作用。

(4) 政治教化色彩浓厚

学校通过各种纪念仪式来强化政治教化。每周都会拟定下一周的口号标语并公布之，口号拟定一般结合纪念日活动。下面这段话记载的就是学校 28 周年纪念日校长对学生的动员讲话："当这国家风雨飘摇而多故多难的时候，我们要知道中国是处于次殖民地的地位，受列强不断的侵略，军阀政客的摧残，四分五裂，有如千钧一发之危。事实上所表现的农村破产，教育落后，科学实业的不振，经济金融的恐慌，实在令人可怕，于是在于个人的生活方面，越来越苦，长年呻吟，高喊着生活困难，影响所及，山河破碎，民不聊生，国家的生存民众的生命，不绝如缕。在这情景的底下，挽救的责任，唯有一般有热血的青年能够担负，在这满布着恐慌的社会上，一般人渴望着青年人得努力愈殷，责备青年的行动愈甚，报章

---

① 广西省立南宁高级中学南高月刊编辑委员会：《训育概况》，《南高月刊》，1936 年第三和四期合刊。

② 广西省南宁初级中学学生自治会学术股出版：《一学期来本会工作的报告》，《南宁初中学生期刊》，1937 年。

上，杂志上，满载着青年种种的问题，从这看来，青年们在这时候，要认识更加的地位，自己的任务，努力来干下去。继续总理的革命精神，唤醒一般民众，共同奋斗，把中华民国挽救，进而世界大同。"① 学校还经常邀请知名学者、社会名流或行政官员到学校进行演讲或训话，如1936年5月20日陶行知先生到校讲演"中国之出路问题"。

在训育原则和训育目的上也不断强化政治教化，如1935年学校教育工作纲要提出"根据广西建设纲领及施政计划纲要推行三自三寓政策为训育之中心思想；策动中国现阶段及反帝反封建反法西斯势力的国民革命运动为当前革命的中心任务"。训育目的是"使学生了解中国现阶段的革命性质为反帝反封建反法西斯势力的国民革命；提高学生民族意识并激发其救国热情；充实学生政治意识养成学生革命思想；养成学生自我批判的精神启发其政治活动能力"②；还通过校歌"南宁高中　南宁高中　我校是南宁高级学府　救国乃我辈青年任务　以手脑合作推进文化　以黑铁赤血恢复国土　由书声枪影里　劈开光明前途　从军之乐乐同读书"和校训"明耻教战"，以及"今日之中华民族，已将窒息于外战武力压迫之下，唯有全民族武装起来，而后可望民族之更生。武化之广西，已为新广西之荣誉；国家兴亡，匹夫有责，在寓将于学之政策下，本校青年之武化，是安足非者？吾人正痛恨中华民族今日不能全部武化耳？"③ 等激励广大学子。通过各种形式化的纪念仪式，使社会/集体记忆得以持续传播和恒久保存，它是一种"受规则支配的象征性活动，它使参加者注意他们认为有特殊意义的思想和感情对象"，"这种共同持有的概念就转换成了他们自己世界中的一个道德标准的世界"。④

---

① 广西省一初中学生自治会学术股出版：《本校二十八周年纪念我们应有的认识》，《一初中二十八周年纪念特刊》，1934年。

② 广西省立南宁初级中学校刊委员会：《教育工作纲要》，《南宁初中校刊（创刊号）》，1935年。

③ 广西省立南宁高级中学南高月刊编辑委员会：《明耻教战》，《南高月刊》，1936年第三和四期合刊。

④ 程天君：《"接班人"的诞生——学校中的政治仪式考察》，南京师范大学出版社，2008年版，第179—182页。

2. 1949－1978 年 NS 学校德育制度

这一时期，留存下来的文本制度很少。不过在笔者看来，文本制度还只是一种名义上的制度，运行中的制度才是实际的，才是真实的。判断一所学校的制度是否有效，除了要看文本制度是否完善外，更主要的是看这所学校的制度是否真的发挥了作用。在学校生活中，现实的制度往往会表现为师生的一种制度生活。制度是生活方式，而不是标语、口号。因此，笔者查阅了学校校庆特刊、学校教师著作里记载的师生回忆当时校园生活的文章，通过这些文字记载，呈现当时学生在校制度生活的情境，以期从另外一个视角反映当时学校德育制度实施的状况，因为"学校制度本来就是为了给教育主体设计一套美好的生活方式，它表达着一种理想的教育理念和生活态度"[①]。

（1）校园里的师生关系[②]

在南中让我记忆比较深刻的事情是当时学校的学风很好，讲实效，师生关系非常融洽。老师帮我补课，同学也没有歧视我是从农村来的村姑。（校友 刘××）

记得1953年秋南宁高中高一开学那天，刚从岭南大学毕业分配来的刘××老师，举止优雅大方、充满青春活力地出现在我们面前时，我们不觉心中窃喜有幸分到这样一位班主任。刘老师上我们的语文课，那层次分明、潇洒流畅的板书，曾引得不少同学临摹，那银铃般悦耳的讲课声音，吸引着我们的思维随着她精辟的分析开展。她既教书又育人，我一直记得她教我们做人做事不要像墙头芦苇（头重脚轻根底浅），不要像山间竹笋（嘴尖皮厚腹中空）。她很讲究教学方法。黄××老师是临时兼任我们班的班主任，他平易近人，与学生打成一片。我由于家庭经济困难，到南宁求学全靠人民助学金，而又因我家庭出身不好，未能持有地方政府出具的有关家庭经济困难的证明，有一段时间我经济上陷入困境，没钱买饭票用餐。这时班里一些同学雪中送炭，在经济上支援我，黄××老师给了我一个月的伙食费（十三元人民币），解了我的燃眉之急！李××老师上我们

---

① 许新海：《教育生活之危机与救赎》，苏州大学博士学位论文，2009 年。
② 南宁三中建校110周年特刊：《方圆天地》，2007 年第 2 期。

的语文课,除了课堂教学,他还十分热心辅导我们的课外活动。一次学校准备举办元旦板报比赛,他热情地鼓励我们积极参赛。后来我们夺得全校板报比赛第一名,李老师和我们全班同学一起分享了这一成功的喜悦!
(南高35班 陆××)

三中当时在南宁市属于郊外,学生都是住校的,一个班集体就像一个大家庭。班主任郭老师就像这个大家庭中的一个大姐姐,和蔼、亲切、热情、敬业,无微不至地关照着弟弟妹妹们的学习、思想和生活起居。她对学生循循善诱,重视传授,如解说员领着我们走进富丽堂皇的知识殿堂。她对学生苦口婆心的思想教诲,如春风化雨般滋润了我们的心田。她对同学体贴入微的生活关心,如冬日篝火般温暖着我们的心房。三年里,师生之间结下了深厚的友谊。毕业后许多同学仍然把她当作知心大姐,有的遇到麻烦找她倾诉,有的找对象请她参谋牵线,甚至有的两口子闹矛盾也找她帮助调解。这种友谊历经几十年而延续至今。

高中阶段值得怀念,在很大程度上还因为高72班是一个由不少优秀学生组成,以团支部和班干为核心颇有凝聚力的班集体。同学们虽然性格各异,但思想单纯,作风朴实,团结友爱。有一天晚上,班里一位同学突然发病,当时学校没有汽车,于是同学摸黑把这位同学很快抬到了学校附近的医学院附属医院。三年的学习生活虽然短暂,但同学们结下的友谊是纯真的,这种纯真的没有利害冲突的友谊几十年一直维系着。(高72班 江××)

(2)学生文体生活[①]

当时学校文体活动非常活跃,成立了合唱团、歌舞团,课余时间排练一些革命歌曲、民族歌曲、民族舞蹈和苏联舞蹈,节假日里在校礼堂表演,自娱自乐。歌舞团表演的"采茶扑蝶"和"荷花舞",还获得市里特等奖。黄××老师在礼堂表演一个哑剧叫"驼子回门",他扮演的女婿背又驼、脸又麻、嘴又歪、脚又跛,把大家都逗乐了。

每天清晨,同学们就围绕着操场的环形跑道奔跑,或在操场周围的单双杠、浪船、秋千、吊环、天梯等器械上进行锻炼,各个班级还组织了锻炼小组,我们高21班的女同学组织的"卓娅锻炼小组"每天在组长带领

---

① 参见南宁三中建校110周年特刊:《方圆天地》,2007年第2期。

下,大家一字排开沿着小路或跑道绕圈子。学校组织的女子技巧队(体操队),在队长带领下,利用课余时间进行锻炼。罗老师是教练,在他的谆谆教导下我们循序渐进,在双杠、高低杠、平衡木、自由体操、鞍马等方面从不懂到提高,取得了一定的成绩,1955年参加市里田径体操比赛时有不少同学得了名次。有一个晚上,我们女子体操队还到市灯光球场表演,据说这是市破天荒的一次。(高21班学生　陈××)

  从南高到三中,学校都很注重举办各种课外活动,文体活动非常丰富。我们进行过的较大型的活动有:到明阳农场露营;参加团市委组织的到武鸣灵水的夏令营(我们都是打起背包徒步往返的);到育才学校(校址在今西大)与越、束、老挝等国学生春节联欢;到桂剧院听苏联专家作报告等等。重要节假日校内都有丰富多彩的文艺晚会,印象最深的是阮同学的女高音独唱,她是从头到脚一袭苗族姑娘的打扮,往舞台上一站,嘹亮悠扬的歌声响起,立即博得满园掌声!(南高35班　陆××)

  南三十分重视文体活动,经常组织文艺晚会。各班排练节目都是煞费苦心。我们班曾经排练过一出街头剧《放下你的鞭子》,我在其中扮演一个青年工人,我们的演出效果不错。在我的印象中,每次晚会最叫得响的节目,一是高67班陈××同学的相声,二是初中马×同学的诗朗诵,都几乎成了固定节目,每次晚会都少不了。我参加过市里举办的一次学校歌咏比赛,我们学校林××老师指挥的一首《台湾,我蓝色的海岛》获得了全市第一名。学校里开展的体育活动由于受当时条件的限制,形式并不太多,主要是跑步、打篮球、踢足球。我们班林×同学是校足球队的队员,杨××是校足球队的守门员。我由于身材矮小,既打不了篮球也踢不了足球,但也还是注意锻炼,每天早上起来我都要到操场上跑上几圈,然后和杨××一起到学校水塔下的水池边用冷水冲洗全身。(高72班　江××)

  (3) 师生的劳动生活[①]

  南中是培养同学们劳动观念、锻炼身心的基地。青年人爱好体育活动,可惜当时没有一个像样的操场,校方准备自己修整。青年园地积极响应,组织同学参加劳动,用简单的工具挖的挖、抬的抬,大家的干劲都很

[①] 参见南宁三中建校110周年特刊:《方圆天地》,2007年第2期。

高。有一次天气很热，汗水湿透了大家的衣服，不少男同学脱下上衣光着肩膀埋头苦干，那天我穿了一套黑色的衣服，吸光又不透气，干着干着流汗太多，终于体力不支当场晕倒。同学们急忙把我扶到树荫下，擦汗的擦汗，扇风的扇风，我休息了一会才没有大碍，可就这么一次使我深深体会到同学之间的那种无私的关怀，又觉得集体的劳动是无尚的光荣。劳动锻炼增进了宝贵的同学情、师生情。修建操场成了南中当时一件了不起的大事，给同学们留下了深刻的印象。（校友 刘××）

1960年7月，我从广西师范大学中文系毕业，分配到三中任教。当时正值三年困难时期，国家物质匮乏。在学校食堂吃饭，每个班，每个教研组都要种瓜种菜，向食堂缴菜，教职工个人也要种菜缴菜。于是我来学校后第一个迫切任务倒不是教学，而是学习种菜。韦××老师告诉我种红萝卜好，既有营养又够重量。我接受了他的建议，种了一小块地的红萝卜。此外，语文组还交给我一个特殊任务——喂养组上的几只兔子，这是语文组的财产，为改善生活准备的，我便快乐地当起了饲养员，每天给兔子喂青菜嫩草，把兔笼打扫得干干净净。

我曾和学生去鸡屋井三中农场开荒种地；也曾和学生去青山采树枝条，扎成扫把，扫教室和清洁区；和学生一起唱《我的祖国》，教学生跳苏联舞"库班风光"，还和学生去南湖轻舟荡桨。（教师 郭××）

NS学校不仅注重教学，也注意通过组织学生参加一些劳动来培养我们的劳动观念。现在学校里的田径场当时是一大片菜地，每个班都分有几块，各班种植红薯、蔬菜之类的作物，班里每天派人去浇水。我在班里当过一年多时间的"劳动股长"（就是劳动委员），每次劳动时我先到学校负责安排劳动任务的黄××同志处领受任务，然后给全班派活，并把工具房借的锄头、铲子、箩筐、水桶等工具分给大家，劳动结束后再把工具清点交回工具房。由于当时学校养有猪，因此学校也常常给各班下达打猪草的任务。当时打猪草除了打一些红薯藤、厚皮菜之类外，主要是去捞一种我们叫水浮莲的水上植物。有一次学校给我们班下达打猪草的任务，我们在班上布置任务时暗自加了码，结果仍然超额完成了任务。晚自习时，我在教室的黑板上用粉笔写下了当天的劳动捷报，并说明今天打猪草学校下达的任务是多少斤，我加码的任务是多少斤，实际完成多少斤。同学们看到

黑板上的劳动捷报,都开心地笑了。(高72班 江××)

面对困难情况,广大师生昂起头来,挺直腰杆子,开荒种地、养鱼,把土地分给各个班。现在的教工宿舍区后面的学生公寓这一片地种蔬菜,图书馆后面的四口鱼塘(约40亩)养鱼,旧办公楼后面(约50亩)种玉米红薯。

在保证教学秩序正常教学的情况下,师生利用课余时间进行劳动,生产自救,收获了大量劳动果实,蔬菜做到自给自足,每个月还从鱼塘打两次鱼来加菜,改善伙食。当收获玉米时,各个班都举行丰收联欢晚会,一面啃玉米,一面蹦蹦跳跳,真有点像欢乐的南泥湾呢!(教师 钟××)

(4) 师生的政治生活

解放之初,学校的主要任务是搞政治,搞思想改造。当时方×校长主掌政治大课,每周均请省委书记、省主席张云逸等领导到校作报告。暑假,团市委和市学联在南宁中学开办第二届"青年学园"。方校长担任具体管事的副主任,包括南宁中学在内的2000多名学生参加了培训,增长了见识,提高了觉悟,其中一批优秀学生加入了青年团。1951年春,抗美援朝,南宁中学100多名学生报名参军,赴朝参战,保家卫国。1952年,根据上级的指示精神,南宁中学师生分成两个工作团,下农村参加土改运动,接受教育。"三反""五反"运动后期,教育系统开展"三反与思想改造运动",以南宁中学为试点。[1] 学校有计划地抽出时间,结合当时政治运动的要求,针对学生的思想实际进行教育。采取了参加社会政治运动,全校作大会报告,教员讲课,小组讨论,党团员做具体深入的思想工作等方式,来清除国民党播下的发动思想影响。[2]

1958年《广西教育(中学版)》第3期曾登载该校向全市各中等学校提出的倡议书,从中也可以感受到当时整个社会的政治环境和教育氛围。

目前全国各地在工农业生产战线上掀起的大跃进高潮,振奋了我们三中全体教工的革命干劲,大家一致表示要彻底批判、克服三中长期以来存在的暮气沉沉、骄傲自满、文人相轻等不良习气,下定决心要做文化战线

---

[1] 参考资料:NS中学校庆专刊(1897—2012年)、NS中学115周年校庆纪念册。
[2] 罗××校长:《我接管南高前后》,《方圆天地》,南宁三中建校110周年特刊2007年第2期。

上的促进派，坚决贯彻勤俭办学、勤工俭学的方针，大力克服理论脱离实际、教育脱离生产、脱离政治的现象，使学习劳动齐开花。我们的口号是：打掉官气、克服暮气、去掉骄气、根除娇气，树立革命朝气，苦战一年改变学校面貌，树立"勤俭好学，遵守纪律，热爱劳动"的优良校风。为此，我们保证做好以下几方面：

一、改进领导作风，切实深入下层，每个领导成员要担任功课，并亲自动手搞试验田、试验班、试验教研组、试验团支部、试验课外小组。

二、加强团结互助，发挥集体力量，全体教师要做到三比，四要，三不要。三比：比干劲、比艰苦、比责任。四要：要学习苏联、要学习工农、要学习别人经验、要团结互助。三不要：不要骄傲自满、不要管教不管导、不要不问政治。班主任要做到三多三勤。三多：多联系学生、多联系科任教师、多联系家长。三勤：勤检查、勤指导、勤参加学生活动。

三、增加生产，厉行节约，为国家节省开支。保证今年内为国家增产节约15 000元，从下年度开始学校办公费用全部做到自给。

四、改进教学工作，提高教学质量，要在一年内使90%的学生达到教学大纲的基本要求。

五、大力开展体育卫生运动，绿化学校环境，增进师生身体健康，提高工作和学习效率。

六、协助埌边农业社开办业余中学，保证师资供应。①

在学生眼中，当时的政治生活又是什么样的呢？

1952年春我初中毕业后，当时是秋季招生，我又不愿意离开南宁中学。学生部长刘××分配我和一些同学参加"五反"工作队，我愉快接受任务，到油炸行业向工人宣传党的方针政策，访贫问苦，启发他们揭发老板的偷税漏税等违法行为，圆满地完成了任务。考上南高后，在学校期间，我参加了刘××组织的学习班、团干班，学习时事政治，总结思想工作，还经常参加刘××的党课，思想觉悟在不断提高。读了《卓娅和舒拉的故事》《刘胡兰的故事》《普通一兵》《钢铁是怎样炼成的》等英雄小说，非常敬佩书中的英雄，慢慢懂得人活着为了什么，树立了共产主义理想并

---

① 南宁三中：《苦战一年改变学校面貌》，《广西教育（中学版）》，1958年第3期。

决心终生为之奋斗，我提交了入党申请书。①

高72班　江××同学在他的回忆中这样描述：

学校经常请社会上的一些先进人物到学校给师生作报告，反响都很热烈。学校里积极向上的风气很浓，我由于上进心较强，很快被吸收加入了共青团。1963年雷锋的事迹在报纸上报道后，对整个社会产生了深刻的影响，校园里也掀起了学习雷锋的热潮。学校有时还组织学生观看一些富有教育意义的电影，比如《年青的一代》就对同学们的心灵产生了不小的震撼。当时在报纸上大力宣传的先进典型中，有一些是知识青年上山下乡的先进代表，如董加耕、邢燕子、侯隽等。他们的事迹在青年学生中影响很大，以至于我校高年级的陈×、林××等优秀学生在毕业后也放弃了高考，而直接到农村插队。学校还曾经把插队一段时间的陈×同学请回学校作报告，他那生动的报告感染了许多人。我在高中毕业前夕也曾想放弃高考到农村插队，后来因父亲的坚决反对才勉强参加了高考，结果被部队录取。②

1966年"文化大革命"开始后，和全国大多数学校一样，NS学校也遭受破坏。

本人1973年在学校读初一，刚进来是读书的，那时正是"回潮"时期。一个年级10个班，一般八九个班，当时高中还少一些。后来就不读书了，"批林批孔"、写大字报，基本不读书。当时班主任、副班主任都是高中毕业留校的，水平也不行，我们学生都瞧不起他。印象很深的是去学工学农，去麻纺厂，当时带我们的师傅很年轻，上班去十几分钟就走了。（2013年5月18日下午，访谈对象：图书馆阳老师）

对"文革"时期的NS学校制度就不再作过多论述了。

从以上师生对当时学校生活的描述中，我们可以感受到新中国成立后17年的学校德育管理的状况和取得的成绩，这从某种程度上也印证了第二章中论述的我国学校德育制度在该时期具备的特征。制度并没有完全瓦解学校的创造空间，学校的道德生活正是在教师们的构建中得以实现，教师

---

① 参见封××：《难忘的岁月》，《方圆天地》，南宁三中建校110周年特刊2007年第2期。

② 参见江××：《印在脑海中的一段美好记忆》，《方圆天地》，南宁三中建校110周年特刊2007年第2期。

并没有被制度所融化,每一个人都守护着自己对教育的一份真诚和关爱。教育,正是在这样的智慧和关爱中被创造着。而学生生活在学校为他们提供的各种各样的教育情境(课堂、班级、青年团)中,他们实际并不生活在这些形式中,真正构成他们的生活并深深影响他们的是老师们的情感、态度和行动,而不是具体的教育形式。教育中肯定有不可违抗的声音,但真正的教育却是由教育者创造的,教育的本质就是"教育者与教育制度的游戏"。①

3. 1978－2001 年 NS 学校德育制度

参照第二章中我国学校德育制度变迁的历史分期划分,再结合 NS 学校校长的变更时间,本研究把 NS 学校 1978 年至今的德育制度变迁分为三个阶段。第一阶段是 1978－1984 年,与前面我国德育制度分期是吻合的。这一时间段里,NS 学校更换了两位校长,其中的冯××校长在新中国成立后的该校发展历史上是被诸多教师称赞的(在对该校教师的访谈中多位教师提到他在任期间的做法和成绩)。第二阶段是 1984－2001 年,这是我国市场经济体制改革探索时期,我国教育改革开始启动。这一时间洪××校长、邓×校长在任。洪××校长搞集资办学,创办了该校第一所附属民办学校。邓×校长提出抓素质教育,尝试进行了教学改革,启动了"德育工程"。第三阶段是 2001 年至今。2001 年方××任校长,适逢该省开展省级示范性高中申报和评估工作,学校根据评估要求收集整理了学校各级各类管理制度,并形成文本性材料。2012 年黄××任校长,该校长是广西唯一获得博士学位的校长。

之所以把校长变更时间作为分期依据之一,是基于这样的理解:俗话说一个好校长就是一所好学校,当前我国学校领导管理体制中实行"校长负责制",校长是学校的"法人代表",这意味着校长的行政管理权力是由教育行政部门赋予的,校长对下拥有了合法权力。在学校制度变迁中,校长可以说就是最重要的制度安排者之一。从现实状况来看也的确如此,当人们说起北京十一学校,总是会把他与李希贵校长联系起来;说起人大附中总是会想起刘彭芝校长;说起上海静安区教育学院附属学校就会说起张

---

① 薛晓阳:《学校道德生活的教育叙事》,江苏大学出版社,2009 年版,第 50 页。

人利校长……这充分体现了学校管理者在学校中的作用和地位。而一个好校长的管理和一所好学校的形成又必然与学校管理制度建设分不开，否则再好的思想和做法也会成为昙花一现，只是惊艳一时而不得长久。正如人大附中刘彭芝校长所说："做一任校长，总要给学校留下点'礼物'，而最好的'礼物'之一，就是一整套规章制度。制度建设搞得好，校长就不仅当得好，而且当得不累。'无为而治'才是最好的'治'。"①

（1）1978—1984年NS学校制度生活

这一段时间的制度文本资料很少，据学校档案室梁老师介绍，学校档案室是1988年建的，以前档案室在一楼，历经几次大水浸泡，1968年一场大水，当时泡坏了不少，1998年的洪水又泡坏很多，因此学校现有的档案资料很不齐全。该校H校长在其回忆录中曾有这么一段记载："1978年以前，两位前任校长给NS学校留下了21项规章制度，这些规章制度是从当时NS学校的实际情况出发，按照高标准的要求制定的。即使到了1984年9月，仍然比较适用，大多数师生员工是熟悉或习惯的。因此，一开学我们就决定由教导处整理公布，充分强调，要求严格执行。后来，黄××副校长和办公室黄××主任在这21项规章制度的基础上，不厌其烦地进行补充、修订、完善，最后形成了46项规章制度、42项岗位责任制，并印刷成册，这就对NS学校的'以章治校'、正常教育秩序的形成、良好的校风建设、教育质量的提高起了重要作用。"② 笔者曾多方查找该手册，后来没有找到。但这起码说明"文革"结束后，学校工作开始转入正轨，NS学校管理也走上了制度化、规范化道路。笔者将结合《广西教育》的几篇NS学校领导的文章、该校教师的著作和学校教师的访谈对该时期的学校制度生活进行描述。

①校长的榜样示范

1978年，冯校长以身作则，虽然不住在学校，但每天很早就到校了。

高考恢复后，抓宏观管理，一心抓教学，以身作则，返聘一个副校长，让他外出开会，回来再传达。自己蹲在学校听课，拎着一个凳子，老

---

① 刘彭芝教育思想研究课题组编：《刘彭芝教育思想与实践》，中国人民大学出版社，2010年版，第36页。

② 洪中信：《风雨校长路》，广西教育出版社，2005年版，第11页。

师就知道校长来了，听课后及时向老师反馈，一手抓扶年青教师，（这些年青教师）现在已成了学校的顶梁柱。（访谈对象：图书馆阳老师、李馆长）

冯校长在位4年时间，当时20多个班，60多个老师，他让一盘散沙的学校发生了翻天覆地的变化。首先是提高教师素质。冯××校长并没有把以前的教育制度全盘否定，而是批判地否定，使其变成制度。（访谈对象：图书馆阳老师）

1980年《广西教育》杂志登有冯校长的发言稿，1980年、1981年，高考全区第二，升学率87%，当时广西录取率是3%。1981年3月5日《光明日报》报道《平民校长冯××》，他的办学思路：1. 从阶级斗争中心走向搞教育、办学校。2. 圈地，建起了围墙。3. 建章立制，建立激励机制。4. 建立教师队伍，到处引荐教师。（访谈对象：图书馆李老师）

建章立制。现在大家还回忆起当时的一个什么"圈圈钱"（戏称），就是到校后签到画个圈。制度建立后重在检查、落实。（访谈对象：学校原政教处干部）

②教学是学校中心工作

NS学校在"文化大革命"前是自治区重点中学，教学质量一向较高。"文化大革命"中，一系列行之有效的提高教学质量的办法被否定，正常的教学秩序荡然无存，教学质量一落千丈。1978年学校重新被定位为自治区重点中学以后，上级党委和教育部门加强了对NS学校的领导，调整了学校领导班子，充实了师资力量；新班子带领全体师生正本清源，逐步恢复了"文化大革命"前教学的一些好传统，认真研究教学，改进教学，提高了教学质量。因此，这一时期学校中心工作是围绕教学质量提升，围绕中考、高考成绩提升展开的。

当时NS学校是这样抓教学的：

一、明确抓教学的指导思想。首先有一个正确的指导思想，这就是：坚持面向全体学生，从基础年级、基础知识和基础学科抓起。……同时我们还强调对暂时后进的学生加强辅导，帮助他们跟上队伍。全体教师在"不能丢掉一个学生"的口号下，努力抓好课外辅导工作。……三、培养学生自觉学习的风气。这方面，我们除了加强纪律教育，要求学生严格遵守课堂纪律和课外各种规章制度外，着重抓了几方面工作。1. 反复对学生进行学习目的教育。……有的召开"讲英雄、学英雄""为四化而勤奋学习""奔向 2000 年"的团队活动，使学生认识到时代和社会赋予青年一代的重任，自觉地把学习同祖国的未来、人类的理想联系起来，从而发愤读书，刻苦钻研。2. 培养学生良好的学习习惯。3. 培养学习兴趣。我们有计划地建立一些课外学习小组，开展课外研究活动。……我们还从青少年特点出发，组织多种活动，培养学生学习兴趣。如举行知识性与趣味性相结合的科学游艺晚会，带领学生参观青少年科技展览；展出校友的科学论文、著作和先进事迹，邀请老校友回校勉励学生为"四化"勤奋学习。4. 指导学生改进学习方法。我们要求班主任和科任教师把指导学生改进学习方法作为一项重要任务来抓。班主任都能配合科任教师发现总结学生的学习方法。学校、年级、班级不定期举行学习经验交流会。5. 奖励成绩优秀的学生。学校每年都评"三好学生"，发给奖状。每次段考都设"光荣榜"。这对学生是个鼓励，也为大家树立了榜样。①

③围绕学习抓思想教育

即使是抓学生的思想工作也是围绕学习来抓的。1981 年 NS 学校校长和党支部书记在接受《广西教育》记者采访时，专门对 NS 学校如何抓好毕业生的思想工作进行了回答。针对学生中主要倾向是好的，但也存在"爱国主义感情不深，集体主义精神差，从个人着想比较多，缺少'一颗红心两种准备的思想'"的突出问题，在进行教育时的指导思想是："正确的引导使他们正确地看待目前我国的形势、党的路线方针政策，坚持四项基本原则，正确地对待人生和学习，热爱党和社会主义祖国。还积极鼓励学生八十年代立志成材，为实现四化从我做起，从现在做起，努力学好本领，'一颗红心，两种准备'，服从祖国需要，为建设四化作出自己的贡献。"除经常性的思想教育外，学校注意榜样教育，邀请学校优秀校友回学校给学生作报告，要求同学们围绕学习目的、人生观、热爱党和社会主义祖国等问题进行讨论，召开主题班会，写周记。此外，学校还抓了制度建设。"制度不是为了卡学生，而是使耐心细致的思想教育工作经常化、

---

① 南宁三中：《我们是怎样抓教学的》，《广西教育》，1980 年第 8 期。

制度化。学生来自四面八方，进校后绝大多数住校，从学习到生活都和过去有很大改变，为了培养良好的校风，我们坚持了以下制度：每天公布考勤情况，三个星期一次优秀班集体流动红旗评比（纪律好、完成作业好、卫生好、讲礼貌好），还制定了课堂常规八条，自习课常规三条，等等。还有每周一次年级会，一个学期两次时事测验，每学期一次三好学生评比等，还评了学习、体育、卫生、劳动等单项积极分子。这个学期开学时，举行隆重的颁奖大会，事迹报告会，宣传他们的事迹。"①

（2）1984－2001年NS学校制度生活

1984－1997年是我国市场经济体制改革探索时期，我国教育改革开始启动，这一时间洪××校长在任，洪校长也是NS学校在位时间最长的一位校长。1997年邓×校长上任，他提出抓素质教育，尝试进行了教学改革，启动了"德育工程"等五大工程。

①德育工作跟着当地政府工作转

上个世纪90年代初，本省在开展"三优一学"活动和创建文明单位活动，学校成立"NS学校迎接'三优一学'检查领导小组"，制定完善创建文明教研组、文明处室、文明班级、文明宿舍的措施和评比条件，落实NS学校创建文明教研组、文明处室、文明班级、文明宿舍的措施和评比条件，在全校开展"领导作风好、教师师德好、学生风纪好、后勤服务好、教学质量好，校容校貌好"的竞赛活动。领导和教师加大执勤力度，强化纪律教育；公布班级学风纪律检查结果，提高学生文明素质。方案确定后，学校又召开班主任和年级组长、教研组长会议，进一步动员、讨论、研究、修改、补充决定，形成共识。然后领导挂帅，分工负责，区域包干，检查验收。②

②在活动中开展理想教育、爱国主义教育

学校寓共产主义理想教育于教学之中、活动之中、管理之中，在实践中要求教师根据本学科特点，结合学生实际，具体、有机、生动地对学生进行共产主义理想教育。特别是政治、语文、历史、地理、生物、美术、

---

① 《怎样抓好毕业生的思想工作——南宁三中校长、党支书答本刊记者问》，《广西教育》，1981年第3期。

② 洪中信：《风雨校长路》，广西教育出版社，2005年版，第6页。

音乐等学科更应如此。

例如政治教师组织学生进行"社会主义社会比资本主义社会优越"的讨论，语文教师开展"先做人，后作文"的写作训练，史地教师开展"乡土研究"，生物教师开展"21世纪是生物世纪"的科普活动，数理化教师开展科学发展史和科学家生平介绍活动。还开展了作文比赛、演讲比赛、英雄事迹报告会、主题活动班会、校庆节和活动月活动等，开展榜样教育活动，组织学生参观慰问边防某英雄部队等社会实践活动。通过活动引导学生树立共产主义理想，让学生自己教育自己，在活动中增强了爱国主义教育的效果。①

③强化学生良好行为习惯制度建设

在德育工程中，邓×校长提出："在抓提高教育教学质量的同时，要坚决抓好学校精神文明建设工作，广泛开展各种形式的爱国主义、集体主义和社会主义教育，注重养成青少年的文明行为习惯、良好道德品质和遵纪守法意识，引导学生积极参加读书活动，开展一书一操一歌一画活动，培养学生从小知书明理、爱国爱民，文明礼貌。"②

我校抓纪律和文明行为习惯，坚持两手抓的原则，即既坚持正面教育，树立典型，表扬先进；又坚持强化管理，严肃校章校规。在常规管理中坚持学风纪律日检查、天公布、周小结、月评比、期表彰的学风评比活动，树立文明学生、文明宿舍、文明班级。具体做法是：以学校环境卫生为突破口，在学生中提倡清洁卫生文明习惯。过去随地乱扔杂物的现象很普遍，为了在全校纠正这一直接影响学校环境卫生的问题，学校除了坚持正面教育外，还作出了一项规定，乱扔杂物的学生如经发现，即将其操行降为丙等。这一项规定在学生中引起了较大的反响。现在学校的环境卫生大有改观。学校为了培养学生的劳动习惯，把过去的学生宿舍内部卫生由清洁员打扫，变为学生自己扫；变过去的每周两次大扫除为每天一次。各班清洁区实行责任承包，学校天天派人检查，每天公布评比结果，成绩作为文明班级条件之一。为了让学生参与学校的管理，学校建立一支由领

---

① 洪中信：《风雨校长路》，广西教育出版社，2005年版，第50页。
② 《NS学校1998年—1999年学年度下学期工作要点》，校刊《方圆天地》，1999年第1期。

导、教师、宿舍管理员、学生组成的管理队伍。学生宿舍有楼长（一栋楼）、层长（一层）和室长。还有宿舍专职管理员。全校有值周领导、有值周班领导、有执勤队，班级有值周班长。①

　　学校还开展了军民共建活动，初步建立"NS学校学生军校"。NS学校学生军校在1997年9月开始筹建，对97、98年入学的初一、高一新生，全部采用统一的床上用具，避免学生的攀比和利于管理。99年3月开始聘请86383部队的解放军为校外辅导员，加强对学生生活习惯和作风的教育养成与训练，实现学生宿舍内务卫生和纪律规范化，就餐秩序和校园秩序的正规化。1999年3月15日至4月2日，86383部队派出纪××排长及其他五名战士共六人，到我校与学生同吃同住。86383部队的解放军同志到学校后，首先制定了一系列规章制度：《管理员职责》《室长工作职责》《学生内务要求》《NS学校学生军校宿舍内务、卫生、纪律管理条例》《学生宿舍内务细则》《学生宿舍卫生细则》《学生宿舍纪律细则》《NS学校学生宿舍内务、卫生、纪律评比方法及评分标准》等，这些规章制度先后参照了部队规章制度并结合NS学校学生实际生活条件、学生年龄特点等各方面情况，在部队及学校领导双方协商后制定，既体现了部队作风，又照顾了学校实际，制定了切实可行的内务和宿舍纪律的管理条件，使每个宿舍都有章可循，有了管理上的严要求和奋斗的目标。这些规定迅速下发到各级领导、各年级负责人、各班主任、管理员和学生手中，做到"有法可依"。86383部队的同志从入住学校到结束总共约20天，对全校177个宿舍，全面进行内务整理，作示范，身先士卒，从叠被子、蚊帐放法，到用具摆放、宿舍卫生，全面地参与，手把手地教学生，不厌其烦，每天检查、整理，对比较差的宿舍进行耐心细致的指导，并严格要求其整改，使学生们学到了很多内务整理方面的常识，学到解放军的优良传统和作风，内务情况比过去大大改观。②（访谈对象L副校长，曾分管学生工作，也强调此事。）

　　以上反映出NS学校在1997—1999年间，学校德育管理侧重于抓学生

---

① 《NS学校实施素质教育的回顾》，校刊《方圆天地》，1999年第1期。
② 《初步建立"NS学校学生军校"》，校刊《方圆天地》，1999年第1期。

良好行为习惯的养成教育，重视细节管理和量化管理。

二、新世纪以来 NS 学校德育制度变迁过程

2001 年方××任校长，这是该校历史上第一位女校长，在任期间做出很多开创性工作，如首批自治区示范性普通高中建设工作，提出"真·爱"教育的办学思想；恢复 20 世纪 30 年代"敦品力学"校训，提出"文化管理"设想，举行第一次元旦通宵晚会，开始实践型德育探索与实践等等，为 NS 学校之后的发展奠定了良好的基础。2012 年接任的黄××校长是该省唯一获得博士学位的校长。

1. 渐趋完善的德育制度

2001 年学校为申报自治区首批示范性普通高中验收评估，收集整理了一些资料和原来留存下来的档案材料，涉及学校管理制度的有 115 项。其中各级各类人员管理职责有 47 项，包括校长、副校长、中层干部、班主任、教研组长、教师、后勤工作人员、教辅人员等工作职责；学校各级各类人员管理制度 68 项。其中德育方面各类人员管理职责有 12 项：NS 中学副校长职责（德育、教学）、学生处主任职责、学生处副主任职责（一）、学生处副主任职责（二）、团委书记职责、班主任岗位职责、保安员工作职责、校门斑马线岗值勤保安工作职责、学生宿舍管理员岗位工作职责及程序、分管德育副校长助理岗位职责、心理辅导员岗位职责、政教和卫生干事岗位职责。管理制度 22 项：NS 中学禁黄、禁赌、禁毒管理办法，关于严格学生出入校门的管理规定，综治工作三级管理制度方案，图书馆书刊丢失、损坏赔偿制度，学生阅览室规则，图书馆书刊借阅规则，教学规范，分层教学实施细则，教师工作常规制度，学生行为规范总则，学生行为规范细则（一日常规），学生行为规范细则（学生生物实验规则），学生行为规范细则（学生物理实验规则），学生行为规范细则（学生化学实验规则），学生行为规范细则（图书馆学生阅览规则），关心学生协会工作制度，学生社团管理规则，班会的组织管理制度，学籍管理规定，学生宿舍纪律、内务卫生管理制度及评分标准，教室卫生制度。

这 115 项学校管理制度涵盖了学校的方方面面，范围广泛、种类齐全，

主要体现以下几方面特征：①明确岗位职责，有利于对教职工和学生的管理。比如对学校各类教职工岗位职责和工作细则等方面进行规定，这样利于规范化管理。②从时空角度加强对学生的管理。从时间上包括了学生在校所有时间如进校、上课、晚宿、外出活动等，从空间上涵盖了学生在校的所有地点。③重大制度的颁布和废止注重时效性和程序。如制度结尾都有本制度生效时间，落款也注明了日期；重大制度都经过了学校教师大会和教代会讨论通过，如学校章程第九章附则第五十一至五十三就规定："本章程经教师大会通过。本章程修订需经教代会讨论通过；本章程由校长办公室负责解释；本章程上报市教育委员会。"④学校现有的成文制度主要集中在2000—2002年。其实这并不意味着以前学校没有相关管理制度，只是表明这段时间学校把注意力集中在这个方面而已。这与当时学校准备迎接自治区示范性普通高中评估有很大关系，因为示范性高中评估中有一部分是对学校管理状况的评估，要求列出学校管理制度。自治区其他很多学校也有类似情况，笔者在对该校特级教师李老师进行访谈时，他也说到这一点。他说他以前所在学校的一些管理制度（李老师以前曾是广西一所示范性普通高中副校长）也是在那个时候完善并收集成册的。在这之前，学校也有一些规章制度，很多大家都心知肚明，但是很多没有形成规范的书面文字，没有集中整理好。这种状况其实也印证了之前关于学校制度变迁特征中提到的学校制度会随着时间的推移对问题作出响应从而发生变迁。①

2009年8月，在学校领导、年级组和班主任精心组织下，学校开展了一系列的新生入学教育活动，内容从新生军训、学生行为规范教育到校史教育、心理健康教育、高中三年规划、预防未成年人犯罪、课程学法指导等专题讲座。这些内容汇编成一本手册，NS学校学生一入校，每个学生就会拿到一本。具体内容如下：

★《NS中学学生行为规范总则》

★《NS中学学生行为规范细则》

---

① [美]詹姆斯·马奇、马丁·舒尔茨、周雪光著，童根兴译：《规则的动态演变——成文组织规则的变化》，世纪出版集团、上海人民出版社，2005年版，第53页。

一、一日常规

（一）到校规则

（二）早操规则

（三）早读规则

（四）上课规则

（五）课间休息规则

（六）眼保健操规则

（七）用膳规则

（八）自习课、晚自习课规则

（九）学生请假规则

（十）离校规则

二、NS中学学生公寓管理条例

（一）管理员职责

（二）室长职责

（三）宿舍管理委员会职责

（四）内务卫生管理

（五）纪律管理

（六）安全管理

（七）公物管理

（八）出入来访管理

（九）周末节假日管理

（十）处罚办法

（十一）评比办法（"文明宿舍"评比办法、"文明室长"评比办法、"文明室员"评比办法）

（十二）寝室公约

三、教室规则

四、公共场所规则

五、学生仪表行为规范

六、考场规则

七、学生物理实验规则

八、学生化学实验规则

九、学生生物实验规则

十、图书馆学生阅览规则

十一、学生资料室规则

十二、图书借阅规则

十三、升降国旗制度

十四、关于学生春（秋）游活动纪律和安全要求的规定

十五、NS中学学生奖励条例

十六、NS中学学生违纪处分条例

十七、NS中学学生注册准则及学籍管理

2012年之后，随着高中新课程改革的推进，新生入学除了学生管理规定之外，又多了一本《NS中学学生综合素质评价手册》，其中内容有：NS中学毕业生综合素质总评表、NS中学学生综合素质学期评价表、NS中学学生成长记录表、NS中学学生家长记录表、高中三年计划简略图、NS中学新课程学生基础性发展目标评价体系。

2. 渐趋人本化的德育制度品质

（1）学生管理组织机构的更名

2001年，学校将主管学生的机构政教处更名为学生处。对这一更名，该校负责德育工作的J副校长这样解释：

这是一种管理思路的改变。政教处侧重管人，学生处重在为学生服务。改动后，学校工作有很大变化。以前很多任务、制度都是直接布置下去，现在要首先征求学生意见。比如：学校饭堂价格变动，首先要召开学生的会议，征求他们的意见，做好解释、说明工作。（访谈对象：分管德育的贾××副校长）

在学生处工作时，对谈恋爱的学生，一是肯定其已经长大了，告诉他们谈恋爱没有错，打消其思想顾虑。二是指出他们来这里主要是学习，但违反了中学生守则，影响了学习，也容易影响他人。这样学生都能接受我的意见了。我还会找家长谈话，希望家长配合。当然这个是不让学生知道的，但也不希望家长过多干预。（访谈对象：学生处阳老师）

（2）门口管理制度的变化

在学校管理中经常听到一句话，就是"生命不保，谈何教育"。学校都把安全教育作为学校头等大事。作为一所寄宿制中学，学校十分重视"门口管理"（这里指校门口和宿舍门卫制度）。在学校管理者工作总结中必须有这方面的总结，如学校1998年学生思想政治工作总结："抓综合治理，预防事故；抓学校稳定，保持学校安全无事故，已形成了领导和全体班主任的共识，一级抓一级，层层抓落实，1998年没有发生事故；实行班主任工作目标管理责任制。上半年学校与班主任签订了安全工作责任书共20条。下半年政教处给家长发了关于学生安全的通知书；加强了门卫管理。要求学生出入校门佩戴校徽，凭班主任批准的请假条出校门，这样堵塞了漏洞，预防了事故的发生。"学校管理制度中也有《NS学校关于严格学生出入校门的管理规定》和《学生宿舍门卫管理制度》，对学生出入校门有这样的规定：（一）学生出入校门首先要报请班主任批准，并持有二证即本人学生校徽和"NS学校学生外出凭证"经门卫验证相符方能出校。……（三）原则上内宿生在校期间一律不准离开学校，需离开学校须向班主任报告批准并在班主任处领取"外出凭证"（特殊情况酌情处理，家长来校接学生除外）。（四）学生不能私下将"外出凭证"转借他人，否则后果自负。……（七）"外出凭证"统一由班主任掌握管理。（八）内宿学生晚上原则上一律不准离校，特殊情况离开的，家长来接。这样一项管理制度在2012年曾经因为一名学生深夜里生病需要外出就医，与门口值班的校警发生冲突引起大家的讨论和热议。当时NS学校H校长在新浪微博上引导学生对门卫管理事件进行了讨论。

想听听大家对这两条微博的看法。[①]

@天空de玻璃之城

在校门口遇见一个情况，心情沉重，不知道该说什么好。一群男生扶着一个受伤的同学要出校门，其中一个先跑到门口跟门卫交涉，估计是没假条，门卫没同意。他冲着从科艺楼方向走来的同学吼了两句："门卫狗不让出！看门狗不给出！"声音很大，很刺耳，站在门口值勤的门卫听得一清二楚。我很诧异，很难过。

[①] 该资料来自NS学校H校长的新浪微博。

@夜晚宁要沉淀为琥珀

@NS中学黄×× 校长您好！在休息时间打扰到您十分抱歉。我是一名高三生，快放寒假了，今天中午我妈妈来校帮我拿些东西回去，我在学校后门等母亲。因后门锁着，我让门卫开下门，门卫不但不开门，还大声斥责，说高三的赶紧走开。对此，我十分不理解。

……

从当时新浪微博讨论来看，短短3个小时内跟帖数达到60条，参与的微博博主将近56人。跟帖参与的有教师、学生，也有家长；对此事有不表态的，有批评同学的，有责怪门卫的，有认为双方都有错的，有提出建议的……不管讨论结果如何，通过这种公开的讨论、辩论，对大家都是一次很好的接受教育的机会。这件事过后不久，笔者再次到NS学校，发现学校门口校警对人态度比以前要和蔼很多，学校门口还增加了门禁刷卡，对一些特殊情况下进出校门方面规定更人性化了。

类似这样的讨论，笔者在NS中学微博上看到不止一次，学生会把对宿舍扣分的意见、对中午上课打瞌睡现象等写出来，学校领导也会及时回应。在互联网+背景下，随着新媒体的普及，微博、微信公众号、微信群等逐渐成为师生沟通的形式，成为学校宣传主流价值的重要渠道。现代科技给我们带来了沟通、交流的便利条件，如何有效利用网络新媒体在德育中的作用，这确实是一个需要关注和研究的课题。

(3) 图书馆是为学生服务的

在NS学校，图书馆是令人难忘的地方。2013年1月的一个周末，我信步走到了学校图书馆，看到图书馆的自习室里有几个学生在专心看书，图书馆灯还亮着，于是拾级而上，到了阅览室，看了一下阅览室门口的一些宣传画片。图书馆里走出来一位老师（后来知道他是图书馆李馆长），于是我走过去问那位老师，是否可以去图书馆里面看看，他很爽快地答应了我的要求。据馆长介绍，图书馆藏书量近14万册，工具书上百种。我很快注意到了墙上贴的《借书规则》《学生阅览规则》《书报资料遗失损坏赔偿办法》《借书证办理》等规则。

李馆长很热情很健谈，他谈到他的图书馆管理理念，他的一些做法，他和学生交往的一些趣事，图书馆对学生产生的长远影响。他提到图书馆每年向高三学生组织的捐书活动,还带我到阅览室看学生捐的书和很多复习资料,图书馆的老师按照学科分类整理好,整齐地摆放在书架上,我进去的时候正好有一个学生在翻看以前学生留下的资料。馆长很自豪地说:你看这发挥了多大的作用啊,同学有不会的不懂的,可以翻阅以前优秀学生留下的笔记、资料,这样不就搞懂了吗?馆长还和我讲了一件事情:以前有一年高三学生捐了很多书,很快被未毕业的学生拿走了。校长当时很着急,馆长说,学生能拿走书,说明他需要,他读书,这是好事。现在拿走了,以后他会拿回来的。就此事,我问起学校有关的管理制度,馆长说有的,但是学生愿意拿走,愿意看,我们也睁一只眼闭一只眼了。他还说,制度是死的,人是活的,我们就是为学生服务的。馆长还饶有兴致地向我介绍图书馆活动中心开展的系列活动,带我看学生管理员制作的馆刊,举办的图书分类知识讲座、读书感悟、书签大赛、招新活动等。他说,图书馆要能做到使孩子从繁重的学习中解放出来,使图书馆"活"起来,"图书馆活动中心"就是为此而设。学生在图书社参与的每项活动,都让他们感受到是学问、是知识、是锻炼、是提升,而不是让学生感到来图书馆是帮你干活的。如在组织招聘新人的实践中增长才干,提高管理能力;在图书上架过程中,教会学生分类知识、文献检索方法;在报纸的装订、图书的修补中教会学生懂得图书保护、装订知识,提高护书意识;在图书借还工作中让他们了解计算机管理过程,感受一名图书管理员的快乐,在与众多的读者接触中学会与人相处。据学校校刊记载,《中国教育报》曾以《NS 学校的 100 个学生图书员》对学校的图书馆活动进行过报道。

说到学生和他们的关系,馆长用一个学生的话说,他们与学生的关系是"四不像":既不像父亲又像父亲,既不像老师又像老师,既不像兄长又像兄长,既不像朋友又像朋友。学生上大学后第二年回到学校,第一个报到的地点是图书馆,第一个见的人是馆长,有学生曾撰文《先进文化的代表——记三中图书馆》,文中说在三中图书馆收获的是知识,学会的是感恩。平时学生到外面叫外卖,让送到图书馆,说让馆长付钱。这样的事情,这种关系,让李馆长感受深刻,感到的是学生的信任、学生的爱戴。

(4) 那一场属于学生的"春晚"

从前面对 NS 学校德育制度变迁的描述中，我们已经感受到了该校从民国时期起就十分重视学生活动的开展，通过多种活动来实施德育，使学生在集体中得到锻炼，使学生在活动中成长。随着学校条件的改善，学校活动内容和形式越来越丰富。对如今的 NS 中学的学子来说，校园里记忆最深刻的活动，大概莫过于元旦通宵晚会了，那就是他们心中的"春晚"。不少学生考上大学后还念念不忘，他们说到大学以后都不习惯了，大学里的活动无法像 NS 学校那样让他们激动，令他们陶醉。元旦通宵晚会是学校实践型德育模式的一个体现，从 2001 年开始一直延续至今，已经走过了 19 个年头，活动内容由最初的几个版块发展到如今的多个版块，内容越来越丰富，活动形式也越来越多样。每年元旦通宵晚会是所有 NS 学子心目中最神圣最盛大的晚会，是世界各地的 NS 学子关注的热点，萦绕着所有 NS 人的情结和梦想。晚会当晚，整个校园将近万人，除了学校师生，还有不少家长和毕业生参加，笔者有幸参加了两次元旦通宵晚会，依然记得 2012 年最后一天第一次参加 NS 中学元旦通宵晚会的情景。因为当晚不能随便进入校园，需要门票。我早就想见识一下这个活动，于是提前预订了门票。晚上 6 点左右，学校门口早已被围得水泄不通，校警也早早守候在大门口。那晚，我第一次观赏了在一个中学的校园时空持续燃放焰火礼花半小时之久的盛况，第一次见识了千人兔子舞，第一次感受了校园嘉年华的热烈氛围，第一次品尝了校园"美食一条街"的美食……

说起元旦通宵晚会，还得说说最初的起因和方校长。1999 年方校长调到 NS 中学，她发现这所百年名校并不像她所想象中的那么美好，学生中问题很多，如考后砸瓶子、撕卷子，在学校私自放鞭炮等。对此，方校长刚开始也百思不得其解。后来在一次外出学习的过程中，她终于明白了：学校是寄宿制学校，学生基本住校，每天三点一线的生活极其枯燥乏味，他们找不到发泄的渠道。该给学生一个什么样的发泄渠道呢？当时正是元旦之前，学校决定举办一场通宵元旦晚会。岁末，一场大型的通宵晚会在校园里上演……之后，学校总是想办法为学生寻找释放压力的渠道，学生各种校园社团活动逐步铺开，每年的新生红歌赛、校园歌手大赛、各种球类比赛、音乐晚会等，每月都有活动主题，活动由学生会、团委组织，社团承办，学生自主组织。当学校教育真正从学生的成长需要出发，学生自然会以真诚回报。一场通宵晚会"意外"地推进了学校德育工作,悄悄地改变了学生对学校的"反叛"……此后,学校构建了"自主管理、社会实践、人文素养、科技创新、教师研修、家校交互、隐性课程、随机德育课程"的一体化实践型德育课程体系,① 探索形成了"实践型"德育模式。

3. 逐渐强调学校的制度文化

2001年,方××校长抓住示范性高中建设和发展的契机,将学校的办学思想与当前的素质教育要求相结合,结合学校百年的优良传统和文化积淀,提出了"真·爱"教育的办学思想。2007年,方××校长在学校教职工代表大会上提出努力实现学校文化从制度管理向文化管理的转变,并力图将这一思想贯穿到学校管理各个环节。

学校过去曾一直沿用"早晚自习签到制"。每天早上有干部在路口值勤,晚自习又有干部去教室检查,老师到了,就在出勤表上打个钩。这个制度令大多数老师深为不满。后来学校取消了早读签到制;对于晚自习下班辅导,则采取了另外一种办法,把当天要辅导晚自习的老师名字贴在各班墙上,让学生来监督。新的制度实施后,教师都能按时下班辅导,秩序良好。②

……

对这种管理理念的变革,学校老师也有一些不同的看法:

抓常规工作是不能放弃的,制度是重要的,只不过以前的制度是条条框框的、单一的、教条的,现在强调制度的人文性。文化是一个虚构的,文化管理必须融入到制度,有文化含量的制度。制度的保障是很重要的。法治的基础是制度。(访谈对象:图书馆李老师)

以前在位时间比较长的一位校长洪校长,比较重视人治,主要依靠个人魅力。个人比较严肃,严谨。到方校长时,开始是法治,建立健全了一些制度,不再依靠会议解决问题。后来转向文化治校、文化管理,后来提出从文化管理到文化自觉。文化管理,这个既有好,也有不好的。文化管理,提倡以人为本,有时老师对这个理解过了,导致对刚性制度认识不

---

① 材料引自学校内部资料:2018年全国基础教育成果奖申报材料。
② 来自NS学校网站资料。

够，缺少对制度的敬畏，有些散漫了。有时该处罚的改为批评，该大会批评的改为小会批评、个别谈话了。有时候还会制约学校制度的建立，因为过于强调制度的宏观、粗线条，不要细化，比如我们这块有很多想法就不能得到实施。（访谈对象：分管德育的贾××副校长）

"学校制度文化，包括学校的各项规章制度，构成学校文化的'调节器'，起着承上启下的作用，它上承学校的制度理念，下启学校核心价值的传播，学校共同体生活方式的改变。"[①] 实行文化管理其实并不是取消学校的制度，而是提倡一种民主的管理方式，一种民主、自由、平等的学校制度生活。因为对文化管理的理解偏差，可能导致实际执行中的走样，甚至出现无纪律化、自由散漫情况。

三、NS学校德育制度变迁特征

第一，国家制度环境变化决定了学校德育制度变迁。作为校本层面的NS学校德育制度变迁取决于当时整个社会制度环境的变化，制度环境提供了德育制度执行、继承、创新的可能，打上那个时代的烙印。德育制度的政治属性和公共属性决定了它必然受到所处时代的政治制度变革的影响，特别是基层学校，作为国家德育政策的执行者，必须根据上级行政部门的指令来开展学校德育工作。从NS学校德育制度历史变迁过程中可以发现，民国时期的"教训合一"、军训制度、学生自治会、导师制等都可以在国民政府颁布的制度中找到依据。新中国成立后前17年，NS学校制度生活更是带有建国初期的特点，如师生的劳动生活、学习生活、政治生活都充满了劳动人民当家作主的主人翁精神，对新生活充满了激情，即使是在三年自然灾害时期，师生依然充满乐观主义精神；"文革"结束后学校抓学习，抓升学质量也是那个时代的反映；进入新世纪后，学校在国家大力提倡素质教育的背景下，在德育制度建设方面不断探索，把德育作为学校特色，通过德育活动制度化建设，形成有本校特色的实践型德育

---

① 杜时忠、张敏等：《重构学校制度生活 培养现代公民精神》，华中师范大学出版社，2016年版，第75页。

模式。

第二，榜样教育胜于制度建设。我国传统的道德教育一直是道德榜样教育重于制度建设，自古以来就强调修身齐家治国平天下，NS学校的德育制度变迁中也体现了这样的特点。根据不同年代国家提倡、宣扬的榜样人物开展学习教育活动，如学雷锋、学邢燕子等，充分发挥本校校友资源，邀请知名校友到校为学生作报告，同时也注意身边榜样人物的典型示范作用。从学校留存下来的制度文本和对部分教师的访谈记录可以发现，新世纪以前学校在德育制度建设方面存在明显不足，班主任工作、学生管理很多是依靠校长的榜样示范和班主任的言传身教；2001年之后之所以德育制度趋于完善，是因为学校要接受示范性高中评估检查，主要还是外力推动。

第三，表现出较强的路径依赖。作为一所有着百年历史的名校，往往很强调历史传承，关注社会声誉和政府的认可度，在制度创新方面往往顾虑多，不容许出现丝毫差错，从而影响制度的创新。比如在学科竞赛方面，NS学校在广西是较早开始对优秀学生进行奥赛辅导的，学校也因此抢占了制高点，培养了很多优秀学生特别是高考上清华北大的学生较多。这种做法一直延续下来，后来发展到设立各种班级如竞赛班、清北班、实验班等，学校在对外宣传中也很重视对优秀学生的宣传，高考只要有状元就可以"一美遮百丑"，往往忽视对大多数普通学生的关注。

第四，校长是制度安排者，在制度变迁中起主导作用。从NS学校制度变迁过程的考察中，我们发现校长在其中起关键作用。该校作为广西一所重点中学，多位校长都曾是广西N市的政府领导，也有多位校长被提拔到N市政府担任主要领导或教育主管部门行政领导，学校校级领导都需要经过当地组织部门认定，因此带有较浓厚的行政色彩。而且因为该校重榜样教育胜于制度建设，如果校长更换，原有制度就可能发生变更，或者执行制度的方式发生变化，因此学校管理中"人治"成分比较大，法治意识不足。NS学校方校长一度提倡文化管理，曾经取消一些制度或改变制度执行的方式；方校长离任后，文化管理也成为了学校的一种"历史"，后任者又提出另一套管理制度，学校制度因人而变。另外，由于制度变革中过于强调校长的主导地位，也会导致忽视学校其他人员在制度变革中的作用发挥，不利于调动学校其他人员参与学校管理的积极性。

  第五，注重通过实践活动促进学生德性培养。"知行合一"是我国传统德育的重要方法，只有把"知"落实到实际行动当中才能真正实现道德教育目的。德育的活动机制指学校共同体成员通过参与有计划、有目的的生活实践，在活动中培养德性的一种方式。在德育过程中引入活动机制不仅可以使学生获得相应的道德知识，也会使学生的道德知识在实践活动中转化为道德行动，不断反复实践这个过程，最终形成学生的道德品性。民国时期，学生生活指导委员会下设九系，各系的活动丰富多彩，在活动中落实"教训合一"。新中国成立后，学校校园活动依然很丰富。NS学校学生对学校印象最深的应该是学校社团活动多，平时组织的大型活动多，这些活动大多是由学生社团来组织和承办，现在学校有各种社团组织数十个，如广播站、记者团、校园电视台、图书馆活动中心、文学社、戏剧社、演讲社、小说社、英语社、动漫社、机器人社、魔术社、街球社等。新生入学第一周可任意选择参加一个或多个社团，学生在社团活动中体验成长，在活动体验中升华情感，不断提升综合能力，发展兴趣和特长。民国时期的一些德育制度就是根据活动而产生的，比如学生课外活动表、学生出版壁报办法、学生演讲比赛办法、本校出版校刊办法、英语比赛办法、数学比赛办法、图书比赛办法、国文比赛办法、会报规则等，就是在当时学校开展的活动中产生的。

第四章 我国学校德育制度变迁的基本逻辑

周雪光教授认为"大规模制度变迁涉及多重过程和机制；而只有在这些过程机制的相互作用中才能恰如其分地认识它们各自的作用和影响，由此对制度变迁提出令人满意的解释"①，因此他提出了"多重制度逻辑"的分析框架。基于对我国学校德育制度变迁的历史分析、NS学校德育制度变迁历史及学校制度生活样态的呈现，本章中笔者将采用多重制度逻辑分析框架，对我国学校德育制度变迁的国家逻辑和校本逻辑展开分析。此处的逻辑是指制度变迁过程中呈现出的规律，包括制度变迁过程中的影响因素、动力机制和路径选择。

一、我国学校德育制度变迁的国家逻辑

在我国，德育关乎国家利益，并且需要一体遵行，所以德育制度往往是以国家形式来发布的。国家政策的决定和推行是在各个部门间的相互作用和制约下实现的。②在自上而下的制度制定和实施过程中，国家层面的德育政策的制定和推行同时受制于多种因素作用，是在多种机制作用下实现的，体现了工具性逻辑和适当性逻辑的统一。

1. 我国学校德育制度变迁的深层因素

（1）经济基础与德育制度变迁

---

① 周雪光、艾云：《多重逻辑下的制度变迁：一个分析框架》，《中国社会科学》，2010年第4期。

② 周雪光、艾云：《多重逻辑下的制度变迁：一个分析框架》，《中国社会科学》，2010年第4期。

任何制度的变迁都是在一定社会历史条件下发生的，都有其发生的社会基础。人们的思想观念（包括道德观念）都是与一定的经济发展阶段紧密联系的。马克思指出："物质生活的生产方式制约着整个社会生活、政治生活和精神生活的过程。不是人们的意识决定人们的存在，相反，是人们的社会存在决定人们的意识。"① 恩格斯也指出："人们自觉或不自觉地，归根到底总是从他们阶级地位所依据的实际关系中——从他们进行生产和交换的经济关系中，获得自己的伦理观念。"② 在马克思和恩格斯看来，经济基础决定道德，一定的经济状况是特定道德的源泉，一定的道德是特定经济状况的产物。

经济基础对道德的决定作用可以从经济制度对道德的作用和经济发展水平对道德的作用两个方面来进行考察。首先，经济制度作为一种重要的制度总是蕴涵着一定的道德精神和道德理念。诺思曾把一定的伦理道德当作制度规则的规则，他认为，一个社会的健全的伦理道德准则是使社会稳定、经济制度富有活力的黏合剂。"任何一项制度的建立，建立者事前总会生发'对谁有利'之类的价值思考和目标设计，建立之中又总会运用道德价值判断的方法，将事前的伦理思考和目标化解为具体的价值观念和准则，融合在制度中并通过制度的现实表现出来。"③ 经济制度与经济体制决定了人们的利益关系和利益分配方式，从而也就规定了人们获取利益的方式和途径。而道德本质上体现的也是一种人与人之间的利益关系，道德是一种利益协调机制，道德规范和调节的内容就是个人与集体的利益关系。人们要获取自己的利益，就要遵循经济制度规则，就要遵循经济制度所蕴涵与孕育的伦理精神、道德理念与道德规则。与传统的自然经济秩序相对应的是因循守旧、随遇而安的小农意识和等级尊卑的伦理意识；与高度集中的计划经济相对应的是平均主义的伦理观念；市场经济体制则蕴涵着自由、平等、公平、竞争、效率等道德观念。不同的经济制度或经济体制催生出不同的道德规范和道德观念。其次，经济发展水平对道德也起着决定作用。管子曾说，仓廪实而知礼节，衣食足而知荣辱。物质生活条件的改

---

① 《马克思恩格斯全集》（第13卷），人民出版社，1962年版，第8页。
② 《马克思恩格斯选集》（第3卷），人民出版社，1995年版，第434页。
③ 钱广荣：《关于制度伦理与伦理制度建设问题的几点思考》，《江淮论坛》，1999年第6期。

善有利于人们"知礼节""知荣辱"。中国的传统社会是建立在小农经济基础上的家国同构的血缘宗法社会,因此与之相适应的中国传统伦理思想的基本特征就是"家国同构的忠孝伦理、公忠爱国的整体主义、仁爱和谐的中庸之道、以义制利的价值追求、修身为本的尊道贵德"①。本世纪初,鲁洁先生曾指出:"生产力不发达所形成的经济贫困、文化落后,正是社会思想道德水平普遍不高的根本原因。事实说明,当前在我国思想领域内较为普遍存在的等级观念、特权思想、官僚主义作风、家长统治、血缘人情、平均主义、共性至上等等思想观念,乃至前一阶段青年中存在的所谓'信仰危机',无不与初级阶段生产力落后,手工业生产、自然经济仍占相当大的比重这一客观现实直接相关。"② 正如马克思所说:"社会制度中的任何变化,所有制关系中的每一次变革,都是产生了同旧的所有制关系不再相适应的新的生产力的必然结果。"③

我国百年学校德育制度变迁也受到国家经济制度和经济发展水平的深刻影响,在这一百多年的历史中,中国社会的经济制度和经济发展水平都发生了巨大变化,经历了重大转型。有学者把我国社会的转型归纳为:"鸦片战争后从传统农业社会向近代工业社会转型,1949年新中国成立后向现代工业社会转型,改革开放以来由计划经济向市场经济转型。"④ 在社会经济发展转型中,首先是人们的交往由封闭的"熟人"社会转向开放的"生人"社会。我国长期处于自然经济条件下,生产力不发达,经济生产以自给自足的小农经济为主,一家、一户是主要的生产单位,生产、生活处于封闭状态,生产的社会化程度很低,人们之间的交往主要囿于亲人、家人、族人、乡里乡亲等极为狭小的圈子之中,人与人之间的关系主要表现为熟人关系。新中国成立后20多年,我国实行的是计划经济体制,对生产采取严密组织计划和集中统一管理,少有商品交换,人口流动少,熟人关系的社会基础并无实质性的改变。在熟人社会里,人与人之间的关系表现为一种私人关系,是私人生活领域的社会关系。熟人交往的伦理基础是

---

① 《伦理学》编写组:《伦理学》,高等教育出版社,2012年版,第18页。
② 鲁洁:《超越与创新》,人民教育出版社,2003年版,第110页。
③ 《马克思恩格斯选集》(第3卷),人民出版社,1995年版,第238页。
④ 杨小微:《全球化进程中的学校变革》,华东师范大学出版社,2004年版,第1页。

情的逻辑，爱情、亲情、乡情、友情，正如费孝通先生所言："从己向外推以构成的社会范围是一根根私人联系，每根绳子被一种道德要素维持着。社会范围是从'己'推出去的……相配的道德要素是孝和悌。……向另一路线推是朋友，相配的是忠信。"① 随着改革开放和社会主义市场经济的发展，城市化进程加快，社会人口流动性加大，人与人之间交往范围扩大，社会变得开放了，原来的熟人社会转向生人社会。在生人社会里，陌生人之间的关系表现为一种公共关系，是公共生活领域的社会关系。陌生人之间的交往是建立在平等待人、宽容信任、理性自觉、公私分明之上的，这种交往是依照实用理性原则进行的。其次是在社会物质利益上由传统的以义制利的道德追求转向社会主义物质利益原则确立、辩证对待个人利益和对共同富裕社会理想的追求上。中国传统的伦理思想一直是主张重义轻利、以义制利、先义后利。在社会主义计划经济体制下，社会利益基本是一种"整体利益"，对个人利益基本持否定态度。而市场经济首先确认的就是个人利益的合法性——人是利益主体，这是新形势下教育所面对的人。在社会主义市场经济体制下，市场经济既是一种资源有效配置的方式，更是一种旨在激发每一个利益主体通过劳动创造获得物质财富，从而实现利益最大化的利益机制。社会主义市场经济体制下，"整体利益""团体利益""个人利益"三足鼎立，国家保护个人正当利益，关注广大老百姓民生问题，允许一部分人通过勤劳致富先富起来，最终实现共同富裕。市场经济体制的建立对学校德育制度变革提出了挑战，学校在德育活动内容、空间、途径等方面如何作出改变，适应市场经济平等、竞争、法治、开放性特征，培养学生的平等、竞争、法治、开放意识？如何通过各种社会活动拓展学生公共生活空间，培养现代社会需要的真正公民？如何通过班级公共生活和学校公共生活培养学生道德理性？如何教会学生学会处理各种利益关系？如何提供优质教育资源，满足千家万户老百姓的利益需求？

纵观我国百年学校德育制度变迁，可以体会到社会经济对此产生的影响。新中国成立初期对生产劳动教育的重视，与当时社会经济发展水平有

---

① 费孝通：《乡土中国》，上海人民出版社，2006年版，第28页。

很大关系：一方面，经济社会的发展需要教育培养大批合格的建设人才；另一方面，培养大量合格的建设人才需要雄厚的经济基础。而当时单一的全日制学校制度既满足不了学生的升学意愿，也使得毕业生无法很好地加入社会劳动。针对这个很难解决的矛盾，1958年刘少奇同志提出的"两种教育制度，两种劳动制度"指向目标非常明确，就是要改革教育制度中存在的不合理状况。1986年《中共中央关于社会主义精神文明建设指导方针的决议》、1996年《中共中央关于加强社会主义精神文明建设若干重要问题的决议》提出加强社会主义精神文明建设，1994年和2000年关于加强和改进学校德育工作的意见，2001年中共中央印发《公民道德建设实施纲要》，2004年《关于进一步加强和改进未成年人思想道德建设的若干意见》等，都是为了应对市场经济出现的新情况、新问题。

(2) 政治权力与德育制度变迁

要理清政治权力与德育制度变迁的关系，首先必须明确人与政治的关系，政治与教育的关系。对于人与政治的关系，早在几千年前，亚里士多德就率先提出"人是天生的政治动物"的命题。马克思也提出："人是最名副其实的社会动物，不仅是一种合群的动物，而且是只有在社会中才能独立的动物。"① 在政治学研究中，学校一直被视为政治社会化的一个重要机构和媒介。通过教育尤其是学校教育塑造合格的公民就成为所有政治体系的重要关切。一个政治体系需要什么样的公民，就会在教育政策中体现这种要求。统治阶级在物质生产和精神生产两方面的支配地位，使它得以在政策制定、实施中获得更多的权力、手段和资源，能够更有力地运用政策手段。反映在教育政策上，就是统治阶级的教育政策全面支配着教育活动的各个领域。

政治往往被定义为"对价值的权威性分配"②。作为一种对价值的权威性分配，政治权力对道德的主宰和支配作用表现在政治通过掌握国家和社会的话语权，将其拥有的社会核心价值观念对其社会成员各种价值观念体系形成辐射、制约，从而主导社会价值体系。通过文化、教育、宣传等国

---

① 《马克思恩格斯全集》（第46卷上），人民出版社，1979年版，第21页。
② 王丽萍：《政治学视野中的教育与政治》，《民主与科学》，2005年第2期。

家机器倡导和灌输特定的意识形态。政治还可以直接制定道德原则和一系列道德规范，通过文化、教育、宣传等手段大力倡导，从而成为社会道德原则和道德规范。政治体系中关键政治人物的思想观念在其中会起决定性作用，关于这一点后续将专门论述。在我国自古就有政治伦理化倾向，儒家伦理作为中国伦理文化的主体和核心，政治化倾向明显。其最高价值目标是"修身、齐家、治国、平天下"，以伦理价值为政治价值之手段（人格政治化），目的就是为"外王"的政治理想服务。伦理学与政治学的角色混同了，在中国历史上既没有无伦理的政治，也没有无政治的伦理，即人们常言的"政治道德化"和"道德政治化"。[①]

在我国学校德育制度百年变迁的历史上，每一次社会政治制度的改变和政权更迭都会带来德育政策的调整和变化。正如 Grace 所说的，"当前教育中的许多问题和危机都只是特定教育政策在历史结构上和意识形态上所存在的矛盾的外在表现而已"[②]，因此教育研究者应该更多关注政策、政治、意识形态等更为宏观的因素。政治制度的变迁直接影响着学校教育与政治的关系，政治制度民主化的程度与学校教育活动自主化的程度成正比。1911年辛亥革命推翻了封建皇权体制，建立了中华民国，当时教育部颁布了"五育并举"的以公民道德教育为中心的资产阶级教育宗旨。国民政府时期，拟定党化教育大纲，确立三民主义教育宗旨和"四维八德"之国民道德。1949年新中国成立，建设社会主义新中国，我国政治体制由传统的中央集权的封建帝制向社会主义民主政治制度转变，政治体制的重大变革，为我国教育走向现代化、民主化、法治化道路创造了条件，先后提出了"五爱"教育、培育"四有新人"等，加强了社会主义精神文明建设、公民道德建设、社会主义核心价值观教育。统治阶级根据政治需要不断调整和变更德育政策，使社会成员自觉或不自觉地进行政治学习，使其成为政治体系发展所需要的政治人。

（3）文化观念与德育制度变迁

[①] 万俊人：《比照与透析：中西伦理学的现代视野》，广东人民出版社，1998年版，第333—334页。

[②] 柯政：《理解困境：课程改革实施行为的新制度主义分析》，教育科学出版社，2011年版，第53页。

对文化在制度变迁中的作用，新制度经济学派代表人物诺思在晚年越来越重视人们的信念、认知、心智构念和意向性在人类社会制度变迁中的作用。在《理解经济变迁过程》一书中，他说："信念是构建理解经济变迁过程之基础的关键。"① 在对近百年我国学校德育制度变迁的不同历史阶段表现出来的特点的分析中，我们可以感受到文化在我国学校德育制度变迁中的作用。中国传统伦理道德、西方文化价值观、马克思主义意识形态这三条线索交织，共同构成了学校德育制度变迁的文化背景。这是学校德育制度变迁的深层次原因，一百多年学校德育制度变迁在每一历史阶段都打上了它们的烙印。

中国传统伦理道德思想和西方文化价值观在不断冲突和斗争中，推动着我国学校德育制度变迁。有学者认为，中国近百年的文化演变过程，是一部充满文化冲突的历史，一切历史的冲突，主要是导源于中西文化的广泛接触。② 自1840年第一次鸦片战争开始，外国列强用炮舰打开中国大门，国人睁眼看世界，西方海洋文明开始以不可阻挡的趋势对中华传统文化以及学校德育和德育制度变迁实施逐渐渗透。如果把近现代以来中西文化冲突作一个阶段划分的话，大致可以分为五个阶段，即19世纪中叶开始至世纪末的洋务运动和维新运动、20世纪初的辛亥革命和五四新文化运动、新中国成立初期对旧德育的批判、1978年开始的对外开放、2012年党的十八大以来中国话语体系建构。每一个阶段中既包含着对传统文化的批判或弘扬，也包含对西方文明的宣扬吸收或抵制，其中充满着矛盾冲突和斗争。

从19世纪中叶起，便出现了与"洋务运动"的技术革新相呼应的文化和道德改造思潮。洋务派提出"师夷长技以自强"，在清朝末年维新运动中康有为、梁启超、谭嗣同等为代表的"维新派"开始引入西方近代道德观念，对传统伦理展开批判。辛亥革命和五四新文化运动把对传统伦理的批判又推进了一大步：它以"革命"的旗帜，把社会政治革命和文化道德革命紧密联系起来，开创了扫除旧道德建立新道德的局面。五四新文化运

---

① ［美］道格拉斯·诺思著，钟正生、邢华等译：《理解经济变迁过程》，中国人民大学出版社，2008年版，第47页。

② 韦政通：《中国文化与现代生活》，中国人民大学出版社，2005年版，第1—2页。

动的代表人物陈独秀、胡适、鲁迅等提倡民主和科学，主张用新道德价值观取代传统道德。他们一方面对我国传统道德展开批判，进行"道德革命"。陈独秀就把"伦理的觉悟"视为"吾人最后觉悟之最后觉悟"；胡适甚至提出，为了使新文化新思想得以张扬，可以不惜牺牲一些"国粹"；鲁迅在《狂人日记》中对"礼教吃人"加以猛烈的批判。另一方面他们以各种形式宣传和提倡现代西方的伦理价值观念。蔡元培对西方"自由、平等、博爱"人道思想的推崇；胡适对实用主义价值观的张扬；等等，都表现出一种强烈的新价值取向和追求。虽然这一时期的西化倾向，也遇到了强有力的抵抗，如梁漱溟的复兴儒学等。这种激进的反传统主义，也带来一系列消极后果，妨碍了对传统伦理乃至整个传统文化的理性反省。这种激进反传统的思维方式也以人们并不曾意识到的方式延续到"文化大革命"。

新中国成立初期至"文革"期间，对传统文化主要持批判否定态度，通过各种运动对传统道德开展批判，在改造旧德育过程中，对旧德育持完全否定态度，排斥可以批判性吸收的东西。废除民国时期制定的各种德育内容和所有德育课程包括公民课；对封建教育观、传统教育思想进行批判。基于意识形态的差异，对西方文化也一并采取排斥和批判态度，如引领中国"新教育"探索的陶行知、陈鹤琴，因其理论源于杜威的实用主义教育思想，故而被归入"旧教育"范畴，遭到无情打击。同时，对苏联教育进行全面学习，全面吸收，照搬照抄。

1978年开始实行改革开放，长期禁锢人们思想的枷锁被解除了，人们的意识获得了新的解放。以往许多被视为"离经叛道"的东西，如伤痕文学、新潮美术、朦胧诗、港澳台流行歌曲等均堂而皇之登上大雅之堂；喇叭裤、披肩发、迪斯科也开始进入青年群体，并从城市到农村迅速流行起来。国人从此打破"大一统"的规范，开始品尝有滋有味、丰富多彩的生活。与之相应，人们的道德文化观念呈现复杂多样性。20世纪80年代伊始，中国青年人生价值观念层面第一次大曝光是《中国青年》杂志1980年5月号发表的署名为潘晓的23岁女青年的一封信，题为《人生的路呵，怎么越走越窄……》。潘晓的这封信在广大青年中引发了一场关于人生价值观的大辩论，讨论时间持续了大半年，焦点是"主观为自己，客观为他人"这一命题所蕴涵的对于"自我与他人（社会）"价值关系的理解。潘晓主张的"主观为自己，客观为他人"的人生哲学，受到不少青年人的欣赏而在社会上流行起来，在相当长时间里这句话被频繁使用，甚至成为评价一切事物的标准。80年代对青年知识分子影响巨大的还有西方人本主义思潮，最新进入中国文化界的是萨特的存在主义，关于"自我设计""自我奋斗""自我实现"等是青年们讨论最热烈的话题。萨特强调极端个人主义，把自我价值凌驾于社会他人利益之上，给社会带来极大危害，对青少年的思想造成极大混乱。后来出现的"尼采现象""弗洛伊德现象"等直接冲击了中华民族传统的性道德、家庭伦理、社会规范。80年代西方人本主义思潮对我国现时代青年的冲击，客观上锻炼了他们的认知反省能力和批判能力，有助于加深他们对现代西方社会现实和道德文化的理解。[①]但是，也对我们学校德育提出了现实的挑战，面对外界复杂多变的"大气候"和众多"自我设计者""自我中心者"，"老办法不能用，新办法不会用，软办法不顶用，硬办法不敢用"，[②] 如何确立新的价值体系，正确而有效地引导广大青年和民众认识各种道德文化现象，增强自身对道德文化冲撞和变化的适应能力成为当务之急。20世纪八九十年代，我国根据新形势下德育工作面临的新问题，出台了一系列德育政策和文件，制定了德育大纲、改革了思想政治课内容和教学，加强了反对资产阶级自由化教育和坚持四项基本原则教育，开展了爱国主义教育，加强社会主义精神文明建设，注重研究学生思想特点的变化，不断充实、更新和拓宽德育内容，拓展德育途径，改进德育方法，等等，通过一系列的举措，在建设中国特色社会主义中开创了学校德育新格局。

2012年党的十八大召开，我国进入全面建成小康社会时期。党的十八大提出了"两个一百年"的奋斗目标，确立了24字社会主义核心价值观，提出建设社会主义文化强国，建设优秀传统文化传承体系，弘扬中华优秀传统文化。2014年教育部印发了《完善中华优秀传统文化教育指导纲要》，对加强中华优秀传统文化教育的指导思想、基本原则和主要内容等方面作

[①] 万俊人：《比照与透析：中西伦理学的现代视野》，广东人民出版社，1998年版，第323页。
[②] 孙少平编著：《新中国德育50年》，福建教育出版社，2002年版，第150页。

出了具体要求。2017年9月,中共中央办公厅、国务院办公厅印发《关于深化教育体制机制改革的意见》,提出深化教育体制机制改革要"坚持扎根中国与融通中外相结合","增强中国特色社会主义道路自信、理论自信、制度自信、文化自信"。在如何对待民族文化问题上,有学者曾提出要使受教育者弘扬民族精神,保持优良的民族性,只有实现这样的培养目的,才能使道德的文化维系功能获得充分体现。首先,就要培养他们具有民族归属感,保持民族尊严和自信,增强民族自主的选择能力;其次,是引导他们积极地去了解传统文化,使他们得到优秀传统文化的陶冶,具有深厚的扎根于自己民族的文化修养,并在自觉或不自觉之中接受文化遗传图式,形成具有民族特色的深层文化心理结构;再次,使受教育者在外来文化的冲击下既不闭关自守,又不盲目追随,而是以自己的文化传统或文化心理图式或同化或顺应外来文化。从1840年鸦片战争以来,通过上百年的探索,我国在对待传统文化和西方文化上已经走出了一条中国特色的道路,继承和发扬优良传统道德,有选择地吸收西方优秀文化精髓,在世界舞台形成中国话语体系,显示中国特色的文化自信。

(4) 精英人物与德育制度变迁

人是制度演化的主体,但在现实社会中总有各种各样外化的主体形态,根据他们在制度演化中发挥作用的不同,辛鸣将这些主体大致分为四种:民众、利益集团、政府、精英。同时他认为,从严格意义上讲,不存在一个独立的精英群体。实体的精英存在于民众中间、政府组织内部和利益集团之中。所谓精英,就是指一些具有比较高的文化素养和能力的人。精英具有以下特征:一是精英是社会分工的产物,二是精英须具有卓越才能,三是精英须与整个社会的发展方向相联系并有重要影响作用,四是精英须获得社会的高度评价和合法化的地位。[①] 对社会精英人物在制度形成与演变中所扮演的角色,有学者认为,精英人物的作用表现在两个方面:第一,表现为主动创立、倡导或传播某种思想观念,因而影响到社会的主流思想观念之形成与演变;第二,主动将某种思想观念应用于社会实践,因而影响到社会制度的变迁。因此,从思想观念到制度安排,其背后的推

[①] 辛鸣:《制度论:关于制度哲学的理论建构》,人民出版社,2005年版,第165页。

动力量是精英人物的积极互动与社会大众的追随和响应。这是"制度变迁的精英理论"之基本逻辑。①

上述的社会精英制度建构活动,以及社会精英与社会大众在制度建构上的博弈过程,可以概括如图4.1所示。

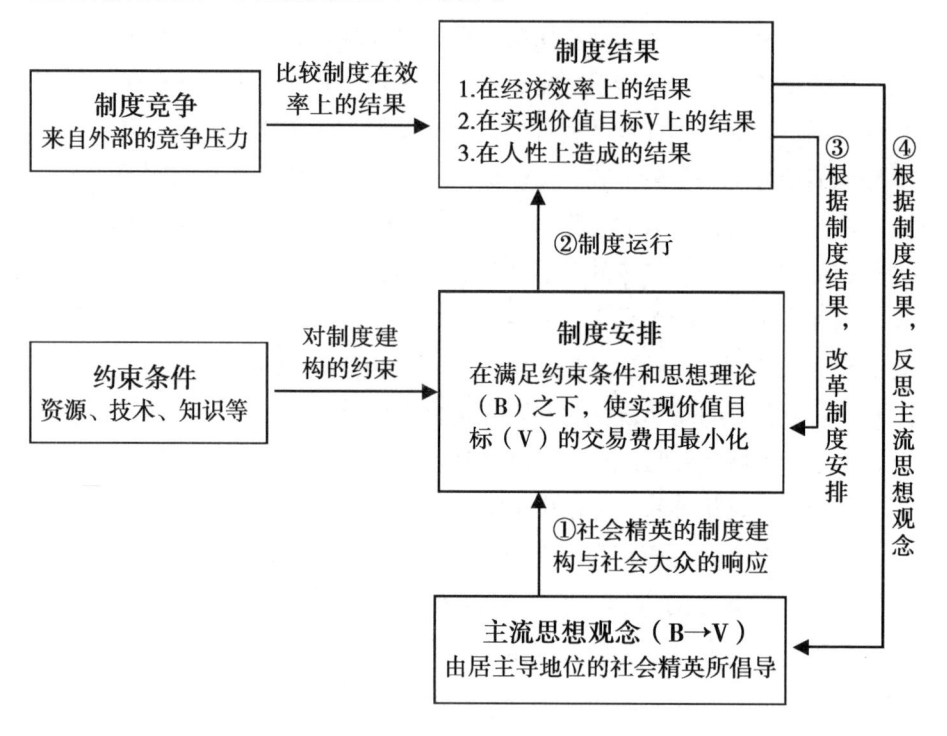

```
┌─────────────┐  比较制度在效  ┌──────────────────────┐
│  制度竞争    │  率上的结果   │      制度结果         │
│来自外部的    │─────────────→│1.在经济效率上的结果    │───┐  ───┐
│竞争压力      │              │2.在实现价值目标V上的结果│   │      │
└─────────────┘              │3.在人性上造成的结果    │   │      │
                              └──────────────────────┘   │      │
                                       ↑                 ③根    ④根
                                    ②制度运行            据制    据制
                                       │                 度结    度结
┌─────────────┐  对制度建     ┌──────────────────────┐  果,    果,
│  约束条件    │  构的约束    │      制度安排         │  改革    反思
│资源、技术、   │─────────────→│在满足约束条件和思想理论│←─制度    主流
│知识等        │              │(B)之下,使实现价值目  │  安排    思想
└─────────────┘              │标(V)的交易费用最小化 │          观念
                              └──────────────────────┘   │      │
                                       ↑                 │      │
                                 ①社会精英的制度建        │      │
                                 构与社会大众的响应        │      │
                                       │                 │      │
                              ┌──────────────────────┐   │      │
                              │ 主流思想观念(B→V)    │←──┘      │
                              │由居主导地位的社会精英 │←─────────┘
                              │所倡导                │
                              └──────────────────────┘
```

图4.1　制度安排的形成与变迁过程②

纵观百年来我国学校德育制度的变迁,我们可以看到无数精英人物在其中的身影。在学校德育制度变迁中,一些关键事件的发生都与某些关键人物相联系,这些关键人物可以说就是当时社会的精英人物,比如,古代的孔子、孟子等,近代以来的孙中山、蔡元培、陈独秀、李大钊、毛泽东、邓小平等。新中国成立初期,领袖的权威影响,毛泽东和他代表的第一代领导人,他们以自身的人格魅力和才能唤起了中国人民巨大的热情和

---

① 罗必良主编:《新制度经济学》,山西经济出版社,2005年版,第195页。
② 罗必良主编:《新制度经济学》,山西经济出版社,2005年版,第201页。

献身精神，全国上下形成万众一心的局面。

由于权力掌控在最高层手中，德育制度习惯以中央精神和领导讲话为依据和政策原动力。以新中国成立以来劳动教育制度的历史演变来看，劳动教育每一次受到重视都源于重要国家领导人的讲话推动。20世纪50年代，根据毛泽东同志的讲话精神；80年代，根据邓小平同志的讲话精神；90年代，根据江泽民同志的讲话中对创新能力和实践能力的强调；2010年，根据胡锦涛同志在全国劳动模范和先进工作者表彰大会上的讲话精神；2015年，根据习近平总书记系列讲话精神，出台了《关于加强中小学劳动教育的意见》。中央领导人的强调与重视成为推进劳动教育的强大动力。①

因为精英是按照他偏好的价值目标和思想来设计制度安排，同样会受人的有限理性制约，或有时候不具有足够的道德认识能力，不足以揭示道德行为和道德关系的普遍规律，又难以超越自身及其团体、阶级和阶层的利益，而且，他们还常从自身（包括他们所处的阶级、阶层或集团等）的利益、地位等出发，强化其正当性、正义性与权威性，赋予其道德性，要求人们无条件地遵从，使其提出的行为规范逐渐地成为社会道德规范。这往往会造成"体现少数人（统治者）利益与需要的道德规范，很多是凭借强权、欺骗、利诱等确立、维持的道德规范，完全可能是对多数人的一种迫害，对多数人的自由的无理剥夺。这一点是如此明显甚至无须举例"②。如因对人的理性的高度自负，20世纪六七十年代发生的"教育革命"中，遵从领袖指示推进的各种德育制度设计和实施就给德育的日常教学、国家的人才培养等，造成了难以估量的灾难性影响。③ 因此，在制度学家看来，只有建立法治化社会，对一切政体下的权力都有所限制，才能有效平衡不同利益集团的关系。"在现代欧洲和世界上越来越多的其他国家里，使统治者、当选政治家和官员受制于一般性约束规则的宪法设计变得十分常见。一项重要的宪法设计是在立法（规则的制定）、行政（受制于规则的

---

① 李珂、曲霞：《1949年以来劳动教育在党的教育方针中的历史演变与省思》，《教育学报》，2018年第5期。

② 李德顺、孙伟平：《道德价值论》，云南人民出版社，2005年版，第78页。

③ 傅淳华、杜时忠：《论德育制度设计的限度》，《教育学报》，2016年第8期。

执行）和司法（裁决冲突）之间分解政府的权力，并在控制集体行动的这三类权威的执掌者之间设置监察和平衡系统。"①

（5）教育自身逻辑与德育制度变迁

潘懋元先生于 1980 年在我国教育理论界首次公开提出了教育的两条基本规律：一条是教育的外部关系的规律，指的是教育同社会的关系的规律，教育与社会的其他子系统之间的关系，稍加引申，表述为"教育必须受一定社会的经济、政治、文化所制约，并为一定社会的经济、政治、文化的发展服务"；一条是教育内部关系规律，或者叫教育自身的规律，可以表述为"社会主义教育，必须培养全面发展的人，或者说社会主义教育必须通过德育、智育、体育、美育，培养全面发展的人"。② 关于教育与经济、政治、文化的关系，学校德育制度变迁与一定社会经济、政治、文化的关系前面已经有所论述，这里就不再赘述。这里主要探讨学校德育制度变迁受教育发展内部规律的影响。

教育内部发展规律主要是关于教育是为了什么，教育要培养什么人的问题。这涉及教育的价值诉求。潘懋元先生认为教育的价值观历来有两大派：一种认为教育的价值应该体现在人的自身发展，人的自我完善上；另一种认为教育的价值应该体现在国家的利益、社会的利益上，这是两种对立的价值观。过去，我们的教育价值观很简单，人是工具，教育也是工具，是生产斗争的工具和阶级斗争的工具，因而，只有国家的利益、社会的利益。现在，谈得更多的是人的自身完善，个人的价值，也就是更多地阐述以个人为中心的教育价值观。③ 为了更直观地显示一百多年来我国学校德育制度变迁是如何受到教育内部规律影响的，笔者将结合第二章中历史上的教育方针或教育目标的变迁来论述教育价值观的变迁。

在我国传统社会里，每一自我都镶嵌在从家国天下的等级性有机关系之中，是没有独立自我的。"三纲五常"即"君为臣纲，父为子纲，夫为妻纲"和"仁、义、礼、智、信"一直是中国封建社会最重要的道德规

---

① ［德］柯武刚、史漫飞著，韩朝华译：《制度经济学》，商务印书馆，2000 年版，第 399 页。
② 潘懋元：《教育的基本规律及其相互关系》，《高等教育研究》，1988 年第 3 期。
③ 潘懋元：《教育的基本规律及其相互关系》，《高等教育研究》，1988 年第 3 期。

范。五四新文化运动带来的巨大冲击，使家国天下连续体破裂，现代的自我成为一个无所依傍的原子化的个人，这种原子化的个人也是工具性的。1912 年中华民国建立，提出了以公民道德教育为中心的资产阶级的教育宗旨，以造成健全国民为宗旨，体现了民初政府开启民智、为国育才的共和思想。但是国民政府时期，蒋介石实行"党化教育"，后来又改为"三民主义教育"，但此"三民主义"已非孙中山先生的"三民主义"，而是打着旗号培育青年"忠孝仁爱信义和平"之"国民道德"，后来又在学校中全面推行封建伦理道德的"四维八德"，其目的还是要培养服从和顺从国民党统治的顺民。新中国成立到改革开放前，我国教育目的体现明显的政治伦理导向，集中体现为教育为无产阶级政治服务、劳教结合和培养社会主义接班人；"文革"期间，更是一切以"阶级斗争为纲"，德育为政治服务到了无以复加的地步。我国自古以来政治和教育不分，德育政治化、政治德育化的传统，一直延续到新中国成立之后的若干年，这也充分显示了在制度变迁中"历史是重要的"，显示了文化在制度变迁中的作用。

"教育必须为无产阶级政治服务"的功能定位，一直到 1985 年《中共中央关于教育体制改革的决定》中提出了"教育必须为社会主义建设服务，社会主义建设必须依靠教育"才有了改变。1985 年的这个论断意味着德育功能定位的变化，意味着教育制度变革的伦理基础从政治伦理转向了经济伦理。教育的功能由政治功能转向经济功能应该说是一个历史的进步，但是依然没有回到教育的本身，回到教育的原点——"育人"目标。因此就不断出现当"政治上以阶级斗争为纲，就搞'教育政治化'；经济上发展商品经济，就搞'教育商品化'；中央提出发展社会主义市场经济，学术界又有人提出'教育市场化'诸如此类的盲目、被动适应，事实上只会产生违反规律的后果"[①]。进入新世纪，随着个体自我独立的主体意识逐步确立，个人的自我意识与主体意识显著增强。2018 年 9 月在全国教育大会上，习近平总书记发表关于教育问题的"九个坚持"和"六个下功夫"的重要论述，其中就有"坚持把立德树人作为根本任务、坚持以人民为中

---

① 程少堂：《再论"教育的内部规律、教育的外部规律"说》，《高等教育研究》，1995 年第 4 期。

心发展教育"。从教育为无产阶级政治服务，到立足教育为经济建设服务，强化教育的经济功能，"多出人才，快出人才"，到逐渐形成基于训练、考试、竞争的"育才"模式，到逐步转向"幼有所育、学有所教"的"育人"模式，教育改革的伦理基础已经发生根本性的转变，教育将逐步摆脱工具价值，回归育人本质。①

当然，我们提倡教育回归育人本质，并不是说教育完全脱离社会需求，无视国家需要，这是不可能的。关于教育要为谁培养人、培养什么样的人、怎样培养人，一直是党和国家高度重视的问题。社会主义社会的教育价值观应该是社会发展的需要与人的自身发展需要相结合的教育价值观，大前提是培养一个社会的人，适应社会的需要。但是也不能丢开人自身发展的需要，不要把人变成工具。看教育价值观，应该把内部规律与外部规律统一起来，把社会需要和人自身发展统一起来。随着对教育内部规律认识的逐步深化，对学校德育的功能和本质的认识也在发生变化，学校德育制度在价值取向上也呈现出服务社会和体现主体需要的双重价值取向。20世纪末本世纪初，鲁洁先生曾多次撰文指出当前存在的道德危机，提出要克服科技至上、经济至上、消费至上的物质主义顽症，道德教育必须在超越中提升，道德教育的根本使命就是要引导人走上"成人之道"。德育除了经济、政治等功能外，还具有个体享用功能，道德教育的个体享用性价值之实现，也是个体发展之必然。②

2. 我国学校德育制度变迁的动力机制与路径选择

（1）政府主导的学校德育制度变迁

制度变迁大致上可以分为诱致性制度变迁与强制性制度变迁两种方式。诱致性变迁是"由个人或一群（个）人，在响应获利机会时自发倡导、组织和实行"，而强制性变迁则"由政府命令和法律引入和实行"。③德育制度首先具有政治属性和公共属性，我国的学校德育制度变迁是由国家作为制度变迁主体进行制度选择和制度变革，代表国家的政府，是"在

---

① 范国睿：《教育变革的制度逻辑》，《探索与争鸣》，2018年第8期。
② 鲁洁：《道德教育：一种超越》，《中国教育学刊》，1994年第6期。
③ ［美］R. 科斯等著，陈剑波、胡庄君等译：《财产权利与制度变迁》，上海人民出版社，1994年版，第384页。

暴力方面具有比较优势的组织，处于界定和行使产权的地位"[1]。因此，我国学校德育制度变迁的方向、速度、形式、广度、深度和时间路径在很大程度上取决于政府的偏好及其效用最大化，从制度决策的主体来看，其实主要就是把握统治权力的政府。政府在德育制度变迁中的主导作用主要表现在：第一，以较低成本，快速实施制度供给，解决制度短缺问题。在制度变迁过程中，核心领导者在制度创新决策时首要的目标就是维护和加强其政治权威，使自己获得最大限度的社会支持，以维持其统治地位的合法性。因此，政府在提供制度供给时，首先要设置制度变迁的基本路向和准则。中国古代在春秋战国百家争鸣之后之所以会出现"罢黜百家，独尊儒术"，正由于统治者出于自身利益需要确立儒家理论在价值观领域的统治地位；新中国成立后为了短期内完成旧德育的改造和推行新德育，提出党的教育方针，要求教育为无产阶级政治服务，教育与生产劳动相结合，其目的也是为了维护和加强党的政治权威，维护社会主义制度。第二，维持或改变现有制度安排，推动制度变迁的良性循环。第三，促进知识存量的积累，增强制度的供给能力。现有的知识累积是影响制度变化供给的因素之一，因此，政府会通过法令和政策等形式，为社会科学的研究创造一个宽松的环境；政府加大对社会科学研究领域的投入，鼓励人们从事社会科学的研究；组织研究人员从事某一领域的专题研究；扩大对外学术交流，繁荣社会科学事业。比如，1995年《中学德育大纲》中要求："加强德育的科学研究，要把德育的研究项目列入科研规划，注重学生政治思想品德现状和发展趋势的调查，开展德育的科学实验，为实施本大纲提供理论指导和业务咨询。"通过以上几方面的作用，在我国制度变迁中，政府的主导发挥了积极作用。

由于"统治者的偏好和有限理性、意识形态刚性、官僚政治、集团利益冲突和社会科学知识的局限性"[2]，在制度变迁中，政府的消极作用也同时存在。如有学者指出："以权力精英进行裁定的'内输入'模式导致德

---

[1] [美]道格拉斯·C.诺思著，陈郁、罗华平等译：《经济史中的结构与变迁》，上海三联书店、上海人民出版社，1994年版，第21页。

[2] [美]R.科斯等著，陈剑波、胡庄君等译：《财产权利与制度变迁》，上海人民出版社，1994年版，第397页。

育决策以核心领导层的意志为旨向,缺少来自各方面的多元互动与交流。德育决策基本上以中央精神为指针,民主化的决策渠道不畅通。""德育政策制定采取了精英化决策模式。该模式相当程度上将广大德育理论研究者与基层实践者们排除在外,以少数精英的国家政治思维替代了理论研究者与德育实践者们的德育思维,这使得政策一定程度上失去了较为广泛的认同,与现代民主社会发展相背离。"① 因此,德育制度变迁模式中如何建立一个能够包容各方利益主体,政府主导的强制性制度变迁和自下而上的诱致性制度变迁相结合的制度变迁模式是今后努力的方向。

(2) 利益驱动的学校德育制度变迁

制度的实质内容是权利义务的分配关系,体现了一种基于利益的占有关系或分配关系,制度的本质是对全社会的利益做权威性的分配。制度变迁是社会利益格局的重新调整,制度的改变即是利益的改变。我国政府主导的强制性制度变迁中,由于政府内部是由各个不同利益集团所组成,因此要处理和协调好其中的利益冲突。

包括德育在内的教育政策(制度)调整的是教育改革和发展过程中以教育活动为中心涉及的各个利益主体间以及各利益主体内部的教育利益的协调与平衡。作为一种战略性和准则性的权威性规定,教育政策(制度)调整的是两大类的关系:一是从教育政策的利益主体来看,调整的是国家、社会、教育和人之间以及不同的人之间的利益关系;二是从教育政策调节的领域来看,调整的是政治利益、经济利益和教育利益的关系。教育政策(制度)作为教育利益表达与整合的政治行为和政治措施,通过保证和促进教育的生存和发展而培养自由和谐全面发展的人,从而促进社会政治经济文化可持续发展。

然而,我国在义与利的关系问题上,儒家自孔子开始就有一种倾向,只问行为本身的应当与否,而不问行为是否有利。义与利在道德上是对立的,义作为行为应当的原则,它的基础并非利而是孝。利在儒家看来是个人的私欲,"义利问题只是个公与私也",其大力倡导"以公灭私""正其

---

① 张晓东:《德育政策论》,人民教育出版社,2011年版,第15页。

义不谋其利，明其道不计其功""存天理，灭人欲"。① 合于义者谓君子，背于义者谓小人，见利思义乃是仁道成熟的标志。儒家道德伦理走向了灭绝利的极端，追求一种纯粹的、至上的德性价值，仅仅具有一种形式上的至上性。但是由于在现实生活中，人们不可能完全超越于物质利益之上，完全舍利取义，所以"德"与"得"之间具有了内在的相通性。德者，得也。"德"成了"得"的途径和手段，成了一种获利的工具，"德"与"得"的关系具有了功利性，导致了功利心态和盈利手段。儒家这种具有工具主义性质的伦理道德所追求的不是人本身的目的，而是"正心、诚意、修身、齐家、治国、平天下"的政治目标，是为了君主等级秩序的和谐，是为了维护君主专制统治的合理性。

新中国成立后，作为执政党的中国共产党，是以维护和争取无产阶级利益和实现共产主义为奋斗目标的。为了建立以生产资料公有制为基础的社会主义计划经济体制，建立劳动者之间彻底平等的关系，试图根除社会中一切形式的私有化经济和个人利益，追求纯而又纯的公有制。这导致当时把人们在经济活动中追逐经济利益或财富当作是私有制社会的特有的现象，进行"割资本主义尾巴"，用统一的、无差别的利益尺度来要求和对待一切人，造成平均主义的泛滥，抑制和消解了社会发展的内在动力——个人利益存在的合理性。在这种计划经济体制下，个体没有独立的个人权利，他所有的行为都是在履行其所承担的社会义务。这种义务是绝对的，个人应尽的义务，都是为了满足集体、国家的要求，而不是为满足某个人的要求。当时国家还通过道德与政治相结合的手段即思想政治运动来强化这种国家义务主义倾向，宣扬个人利益无条件地服从集体的利益。这种集体主义道德原则已经背离了它本来的真实内涵，完全抹杀了个人利益的客观存在。只有个人对集体的义务——服从，个人只是为集体服务的工具，而且是一种"驯服的工具"，集体与个人之间呈单向式的权利与义务，这种集体是脱离了个人真实存在的集体，是一种虚幻的、不真实的集体。

1978年实施改革开放之后，邓小平同志首先提出要解放思想、实事求是。他说："每个人都应有他一定的物质利益。""不讲多劳多得，不重视

---

① 施惠玲：《制度伦理研究论纲》，北京师范大学出版社，2003年版，第53、54页。

物质利益，少数先进分子可以，对广大群众不行，一段时间可以，长期不行。革命精神是非常宝贵的，没有革命精神就没有革命行动。但是革命是在物质利益的基础上产生的。"① 他提出的判断社会主义制度优越性的"三个有利于"标准和以按劳分配为主体、多种分配方式并存的分配制度，打破过去计划经济时期的平均主义，允许和鼓励一部分人、一部分地区先富起来，以先富带动后富，在生产力高度发达的基础上达到共同富裕。生产力标准的提出、新的分配制度的实施等，表明了对经济活动中人们经济利益的承认，对劳动主体的个人利益与个人自由权利合理存在的肯定，把人的发展因素置于突出地位，有利于调动人的积极性、创造性。经济体制的改革，特别是社会主义市场经济体制的确立，改变了过去权利和义务之间的单向关系，重新调整了各主体之间的权利义务结构，公民的个人利益得到了承认和弘扬，被法律赋予实实在在的内容，公民个人的权利变得真实。

新中国成立以来对国家利益和个人利益关系的指导立场的变化，在我国德育制度中有明显体现，如1954年政务院发布的《关于改进和发展中学教育的指示》中指出政治思想教育要"积极努力培养'爱祖国、爱人民、爱劳动、爱科学、爱护公共财物'的国民公德，并注意培养集体主义精神……加强国家观念，树立个人利益服从国家利益的观念"②；1988年《中共中央关于改革和加强中小学德育工作的通知》要求在中小学德育工作中进行集体主义教育，要"教育学生尊重他人，理解他人，帮助他人，从小懂得自私自利是不好的品质。在此基础上，教育他们逐步学会正确处理个人利益同集体利益和国家利益的关系"③。从中我们可以看到，在集体主义教育上已经由原来的单一强调服从逐步发展到指导学生学会正确处理国家、集体和个人三者之间的利益关系。

制度不管如何变换，始终都不会偏离"利益"这个关键和核心。既然德育政策是有关德育的权利和利益分配的具体体现，那么德育政策决定者在制定德育政策时，能否统筹兼顾各个集团、各个阶级的利益，并优先考

---

① 邓小平：《邓小平文选（第2卷）》，人民出版社，1994年版，第337、146页。
② 《中央人民政府政务院关于改进和发展中学教育的指示》，《人民教育》，1954年第7期。
③ 《中共中央关于改革和加强中小学德育工作的通知》，《人民教育》，1989年第2期。

虑在社会中居于主导地位的统治阶级的利益就显得非常重要了。特别是在民主、平等价值日益成为社会共同追求的目标的今天，政策能否保障某一集团的利益而又不以牺牲其他集团的利益为代价，就成为政策研究亟待解决的一个重大问题。在走向公民、走向生活、走向对话、走向多元的学校德育发展趋势下，学校德育如何培养出现代社会的真正公民，在学校德育制度建设中如何在德育内容上确保德育主体的权利，在制度制定程序上保证正义，在制定中让学生真正参与，在执行中体现公平正义，这些也都还有一个漫长艰难的过程。

（3）问题导向的学校德育制度变迁

对于问题，有人把它当作是某种"麻烦"，或是指某种"不正常"，而作为教育学研究对象的"问题"，应理解为一个有待澄清的困惑或有待解决的疑难。[①] 对学校制度变迁来说，学校制度会随着时间的推移对问题作出响应从而发生变迁。[②]

政策学者K.G.班廷指出了政策问题认定的三个相互依存的阶段，即：问题察觉、问题界定与问题陈述（如图4.2所示）。图中圆框为问题认定过程的三个阶段，长方框中的"问题情境""实质问题""问题形式化"分别指伴随上述三个阶段政策问题呈现出的三种形态，其中问题界定是教育政策问题认定过程的中心环节。

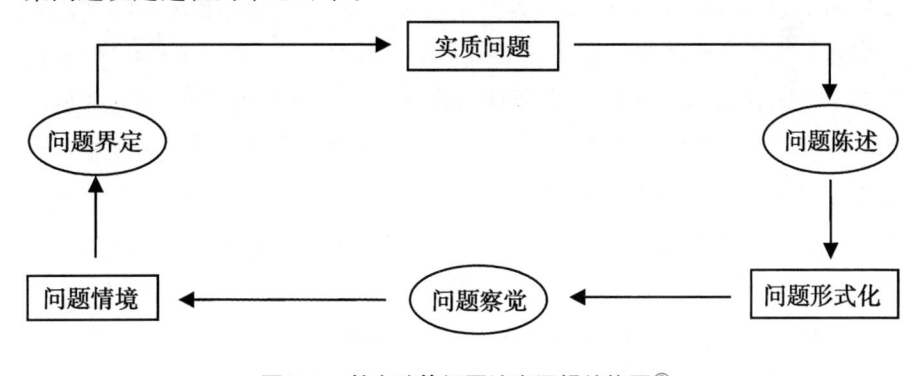

图 4.2 教育政策问题认定逻辑结构图[③]

[①] 杨小微：《全球化进程中的学校变革》，华东师范大学出版社，2004年版，第10页。
[②] ［美］詹姆斯·马奇、马丁·舒尔茨、周雪光著，童根兴译：《规则的动态演变——成文组织规则的变化》，世纪出版集团、上海人民出版社，2005年版，第53页。
[③] 袁振国主编：《教育政策学》，江苏教育出版社，2001年版，第26页。

在制度变迁动力分析中，对问题的关注是受到广泛重视的。制度总是针对一定问题而制定的，没有了问题需求，就不存在制度供给，制度就失去了规范的对象，也就没有了存在的必要性了。学校德育制度也是基于这样的逻辑，比如民国初期，面对当时国穷民贫的情况，教育的当务之急就在于根据新的社会需求励行改革，最大限度地培养出新国家的经济建设人才，因此当时的新教育方针就提出了"五育并举"。新中国成立之初，为了实现由新民主主义社会向社会主义社会的转变，一个迫切需要解决的问题就是政权的巩固，学校德育就突出把培养"五爱"的国民公德作为学校德育的主要内容。1979年8月，教育部重新制定和颁发了《中学生守则（试行草案）》和《小学生守则（试行草案）》，在关于颁发守则的通知中就指出：新中国成立以来，教育部曾于1955、1963年两次颁发中、小学生守则，对于培养青少年形成好品德、好风尚起了积极作用。但是，在"四人帮"横行时期，学生守则被践踏了，良好的风尚被破坏了。当前，有必要重新制定和颁布中、小学生守则。它对于全面贯彻执行党的教育方针，使学生德智体几方面生动活泼地主动发展，从小培养良好道德风尚，抵制非无产阶级思想和作风的侵蚀，促进社会风气的革命化，具有重大意义。[①]党的十一届三中全会以后，随着社会从"以阶级斗争为纲"转向"以经济建设为中心"，我国在今后相当长一个历史时期的主要任务就是搞现代化建设，学校教育必须为社会主义建设服务，社会主义建设必须依靠教育。我国学校德育如何适应社会主义现代化建设成为这个时期的德育政策问题。1989年发生的风波影响了社会的安定，同时也引发对政治思想教育的思考：如何抵制资产阶级自由化对社会的影响？德育应该作出怎样的调整？1990年国家教委出台《关于进一步加强中小学德育工作的几点意见》，要解决的问题就是如何反对国际、国内的反社会主义者采取政治的、经济的、思想文化的种种手段进行渗透、蛊惑和颠覆活动，防止资产阶级自由化思潮蔓延泛滥，防止"和平演变"……每一项德育制度的制定和颁布都是针对特定时期面临的问题的。

---

① 《中国教育年鉴》编辑部：《中国教育年鉴（1949—1981）》，中国大百科全书出版社，1984年版，第443页。

我国学校德育制度在建设和设计时体现着一种问题导向，学校德育制度变迁也遵循着问题导向，德育研究关注这些问题并针对这些问题制定和实施了一些相应的政策。只是我们要反思在界定这些问题时是否考证过哪些是经常出现的问题，哪些是"真"问题，每一次出现是否都采取了同样的措施，这些措施是否是有效的。但是问题导向的制度变迁取向在学校德育制度建设问题上往往表现为一种问题解决模式，这会成为一种事后调节，缺少计划和预测。学校德育制度建设不仅仅是一种问题解决模式，而应该是一种目标模式、愿景模式。近些年来，我们欣喜地看到学校德育制度制定上越来越体现出目标导向与问题导向的结合：2017年9月，中共中央要求深化教育体制机制改革"坚持目标导向与问题导向相结合"；2019年10月，中共中央、国务院印发《新时代公民道德建设实施纲要》，提出加强公民道德建设要"坚持目标导向和问题导向相统一"，要把握规律、积极创新，持之以恒、久久为功。

（4）路径依赖的学校德育制度变迁

在分析制度变迁时，新制度主义中的制度经济学、历史主义和组织社会学都强调"历史是重要的"，强调制度变迁中的路径依赖，认为一旦政府在某一政策领域作出了最初的政策与制度选择，由此形成的模式将被延续下去，除非有足够的力量克服项目起初形成的惯性。[①] 行动者经常面临两种选择——遵守制度或改变现行制度，这取决于哪种行为对自己的预期收益更高。从国家层面看，"解放区"时期和1949年以后较长一段时间内，共产主义道德凭借战争年代赢得的成功经验和领袖权威，成为国家道德生活的新的主导观念。然而十年"文革"和改革开放之后社会转型面临道德价值观多样性特点，社会整体道德价值呈现不稳定和不确定状态。1980年代初，西方伦理价值和文化的涌入，加剧了中国社会转型期社会道德信仰的摇摆和社会道德问题的激化。"当一个社会、一个民族，乃至一个人自身遭遇最基本最核心的道德困惑时，某种过去的非凡道德经验就很自然地成为他们或他（她）面对道德资源困乏与道德迷茫所最易回味的道德记

---

① ［美］B.盖伊·彼得斯著，王向民、段红伟译：《政治科学中的制度理论："新制度主义"》（第二版），上海世纪出版集团，2011年版，第71页。

忆，成为一种道德期待的情感寄托。无论人们怎样评价毛泽东本人以及他所代表的中国时代，凭借革命经验和领袖权威培植起来的革命道德曾经有效地主导过中国社会的道德生活秩序这一历史事实却给予新中国民众以难忘的记忆。"① 因此，新中国成立以来，学校德育制度变迁中呈现明显的路径依赖。特别是面对社会不确定因素的增加，面对复杂的教育问题和德育现象，改变或废除已有的制度，就会牵一发而动全身，导致付出更高的社会成本，深层次的制度变革步履维艰，制度处于一种难以改变的路径锁定状态。

在我国学校德育制度变迁过程中，以上各种因素是相互作用而非单一作用的，而且在不同历史阶段，各种动力发挥作用呈现阶段性特征。学校德育制度变革不能仅仅是问题解决的模式，需要用系统思维、复杂性思维、全局意识来认识改革，加强改革的顶层设计，需要着眼于长效机制的建构，坚持目标导向、问题导向相结合，需要更多专业团体和人士的参与，需要坚持政府主导的强制性制度变迁和专业团体的诱致性制度变迁相结合的模式，需要走出历史路径依赖的习惯圈，实现制度创新。

二、NS学校德育制度变迁的校本逻辑

在制度化的学校教育中，国家层面的德育政策只有落实到学校校本层面才能发挥真正的育人作用。政策执行是政策过程的中间环节，政策执行的有效与否事关政策的成败。詹姆斯·安德森把政策界定为"一个有目的的活动过程，而这些活动是由一个或一批为者，为处理某一问题或有关事务而采取的"②。政策强调的是实际所做的事情，而不只是提出或只是打算做的事情。基础教育学校作为落实和执行国家德育政策的基层，在政策执行和实施过程中遵循着什么样的逻辑呢？

这里把学校内部德育制度变迁的逻辑称为校本逻辑。20世纪80年代中期以来，我国加快了教育宏观管理体制的改革。1985年中共中央发布的

---

① 万俊人：《比照与透析：中西伦理学的现代视野》，广东人民出版社，1998年版，第417页。
② [美]詹姆斯·安德森：《公共政策》，华夏出版社，1990年版，第4页。

《关于教育体制改革的决定》明确提出要理顺学校内部管理体制，学校要"逐步实行校长负责制"。校本管理、校本课程等逐渐受到学者关注。校本化管理是一种与外控式相对应的内控式管理思想，校本管理赋予学校校长、教师、学生和家长更多参与学校管理决策的机会和权力。学校作为德育制度实施和执行的最基层部门，其德育制度变迁也会受制于多种因素的影响、多种动力机制的作用，有着自身的逻辑。

1. NS 学校德育制度变迁的影响因素

（1）地方行政部门的考核、评估和检查

在我国政府组织制度中，贯彻执行上级政府的各项政策指令是地方行政部门的一项重要工作，所谓"上传下达、令行禁止"描述的就是这种工作的理想状态。1937 年南宁初中校刊（第十五、十六期）里就有这样的"校闻"："部督学到校视导""省视导团到校视导"，每一级的视导都要求学校校长对学校行政及学科教学状况等进行汇报，并会参观校内各处。视察完毕，视导团还分别召集相关教师会议，商讨今后应改革各点。每一年度省里会形成《××年度广西全省中等教育视导总报告》。新中国成立后，对学校的视导工作也同样开展。1954 年，广西省文教局长会议的报告提出，1955 年的主要工作之一就是要求各专市县都积极抽调有关教学领导干部组成联合视导，加强对各类教育工作的视导工作，以了解全面发展教育的情况，帮助总结经验，改进教学，提高质量。① 此外还有各类检查和评比。为迎接上级各部门的检查和评比，学校就必须相应制定各种制度以应对。

20 世纪 80 年代全国上下开展"五讲四美三热爱"活动，当时广西壮族自治区还进行了"三优一学"（优良的秩序、优美的环境、优质的服务和学习先进）活动。

自治区决定于 1984 年 10 月 6 日在南宁召开全区 14 个地市"三优一学"竞赛活动，南宁市将于 10 月 25—27 日接受检查。根据自治区检查组的要求，南宁市委确定自治区地质局、空军大院、NS 学校等 20 多家单位为必检单位。其中 NS 学校是代表南宁市中小学受检的，必须全面反映南

---

① 《广西教育》（内部刊物），1955 年第 10 期。

宁市中小学"三优一学"活动的最高水平。检查重点是环境美,包括门前"三包"、绿化、美化、卫生达标和"十不准"等。学校对师生作了多次动员,师生也进行了多次讨论,还利用广播、板报等宣传工具作了深入的宣传发动,这一切都大大地调动了广大师生的积极性。领导多次召开会议,逐项研究市委、市教育局的要求,最后形成了如下方案:

1. 校长、书记挂帅,党政工团参加,成立NS学校迎接"三优一学"检查领导小组。

2. 制定完善南宁学校创建文明教研组、文明处室、文明班级、文明宿舍的措施,制定评比条件。

3. 落实NS学校创建文明教研组、文明处室、文明班级、文明宿舍的措施,制定评比条件。

4. 在全校开展"领导作风好、教师师德好、学生风纪好、后勤服务好、教学质量好,校容校貌好"的竞赛活动。

5. 重点治理校容校貌和教师宿舍区一级学生宿舍,坚决消灭卫生死角。

……

7. 领导和教师加大执勤力度,强化纪律教育;公布班级学风纪律检查结果,提高学生文明素质。[①]

20世纪80年代和90年代还是南宁市创建全国绿城、创建卫生城市的关键时期,因此这一时期学校的劳动教育、爱国主义教育基本上都是围绕该时期国家有关德育政策和当地的政府工作要求进行的。

1993年,中共中央、国务院发布了《中国教育改革与发展纲要》及其实施意见,1995年国家教委先后印发了《关于大力办好普通高级中学的若干意见》《关于评估验收1000所左右示范性普通高级中学的通知》,并附有示范性普通高级中学评估验收标准(试行)[②]。通知出台后全国各省市积极响应,NS学校作为一个有着悠久历史的重点中学很快作出表态。在2000年2月新学期开学初,学校教职工大会上,时任邓×校长提出近期学校目

[①] 洪中信:《风雨校长路》,广西教育出版社,2005年版,第6页。
[②] 《关于评估验收1000所左右示范性普通高级中学的通知》,《学科教育》,1995年第9期。

标是三年成为国家示范校；在学校的年度工作要点中同时提出抓好"五大工程"（"三讲"工程、德育工程、常规工程、园丁工程、创新工程）。不久，广西壮族自治区政府、区教育厅也决定从 2001 年起，重点建设一批在办学思想、办学模式、学校管理、队伍建设、教育研究和教学技术等方面起示范指导作用的自治区级示范性普通高中。2001 年，NS 学校正式启动自治区示范性普通高中立项建设评估工作，全面开展创建示范性高中工作。同年，自治区教育厅组织专家组分别对申请立项建设自治区示范性普通高中的 81 所普通高中进行了评估（NS 学校位列其中且排在第一位）。2002 年 12 月，自治区教育厅组织验收评估团共 5 个小组对首批申请验收的立项建设学校进行验收评估。广西示范性高中立项建设评估采用定性评价与量化分析相结合，在量化评估的三级指标中，很多都是要求有相关的制度作为保障，评估方式多采用查阅某方面的制度、职责、规划等，从这里我们就可以知道前述 NS 学校在 2001 年学校各种规章制度大规模产生的原因所在了。笔者也有幸参与原来所在学校的示范性高中立项评估工作，当时迎接评估检查大多数时间都用来补充完善相关制度文本材料等。当然，这也并不意味着学校以前没有制度，只是有些制度还不完善，与检查评估要求有一定差距，或者有些制度没有汇编成册，没有集中汇总，散见在不同科室和人员手中而已。

在应对上级行政部门的检查、评估中，学校制度得以不断完善，这确实是现实基层学校制度发生变迁的一种因素。但是，中小学德育作为一项专业性很强的育人工作，不能用完全行政的方式来对待，不能用经济、政治领域中的管理方式来对待，其制度不可能在短时间内突然炮制。因为从德育目标到内容、实施过程都具有其独特性，贯彻执行国家德育政策过程中，除了需要考虑当地政治、经济、文化因素外，更需要从德育自身规律出发，从学生成长需要出发，并结合学校师生的实际情况，需要专业化的德育理论来支撑，需要真正发挥德育应有的育人意蕴，这样才能实现立德树人根本任务。

（2）学校发展的区域制度环境

学校制度变迁不是在真空中进行，总是受制于一定的制度环境。这个制度环境首先指的是有关规定学校的教育目标、学校性质和地位等方面的教育法律、法规和教育政策；其次，国家和地方的某些政治、经济、文化制度也应是制度环境的重要构成部分。这些构成了学校制度变迁的外部制度环境，它们为学校制度变迁提供了合法性基础，成为学校制度变迁的外部制度保障，激励和推动学校制度变革。同时，这个制度环境也可能成为学校制度变革的障碍和约束，阻碍和束缚学校制度创新。"真实规则的演变以及执行过程——包括它们的主要机制和例外——需要详加解释并且需置于社会和历史情境中。"①

　　一定的制度环境又会给学校带来巨大的竞争压力。那些越是处于社会公众关注中心的学校面临的社会压力越大，如重点中学、示范性中学。或者反之，那些濒临倒闭的薄弱学校，处境艰难，凭着"置之死地而后生"的勇气，大胆进行学校制度改革，使学校发生巨变，这样的例子很多。NS学校1963年就是自治区第一批重点办好的学校，各方面都备受当地政府的关注，"教育厅李副厅长曾带领教育厅工作组来校进行了五天的检查和调研"。"文革"结束后，NS学校又被自治区教育厅确定为自治区首先办好的重点中学，在当时恢复高考、国家全力抓教学质量的背景下，学校工作基本是围绕升学质量。学校为进一步提高教育教学质量，拓展教师培训途径，1982年与南京师院附中结成友好学校，分期分批委派教师到南京师院附中进修学习，以扩大视野，增长见识，推动学校的教育教学工作。这个时期，学校通过制度如考勤制度、优秀班集体流动红旗评比、课堂常规八条、自习课常规三条、每周一次年级会、一个学期两次时事测验、每学期一次三好学生评比等来抓学生思想工作，在"不能丢掉一个学生"的思想指导下抓学生辅导和学习。进入新世纪后，学校通过立项评估，成为广西首批示范性普通高中。作为一所示范性高中，要在全面贯彻教育方针、实施素质教育、教育教学改革、学校管理、教育教学科研、领导班子和教师队伍建设、学校特色、扶持薄弱高中和周围学校、校园文化建设、教育技术现代化等方面发挥示范带动作用，因此，示范性高中既是一种荣誉、一种认可，更是一种压力和挑战。而且立项后并不是一劳永逸的，自治区教

---

① ［美］詹姆斯·马奇、马丁·舒尔茨、周雪光著，童根兴译：《规则的动态演变——成文组织规则的变化》，世纪出版集团、上海人民出版社，2005年版，第25页。

育厅还规定对示范性普通高中实行动态管理，原则上 3—5 年组织一次复查评估，达不到标准要求的，将取消自治区示范性普通高中资格。这就迫使学校要不断进行学校内部管理的完善，在形成学校鲜明办学特色方面下功夫。NS 学校的"真·爱"教育的办学思想、"敦品力学"的校训、学校实践型德育课程制度体系等就是在这样的环境下逐步提出和完善的。除了来自示范性高中建设制度的影响外，同一时期本市另一所同类学校对 NS 学校在本市的影响力也形成极大竞争压力。两所学校一度为争校史吵得不可开交，后来在各种评比中更是明争暗斗，特别是每年一度的高考成绩公布、高中招生大战更是 N 市老百姓和家长的谈资。为了在高考成绩上永占鳌头，NS 学校的各种竞赛班、清北班、实验班、外地优秀生班就此应运而生。

在现代化的体制下，学校领导无可避免地要在"分数"和"素质"两者之间寻求平衡。因为，现代管理模式重视的是科学化的信息和数据的统计，重视的是"量化"的评估。而另一方面，教育本身则是"育人"的过程，是比较漫长，又很难明确"量化"出成绩的工程。在这之间找出一个平衡点是不容易的，但这的确是每一个学校领导不得不做的工作。

(3) 校长的更换及学校领导的偏好、领导个性、风格等

现代管理理论认为，由于现代组织越来越复杂，因而也应更加重视领导者的领导风格和领导策略等技能。国外学者在这方面早有研究，比较有代表性的是道格拉斯·麦格雷戈的 X 理论和 Y 理论，他从不同的人性假设出发，试图区分不同管理者的个人领导风格。麦格雷戈认为 X 理论与民主的或参与型的组织不符，Y 理论与现代组织管理中人的行为相符，因此他赞成 Y 理论。美国依阿华州立大学对不同类型的领导行为进行了分类和研究，根据研究他们把领导行为分为三种不同的类型：权威型的领导、民主型的领导和放任型的领导。俄亥俄州立大学的研究提出了领导者在各种群体和情景中的两种行为模式：关心组织的领导风格和关心人的领导风格。密歇根大学的研究提出了两种行为领导，分别是以生产为中心的领导和以员工为中心的领导。菲德勒的权变理论提出了在不同情境中以关系为导向的领导和以任务为导向的领导的有效性。罗伯特·坦南鲍姆和沃伦·施密特对早期领导特征和领导行为理论所提出的领导风格进行了进一步研究，以

此提出了领导行为带理论（见图 4.3 所示）。

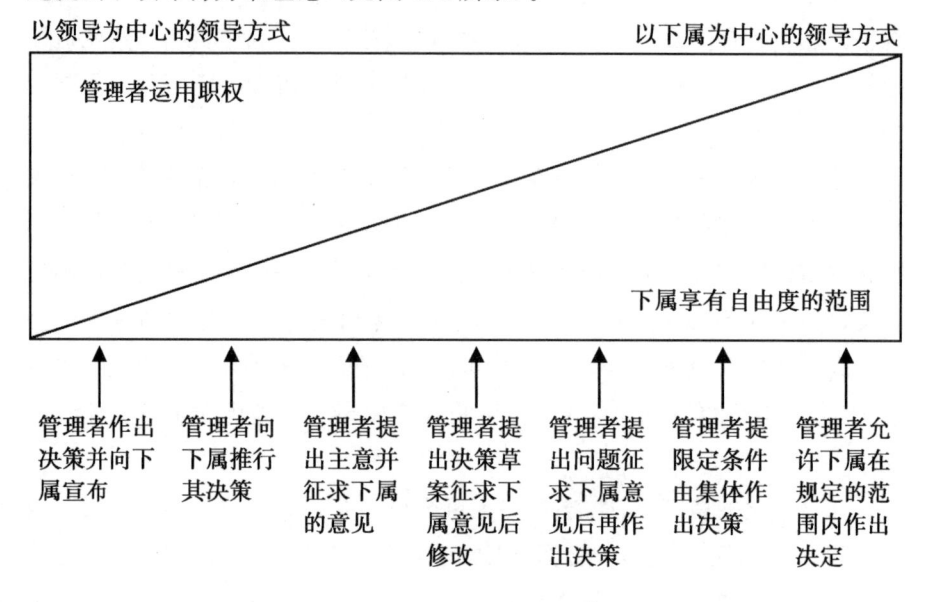

以领导为中心的领导方式　　　　　　　　　以下属为中心的领导方式

管理者运用职权

下属享有自由度的范围

| 管理者作出决策并向下属宣布 | 管理者向下属推行其决策 | 管理者提出主意并征求下属的意见 | 管理者提出决策草案征求下属意见后修改 | 管理者提出问题征求下属意见后再作出决策 | 管理者提限定条件由集体作出决策 | 管理者允许下属在规定的范围内作出决定 |

图 4.3　领导行为连续带①

国外学者对领导行为和风格的研究虽然没有直接提到其与组织制度或学校制度变迁的关系，但这些理论模型可以帮助我们鉴别各种领导行为和风格。而不同的领导行为和风格，直接影响着组织的决策，影响着制度的执行以及制度变迁中的参与主体和变迁方式。"可能制度没变，但由于校长的个人管理方式，执行方式，个人魅力等，制度执行效果会发生改变。"（访谈对象：NS学校特级教师李老师）在国内学者韩东屏教授看来，一个组织的制度发生变化，一定是出于组织中的制度安排者的意图。制度安排者的制度意图的变化会导致制度变更，制度安排者的变化也会导致制度的变化。② 因此，在校本层面，学校德育制度的变化与学校的制度安排者（主要是校长和学校行政领导）直接相关，校长如何理解、解读和把握政策，确立、导向和调控办学行为，将会对学校的发展产生巨大的影响。这种现象在 NS 学校 1978 年之后的制度变迁中表现得很明显。

---

① ［美］Fred C. Lunenburg，Allan C. Ornstein 著，孙志军等译：《教育管理学：理论与实践》，中国轻工业出版社，2003 年版，第 124 页。

② 韩东屏：《制度的威力》，华中科技大学出版社，2018 年版，第 63—65 页。

1978—1984年的几任校长都很注重以身作则,经常深入一线听课指导。比如冯校长就有"平民校长"之称,他曾在《谈谈领导工作的体会》中这样写道:"我们依照《全日制中学暂行工作条例》的规定,统一安排学生到校办工厂、农场劳动和搞校内清洁卫生,既避免劳动过多的情况,又坚持一定的劳动,学生学习成绩不但没有受到影响,而且还有所提高。""校长必须花相当的时间和精力深入课堂,研究和解决课堂教学的问题。抓住了课堂教学就抓住了教学的关键,丢掉了这个关键就会事倍功半。""要发扬民主,做教师的知心朋友。"[①] 有学者把这样一种校长学的思维称为:"'自下而上'的思维和行动,从'教育利益相关者'的角度看待和认识教育领导工作,关注校长自身、学生、教师、家长及社会团体的利益。"[②]

1984—1997年洪校长在任,有人认为"他上任后,人治的成分比较大,任人唯亲。人际关系很紧张"。(访谈对象:NS学校图书馆李老师)

1997年上任的邓校长,教师对他的评价是:他是一位很民主的校长,也很有教育思想。"邓×校长上任,拨乱反正,干部是民主推荐的。"(访谈对象:NS学校图书馆李老师)他上任后学校首次建立宿舍管理员制度,聘用社会人士担任学生生活指导老师,尝试进行教育教学管理体制改革。正如他创办的校刊《方圆天地》的刊名寓意一样:方是做人要有原则性,有道德、有人格、有尊严,以示灵魂;圆是做事要有灵活性,有能力、有情感、有机智,以示魅力。外圆内方,一切顺利;方圆归一,万事如意。他提出的抓常规工作,要求在常规教学管理和常规校风学风建设工作中突出一个"严"字。严于管理,严于检查,严于奖惩,把创先争优活动落到实处,把各项常规规定和要求赋予"法"的意义,学校、教师和学生都要自觉依法治校,以法治教,人人遵纪守法。

2001年上任的方校长,是NS学校历史上唯一一位女校长。方校长原来是广西一所师范大学附属学校校长,那所学校校园文化极富特色,很多学校校长曾去该校参观学习。她被誉为"播种'真·爱'的女校长",曾

---

① 冯宗异:《谈谈领导学校工作的体会》,《广西教育》,1979年第7期。
② 陈志利、张新平:《自下而上:苏霍姆林斯基校长学的思维及贡献》,《基础教育》,2012年第4期。

是广西壮族自治区 21 世纪园丁工程 A 类学员，特级教师，后来又入选全国中学骨干校长高级研修班。

作为重点中学的校长，不仅在教学方面要有所成就，在领导方面也要有超前的意识和先进的理念，我把读教育管理方面研究生时的文化理论、在国家中学骨干校长班所接触的先进学校管理方式方法与多年的教学、管理实践相结合，形成了对学校建设和发展的独到见解。（2002 年 9 月方校长工作总结）

实行人本管理，调动教职员工的积极性。人本管理的核心是充分尊重人、理解人、发展人。教师是学校办学的主体，一支优质高效的教师队伍是优质教育的关键，一支优质高效的职工队伍是优质教育的保障，我们采取以下措施发挥教职工的主人翁精神，促进教职工队伍的不断优化。……实行人本管理，提升干部素质。……为了建设一支高效廉洁的干部队伍，我们采取了以下措施：1. 对干部提出"多读书，少应酬"的要求。2. 加强制度建设，明确部门职责，做到各司其职，各负其责，处理事情，按制度办事，不能因人而异，讲究公平合理。3. 行政工作增加透明度，做到校务公开，广泛听取师生员工的意见，集思广益，做到民主决策。……实行人本管理，给学生创造更大的发展空间。……实行人本管理，对学校领导提出更高要求……（2002 年方校长述职报告）

方校长在任期间，从制度建设抓起，后来又提出人本管理理念，提倡文化管理。她还提出要打造"德育为先，文理并重，崇尚一流"的学校特色，把德育工作放在一切工作的首位，做到"五抓"：抓养成，促进道德内化；抓活动，拓展德育渠道；抓热点，充实德育内容；抓网络，完善德育体系；抓研究，提高德育实效。她创立了"值周班"制度，创立了延续至今的一系列品牌活动、德育品牌，形成了实践型德育模式等，这不能不说正是方校长个人管理风格的一种体现。

（4）教师的专业自主性特点

在传统的观念中，学校组织是决策者，教师个体是执行者。但事实上教师个体既不是学校的隶属物，也不是学校组织决策想当然的执行者，他们有着独立的行为决策权。真正呈现给学生的课程，并不是教材上呈现的文本，都是间接的，都需要通过教师自我的吸收与转换，才可能影响到课堂教学过程与行为。①"学校常提倡合作,现在提'共同体',但教师的工作主要还是自己独立进行的。"(访谈对象:NS 学校特级教师李老师)如何在学科教学、班级管理中实现立德树人这些价值观念,必定要首先经由教师的理解与诠释,才能进而得以传递给学生。② 教师因其能动作用而成为了"所立何德"的关键解读者。

在 NS 中学就有这么一群名师,他们在课堂教学、班级管理中用自己的一言一行诠释着何为教书育人,何为立德树人,他们好比是学校的教育"制度"。物理朱老师,数学阳老师、张老师,语文郭老师、李老师,等等,他们成为了学校一直传递的校园名片。

名门之后的朱老师一直以其人格魅力和优异的教学业绩为后人称颂。他曾经受到时任国家主席的接见,可是他是那么谦虚和低调,笔者曾希望对他进行一次访谈,可是他婉拒了。后来有幸看到学校老师写的一本书中描述的朱老师:

朱老师说他自己过去也曾经是一个顽皮的孩子,他特别懂孩子的心。

他对学生一视同仁,不偏爱学生,不歧视暂时落后的学生。

他事业成功,满载荣誉,然而做人低调,从容淡定。清晨,你可以天天看到他高高的身影活跃在校道上、操场上;晚上,他是最晚一个离开办公室的人。与人相处,谦恭有礼,不专断,不傲慢,不自以为是,好一位谦谦君子。③

教数学的张老师治学严谨,平时对学生要求很严格,是师生心目中的榜样。在任教某班数学时,曾受邀参加班会,并在班会上进行点评。

张老师神色凝重地走上讲台,接过主持人的话头说:"刚才听到主持人说,同学们看小品时发出了会心的一笑。我笑不起来,我的心在流泪……"

接着,张老师从如何看待考试作弊、班集体、道德观念、权利和义务四个方面进行阐述。场下,鸦雀无声,大家都在屏息静听。

张老师的发言赢得了同学们的热烈掌声。主持人黄丽英同学激动地

---

① 周彬:《决策与执行:制度视野下的学校变革》,教育科学出版社,2005 年版,第 79—82 页。
② 王晓莉:《"立德树人"何以可能》,《全球教育展望》,2014 年第 2 期。
③ 郭先安:《大榕树》,广西民族出版社,2011 年版,第 61 页。

说:"在听张老师的讲话之前,我一直把小品中反映的行为视为笑话,并没有把它们当作一个严重的问题来看待,没有上升到一个高度来认识。在此,我为我先前的态度向老师、同学们道歉。在听张老师讲话的过程中,我只听到一句话:即使将来我无法成为一个伟大的人或者成功的人,我也一定要做一个堂堂正正、顶天立地的人!"场下又是一阵掌声。

对于张老师来参加班会并进行德育教育,有的学生很感激,感到是一种意外的收获:"他完全可以不必操这份心……"因为在学生看来,管理班级、做学生思想工作只是班主任的事情,与科任老师没有关系。而另有个别学生则对一些问题感到困惑:"现在我们所学的学科中,没有哪一科是教我们如何做人的。思想政治这一科听起来好像是,但事实并非如此……"学生中的这些思想,在一定程度上反映了目前的德育现状。当然,不少教师在教学过程中是注意做到德育渗透、管教管导、教书育人的,但全员育人的德育观念还没有完全进入每一个教师心中。

班会课上张老师的发言之所以能深深打动同学们,除了发言的深刻、富有哲理,是一番肺腑之言外,更是张老师的人格魅力使然。张老师学识渊博,治学态度严谨,在平时的教学过程中,处处严格要求学生,并以身作则、率先垂范,同学们对他十分敬佩。一个同学在周记中写道:"自从高一分 A、B、C 班后,我便很少再听到那个严肃的声音……很多东西,常常是失去以后才发现它的美好。过去觉得欣烈(背地里大家对他的称呼)讲课极少有笑容,而现在如果我还能继续听他的课,就算直到毕业老师都不对我们微笑我也愿意。C 班、欣烈不知不觉成了我渴望的地方,我要努力回去。"另一位同学说:"可以看出张老师是位很有责任心的老师。能有这样的老师任教,我们是幸运的。我觉得这样的老师是很能让同学们钦佩的,发自内心深处的。但愿更多的老师像张老师这样'育才'更'育德'。这样,NS 学校闻名就指日可待了。"①

NS 学校的班主任班级管理工作在广西也是有一定影响力的,班主任会根据自己班级特点,形成自己的带班特色,即使是年轻的班主任也毫不逊色。班主任刘老师带班不到两年,在班级管理方面制定了包括班级公

---

① 方洁玲主编:《"真爱"泉流》,广西教育出版社,2003 年版,第 141—143 页。

约、班训、周班会制度、班委轮换制度、周记命题制度、周末谈心作业、家校联系制度等。这些制度都是结合他所带班级的管理方式和特点而定的，并且相互间相辅相成，联系紧密。他这样总结自己班的班委轮换制度：

  班干部的培养从来都是班主任工作中不容忽视的环节，而班委干部的培养更是整个班干部培养工作的核心。我们班有着一支较为强有力的、团结的班委队伍，由8位品学兼优、纪律过硬的同学组成。早在初一班委成立之初，我就对班上同学明确说明每个班委的职责，并强调班委要尽快提高自助管理班级的能力。我告诉他们，任何班级的大型活动我只带他们组织一次，往后的活动要由他们自己组织。我是这样说的，也是这样做的。当我带领他们组织了第一次主题班会，第一次黑板报，第一次参加校运会，第一次班级摄影、美术、书法作品展览等之后，我把工作方法交给他们，也把班级的管理工作还给了他们。到如今，班级活动已全部由班委自己组织完成，只是在活动酝酿初期向我征询意见，听听我的建议。可以说，有了这支班委队伍，做班主任的省了很多心。随着时间的推移，我感觉到班委对工作渐渐露出一种厌烦情绪，这是对工作熟悉之后自然产生的情绪，我能理解，但私下不得不开始寻找更为合理的班委管理机制。曾听说过一种班干轮换制度，即由当值班长自由选人组阁，负责处理班级事务，并定期轮换班委委员。但考虑到初中学生的具体情况，我又不由得担心这种制度的推行可能会给班级管理带来混乱。经过反复思考，我决定取其合理内核，走一条既借鉴别人的经验，又有别于别人的新路子，即根据需要设定班委职位，定员8人，再由学生投票选出所有班委委员。这些成员在较长时间内是基本不变的，但不将班委职位固定在某个人身上，而是每两周轮换一次。一学期下来，8个班委委员都做遍了所有班委职位该做的工作。这种班委轮换模式既实现了班委工作的流动灵活性，提高了班干工作的积极性，又保证了班级工作稳定、正常地开展。[①]

  也许正是因为有这样一批人，NS学校作为一所百年老校，尽管学校管理看起来很宽松，但是学校师生还是会严格要求自我，会创造性地开展

---

① 方洁玲主编：《"真爱"泉流》，广西教育出版社，2003年版，第125页。

自己的教学和班级管理工作。正如特级教师李老师在访谈中所说："学校确实有一批优秀的教师，有这样的教师，即使没有领导也做得好。管与不管他们都会做得很好。"康永久曾在《教育制度的生成与变革——新制度教育学论纲》一书中提出"制度具有内生性"的观点，认为"制度总是与个人因素或者那些可以归结为个人因素的社会因素相联系"[①]，他看到了个人在教育制度变革中的作用。的确如此，在基础教育学校，很多教师特别是班主任在自己的教学和班级管理中都会根据所带学生特点制定一些班规、班约等，学校管理中如何有效吸纳班主任和老师们的智慧结晶，发挥他们参与学校制度建设的积极性是学校制度安排者需要考虑的问题。

(5) 学校历史文化传统

新制度主义很重视制度变迁中的"路径依赖"，如前面提到的制度经济学中的制度主义、历史制度主义和组织社会学中的制度主义。他们都认为"在历史惯例中延续下来的经验和模式更加重要"，组织建立过程中存在一些"铭记"现象即组织记忆。这种制度变迁中的路径依赖，与制度的回报递增或正反馈密切相关，也就是说由于初始的选择带来了巨大的回报和效益，这会影响以后的制度选择。

在学校组织的发展中，也存在一个历史传承与创新的问题。任何学校都有自己的发展历史（除新建学校外），都是在该校以前的历史基础上发展的。翻开中国名校丛书，我们发现这些百年历史名校都会提到一个校史传承的话题，因为厚重的历史本身就是一种文化，更是教育的丰富资源，学校师生可以从学史、悟史中激发光荣感、自豪感、使命感和责任感，从而激发大家奋发上进，再创历史辉煌。这其中也涉及了学校管理制度的继承，如江苏无锡育红小学在教学管理上重视评价机制、制度的建立，这与其早在百余年前尚为公益学堂时即已建立了包括课程、作业、考试评价、教师备课、教学反思、调代课等一系列教学管理制度不无关系，两者之间有着明显的历史承继性。也正因为百年前学校创始人开风气之先的实践尝试，为今日制度建设留下了众多可资借鉴的有益文本。改革开放后，30年

---

① 康永久：《教育制度的生成与变革——新制度教育学论纲》，教育科学出版社，2003年版，第123页。

间更换了八九任校长却无一轻率地动辄号称要推倒重来，改变或构建一个新体系，反是不约而同地坚持对已有教育成果在继承的基础上进行有根据的小步革新。也正是因此，百余年间的种种有益之处，才会如清水渗透沙石般一步步滤去杂质、留下清澈，直至今日仍在适度地发挥其指导性作用。①

NS学校作为一所有着百年历史的学校，在民国时期就有很多优良的传统，即使是在战火纷飞的年代，学校多次迁徙，但是一直保持着一种精神、好的校风和学风。

在管理上，无论军训和训育，都秉承领袖的意思，采取合理的严格主义，既不放纵，亦不压抑，使每个被教育者都在合理化的范围内，不触犯校规的范围内，自由、自立、自治。而且同学个个都能够自动的努力求学，在本省正确的路线上自动的干！至于军训官长对学生固和蔼可亲，教管的先生们，也能循循善诱，不违反教育上的原理。而全校上自校长，下至工警，也互能相安，乐于干每天超过十一小时以上的工作，各无怨言！甚么嫌隙，甚么派系，甚么对立，甚么排挤，似乎在我们的"南高"还没有听闻过，也没有人意识到有这样一回事。我们的教职员官长，合计有五十七人，省籍有粤、浙、湘、川、赣、闽、冀、晋、滇、鄂、桂十一个不同的省份。年龄有五十岁以上的，也有二十岁左右的。有很多吃过面包的，也有很多看过樱花的。有很多男的，也有很不少女的，然而却没有甚么东西的成见，部落的观念，和其他歧异的地方。这些，可以说得是"南高的精神"！②

关于学校的兴隆还有一种重要的因素，那就是良好的治学和修养风气，简称之为校风，这个比较前面所提的教师、校舍和设备还重要，因为学生求学得之于人者三，而得之于己者七，古今中外许多名人学者，不是自学成功的吗？所以要研究一学校的良，不能忽略这一点，本校校风虽未至于至善至美，但一般地说，还可说得良好，大多数都勤敏好学，热心服

---

① 郭华、李晓蕾：《名校没有秘密》，教育科学出版社，2010年版，第159页。
② 广西省立南宁高级中学《南高月刊》编辑委员会：《纪念"南高"二十一周年》，《南高月刊》，1936年第三和四期合刊。

务，我愿这种优良的风气能够保存，同时还要改正那不良的地方，关于这一点，我提出四个大目标，要大众共同努力：1. 勤谨好学的精神；2. 服从守纪的习惯；3. 诚恳坦白的态度；4. 服务互助的热情。①

就在这样的环境下，我们南高的学生，在各导师的领导下，本着传统的优良学风，仍能苦心孤诣，手不释卷的在课内课外都努力学习，弦歌之声未曾中断，这是值得自慰慰人的。学治会策动的壁报比赛、英文书法比赛、论文比赛、话剧比赛、球类比赛等各项活动，成绩表现，也较沦陷之前，毫不逊色。青年人这种朝气，这种热情，尤其值得嘉许。②

为了传承学校历史文化，NS 学校十分重视校庆文化的建设和校友资源的挖掘和利用，每年的校庆日都会邀请校友回校组织一些活动，逢大庆比如 100 周年、105 周年、110 周年、115 周年、120 周年等会举行隆重的校庆仪式，开展丰富多彩的校园活动，学校还会在每年的校庆日给在校学生每人发一个鸡腿以示庆祝。"校庆成为了具有精神价值和思想意义的纪念仪式，也是与学校具有各种关联的所有人士重温情谊、共同欢庆的盛大节日，并融合一所学校历史的追忆、现实的呈现、未来的展望，集中体现学校办学理念、展示学校文化品位与修养、延伸学校个性与传统。"③ 通过校庆活动，学校的历史文化也因此在这个过程中得以传承。

在 NS 中学校园主干道旁，有一座校友亭，亭子旁边有一块高约 2 米的太湖石，这是学校 110 周年校庆时校友捐赠的，上面刻着两个朱红的大字"真·爱"，这就是学校现在的办学思想。说起来，这里还有一段故事。作为一所有着跨越百年历史的学校，历经新思想的熏陶、战火的洗礼、新中国的建立、"文革"的批判、改革的春风，在不同年代都打上了时代的烙印。随着时间的推移，这所学校办学理念也不断充实和完善。从 20 世纪 30 年代的"惟努力求知乃能救国耳""作育英才，为国基干""保国爱生、求真向善"到"面向全体学生""勤奋学习、立志报国"，从"艰苦奋斗，

---

① 《致新同学》，《南高》，1942 年第 7 期。
② 《发刊词》，《南高》，1946 年。
③ 左鹏军：《仪式和记忆：大学校庆的精神象征与文化内涵》，《华南师范大学学报（社会科学版）》，2013 年第 5 期。

爱生如子"的教师品质到"刻苦读书，发奋成才"的学子追求，由此形成了"严于律己、求实存真"的校风，"团结实干、创新求精"的教风及"勤学、多思、明智、上进"的学风。2001年，学校抓住示范性高中建设和发展的契机，将学校的办学思想与当前的素质教育要求相结合，结合学校百年的优良传统和文化积淀，提出了"真·爱"教育的办学思想。该校分管德育的贾校长对"真·爱"作了这样的阐释："NS中学的学校文化，如果从精神文化的层面来说，NS中学有着光荣的历史传统，保国，爱生，求真，向善，真和爱是其核心和精髓。真，就是追求真的人格，做真人，做诚实的人，追求真理；爱，就是学校爱老师，老师爱学生，学生爱社会，爱国家。让每一个学生学会去爱，爱自己，爱父母、老师和学校，爱学习，爱同学，爱社会，爱国家。"[①] 如今，"真·爱"教育办学思想已经得到广大师生的认同，并自觉践行着。

2. NS学校德育制度变迁的动力机制与路径选择

（1）行政导向的学校德育制度变迁

提倡校本管理，强调基层学校在制度变迁中的作用，就是把学校作为它自身的发展和教育改革的主体。这需要处理好政府与学校的关系，其实就是要处理好政府与学校之间利益关系调整和权力再分配的问题。

在我国，传统教育管理体制是一种政府主导型的行政管理制度。尽管1985年《关于教育体制改革的决定》中已经提出要扩大学校的办学自主权，专家也呼吁学校要拥有相对的自主性，包含"办学的自主性、财产的独立性、人事的自决性、教学的专业性"[②] 等内容，但是，教育体制改革所赋予学校管理的办学自主权在现实中并没有真正落实。"为了维护自己的既得利益，某些部门不肯放权，这样形成了改革阻力与摩擦成本。虽然学校管理体制改革赋予校长以指挥权、人事权、财权、组阁权、机构设置权等办学自主权，但由于上级主管部门狠抓权力不放松，少数校长依旧是

[①] 贾应锋：《谈谈矛盾分析法在学校文化建设中的运用》，《广西教育学院学报》，2016年第2期。

[②] 范国睿：《政府·学校·社会——基于校本管理理念的现代学校制度设计》，《教育发展研究》，2005年第1期。

拿着钥匙的'丫鬟',当家做不了主。"① 这样的管理体制造成了学校"对上级的负责压倒了对民众的负责,对政府体系内部的责任强过了对社会的责任",造成学校过度依附政府,学校自主发展意识淡薄。

因此,校本层面的制度变迁大多还是行政导向的,多采取自上而下的强制性改革方式。在 NS 学校人事制度改革方面曾经出台过不少制度,我曾经以为这是因为该校是重点中学,所以改革会走在其他学校前面。后来该校负责人事管理的梁老师告诉我:"没有的,都是按照文件来的。"比如关于绩效工作改革,2011 年国家出台正式的改革方案,2012 年在各地实施。2013 年初学校举行教职工代表大会审议通过了《NS 学校绩效工资分配方案》,大会首先由工会主席传达了市教育局绩效工资会议精神,对学校制定的方案进行了详细说明:方案本着紧紧依照上级相关文件精神,结合学校实际,遵循"公正、公平、公开"的原则,经学校绩效工资考核小组数次商榷,又广泛征求全体教职员工、教代会代表的意见后,提交教职工代表大会讨论。工会主席强调该方案目的是把工作实绩突出、师德高尚、师能过硬的教职工从平凡中体现出来,充分体现多劳多得、优绩优酬,充分调动广大教职工积极性和热情。作为一所本省有一定影响力的示范性重点学校,NS 学校自然会更多受到上级行政部门的关注,特别是学校的高考成绩,每年能出多少北大、清华学生,能在全国奥赛中拿多少金牌都是关注的重点。有一年因状元花落 N 市之外的 L 市,N 市市领导亲自约谈学校领导,要求立即整改。后来学校领导派出高三年级老师外出河北衡水中学、湖南长郡等学校取经,回校后就对学生作息时间制度、月考制度等进行修改。

此外,在学校内部,随着学校规模越来越大,大部分学校实行的是科层制的管理体制,"这种多层次结构强化了学校组织的科层化倾向,使得作为现代化管理之范式制度的科层制的一些特征也渗透于学校生活之中,如规章至上的特征、职权分明的特征、地位分层的特征等,从而使得科层制对于社会组织的双重影响也同样体现于学校组织的工作之中,其积极影

---

① 袁小平:《何以为难——中小学内部管理体制改革的新制度经济学分析》,《当代教育科学》,2004 年第 14 期。

响是合理性、程序化、高效率,其消极影响则是权力集中、等级森严、责任回避"①。科层制的管理模式与强调教师专业自主存在严重冲突,也制约了来自一线教师的制度创新热情,成为学校德育制度变迁的阻力。

(2) 生活逻辑的学校德育制度变迁

制度不仅是一种外在于人的规则体系,更是一种生活方式;养成一种适应规则化、理性化、公平、正义的生活方式和行为态度,制度才得以真正实现。制度是人类经过长期实践而选择的一种社会生活方式;制度起源于人们的交往实践需要。"关于制度的产生与变迁,马克思有一个著名的论断:制度是'个人之间迄今所存在的交往的产物'。"② 根据这种观点,学校德育制度也必然产生和变革于学校生活实践中,体现一种生活的逻辑。

以往的学校德育过于强调政治化,导致一种政治化德育,失去了学校教育的本真。杜时忠教授认为学校德育的生活逻辑至少包括五个方面:"生活是有主体的,生活是人的生活,德育的生活逻辑是指学生的生活;生活是由需要推动的,学生的生活就是由学生的生活需要或者成长需要推动的,离开了学生的成长需要,学生的生活或者是被强加的,或者是虚假的;生活是实践的,是过的,不是纯粹的冥思苦想与思维体操;生活是有意义与价值取向的,生活一定是过的'好生活';生活是不断生成的,并没有预定的生活……"③ NS学校的学校德育制度的变革基于生活逻辑,从学生道德成长需要出发,建立起了实践型德育模式。

我们过去的一些道德教育之所以过于死板、枯燥,就是因为很多东西只停留在表层,很少能够深入到学生内心去打动学生的心灵。这里面有德育方法的问题,但更重要的是德育工作的出发点问题。德育工作就应该从青少年学生的身心发展的特点出发,从他们的实际和内在需要出发。而实践活动正是这种能满足青少年学生多方面精神需求和身心发展需要,深受学生欢迎的德育途径。

近年来,我校学生道德实践活动日益丰富多彩。例如:百家争艳的学

---

① 鲁洁:《教育社会学》,人民教育出版社,1990年版,第372页。
② 张敏:《学校制度生活研究》,华中师范大学博士学位论文,2013年,第32页。
③ 杜时忠:《德育十讲——制度何以育德》,华中师范大学出版社,2019年版,第35页。

生社团活动,广受赞誉的"十个良好习惯"养成教育活动,引导学生参与实践的"值周班"活动,传统课间操改为丰富多彩的大课间活动,每学年初举行的结对子迎新生活动,十几年如一日的青年志愿者活动,社会瞩目的"百色德育基地"教育活动,校运会增设的各种集体活动,卓有成效的学军、学工、学农活动等。这种实践体验活动就像一股徐徐的清风,给炎炎的盛夏带来了丝丝凉意,成为我校德育工作中一道动人的风景线。

学生参加实践活动前后思想的变化更验证了这一点。当同学们到百色老区访问后,看到老区人民艰苦奋斗的精神面貌,普遍增强了自己艰苦朴素的观念;参加过值周班的同学在繁重的体力劳动与严格的管理中,体验到劳动的价值,增强了环保意识和纪律观念;在严格的军事训练中,同学们既磨炼了意志,又改掉了懒散的坏毛病。(访谈对象:NS学校分管德育的贾副校长)

基于对生活逻辑的理解,按照生活的要求来变革学校德育,学校生活就不再是只有分数、竞争、考试成绩,而是一个生动、充盈、丰富多样的生活,在这里,教师引导学生积极自主地思考、体验、探索和领悟生活,真正洞察和明晰自我发展的道德愿望和人生旨趣,从而超越现实的世俗的生活,建构可能的生活,追寻更值得过的生活,去担当起自我人生的使命和职责。

特级教师李老师曾经在广西革命老区工作,刚到NS学校工作时就接手一个班的班主任,学生多是独生子女,家里都很富裕,接班时学习成绩很差。他一直捉摸着该做些什么能真正触动孩子的内心世界。2006年4月的一天,他带领全班同学进行了一次以"走近社会,学习体验,完善人生"为主题的学雷锋社会实践活动,带领学生到平果一所希望小学结对帮扶,学生看到了贫穷落后地区孩子们的学习生活,很受触动,那一周同学们的作文不约而同记下了这件事。他拿出了当时学生写下的作文:

山里贫困的小孩,以前在电视里也见过,但远没有亲眼见到的来得震撼。而旁边的不少同学眼里已含着泪水。看到他们,我们还有什么理由对现在的生活不满足吗?切身的经历感受,使我们更深刻地意识到,贫穷并不可怕,可怕的是失去对生活的希望。

当我们参观校园教室时，我们惊讶了，他们的学习环境使我们想起了电视中的希望小学，我们看到一些学生没有课本，一些学生没有凳子，只能站着读书。看到这样的情景，我们感触很深，心情沉了下来。之后我们自发地给他们上了节语文课，他们听得十分认真，感觉这节语文课来之不易，从眼神中看到了他们对知识的渴望，回想起平时那么多优秀的老师给我们上课却还任性地睡觉，心里惭愧。

与这里的孩子相比，我们实在是幸福太多太多。我们有可以尽情游戏的童年，有吃不完的零食，有明亮宽敞的教室和崭新的桌椅……但我们以前却不知道珍惜，总觉得这个不够好、那个不够多。以后我会好好珍惜现在的生活，勤俭节约、不铺张浪费。

在这所贫困的小学里，是根本没有英语课程开设的。26个英文字母对他们来说是听都没有听说过的。当我说要教他们怎样用英文来打招呼问好时，他们小脸上绽放出那种开心、迫切想获得知识的光彩，我永远也忘不了。我一字一句地教他们说词语，他们那个认真劲，是我从来没有在城里的孩子脸上见过的。龙河小学的孩子们，让我看到了生活上的贫困，也看到了品德上的富裕。

……

李老师说，这次活动确实达到了预期的目的，学生各方面都有很大改变，学习也比以前努力了。（访谈对象：NS学校特级教师李老师）杜威曾说"教育是生活的需要"，最好的教育就应该是"从生活中学习"。传统的教育目的与儿童直接、现实的生活无关，教育也因此割裂了目的和手段的关系。只有当"目的存在于活动之中，活动就不再是达到外在目的的手段了。目的是手段，手段也是目的，是其乐无穷的"。[①] 像这样的例子，在NS学校还有很多。

（3）利益驱动的学校德育制度变迁

---

① ［美］约翰·杜威著，王承绪译：《民主主义与教育》，人民教育出版社，1990年版，第23页。

无论是国家宏观的德育制度变迁还是校本层面的学校德育制度变迁，都离不开利益的驱动，因为制度变迁本来就是基于成本—收益的计算，只有当预期的收益超过预期的成本时，制度才可能发生变迁。只不过国家层面的制度变迁更需要考虑的是国家整体教育利益与社会成员个体教育利益的矛盾冲突，而学校层面的制度变迁可能更多考虑的是如何协调教育个体间的利益冲突，如何增进教育个体的"个体利益"的问题。①

作为学校教育个体的制度执行者，他在学校制度变革问题上，考虑的是他所付出的教育成本与教育收益之间的比较。NS学校班主任于老师是一位优秀的班主任，一直都带理科重点实验班。他曾说："学校在激励青年教师方面，说实在的，这几年NS学校的待遇也不好，一级教师也就2000多元工资，30%现在也没有，以前都没有跳槽的，这几年学校就有几个教师调离了。外出学习方面，有时候打报告到学校领导最后也没有批准，像我爱人是另一个城市某重点中学教师，外出学习机会就很多。"（访谈对象：NS学校班主任于老师）虽然如此，可是这并没有抵消于老师在班主任管理方面的热情，难道于老师真的是不求回报的"道德人"？"重点学校教师压力很大，但教师感受到的成就感是巨大的。这不仅仅是工资问题，很多是无形的资源，也不是收什么礼的问题。而是这其中的无形资本，比如我现在办事很多是学生帮忙的。在教书过程中感受到的价值、愉悦感，这已经抵消了压力。"（访谈对象：NS学校特级教师阮老师）这道出了重点中学老师尽管工资待遇并不高，工作压力也很大，但是仍然很努力工作的原因。正如有学者所言："影响教师对教育教学工作的投入程度，不是教育教学工作的社会重要性，而是教育教学工作带给教育个体的效用程度。""教师是否采取行动，取决于教育教学工作增进教师个体收益的程度，以及这种程度与教师采取其他行动获得收益的比较。"② 作为重点中学的教师，学校的声誉是一种无形资产，会产生巨大的"边际效应"，但学校声誉的创建，需要教师努力且富有智慧的工作。所以于老师接手一个新的班级，他会提出自己"德育为先、学习为重、全面发展；以人为本、以

---

① 周彬：《决策与执行：制度视野下的学校变革》，教育科学出版社，2005年版，第54页。
② 周彬：《决策与执行：制度视野下的学校变革》，教育科学出版社，2005年版，第54页。

和为贵、公平对待"的管理思想，他会带领学生民主制订班规，他会通过电脑排序抽签来进行每个月的座位轮换，他会在家长会上量化分析每个学生成绩排名、进步退步情况、学科差异情况等，并会向家长提出教育建议。每逢学生学习考试压力大时，他还会牺牲周末休息时间，带学生到公园做游戏、放松，他会买西瓜、糖果给学生放松……

　　作为学校行政管理者，当他以学校管理变革者的身份参与学校制度变革方案制定时，他会以双重身份参与其中。一方面他会以职业人身份进入，需要协调政府、社会、教师、家长、学生的利益，做到各利益主体的均衡；另一方面他还会以个人身份进入，这时候他需要考虑个体的收益。当今，社会对学校的要求越来越高，家长的选择性增加，学校之间的竞争越来越激烈，传统的"千校一面"的学校发展状况和学校发展战略已经难以适应基础教育改革的新要求，教学的质量、办学的特色和安全的学习环境成为一所学校的立身之本。在这样的背景下追求学校的办学特色成为校长的必然选择和道德使命。不过所有这一切都是建立在确保学校升学质量的前提之下的，因为校长们心里明白，学校的声誉、生源的好坏是和升学率密切相关的。20 世纪 90 年代末，NS 学校邓校长曾经满怀热情搞过教育教学管理改革，实行"走班制"，后来因高考成绩下滑而停止。新世纪后，方校长在学校搞奥赛班、奥赛教练制，其目的也是为了通过这种方式让更多学生上清华北大。至于后来，学校设置不同类型的班级，其中清北班的学生会从高一开始就逐渐淘汰、替换，每个年度会根据学生考试成绩排名进行筛选，虽然学校对外宣传这体现因材施教思想，是推进教育公平更为理想的一种方式。[1] NS 学校在实行教师人事制度改革时，采取的是"分层聘任制"，因为"作为潜在利益者的教师与决定其获益大小的校长必然会存在矛盾，要避免这种矛盾，必须下放、分解校长的聘任权力，避免校长身陷聘任矛盾的漩涡中心"。[2]

---

[1] 黄河清：《教育公平与因材施教——学校管理工作漫谈》，《广西教育》，2018 年第 6 期。
[2] 黄幼岩：《"分层聘任制"——我国公立中小学有效的教师聘任模式》，《全球教育展望》，2006 年第 5 期。

三、国家与学校层面德育制度变迁的互动逻辑

通过分析学校德育制度在国家宏观层面和地方、校本层面变迁的逻辑，发现二者之间在影响因素、动力机制和路径上有相同之处，也有不同之处，那么二者之间有什么关系？它们之间又是如何互动的？政策过程往往被分成元政策制定、政策制定和后政策制定（包括政策执行和评估）三个阶段。[①] 有时候政策制定出来了，但执行政策的人却把它引向了完全不同的方向，达到完全不同的目标；有的政策根本没有得到执行。政策执行过程必须具备三项本质上相互冲突的必要条件：法律要件，政策制定者认为在政治上最优先性的政策执行理念，通常会将之予以法律化，以取得合法性基础；理性官僚要件，政策执行者必须认定政策本身是正确的、合法的，并忠实地予以执行；共识要件，各种利害关系人纵使对公共政策有不同的认知，但必须对政策本身的内容具有共识。从政策的起始到最终执行政策的各个不同阶段之间的距离使政策过程在一系列级别上出现差错，也给出现差错提供了机会。[②]

在我国，现代国民教育体系的建立与西方国家发展的路径不同，现代国家在现代学校教育的发展中扮演着重要的角色，现代教育制度是在国家政权的强力推动下建立起来的。胡金平教授认为："当学校教育体系建立之后，学校与国家政权之间又存在一种互动关系，即国家加强对学校教育的控制，通过学校使国家政权延伸至社会下层意识形态和专业技术方面获得'合法性'的证明和支持，同时，学校在传播现代思想意识和技术时，也极力推动现代国家政权的'正规化'建设，在这种互动关系之中，现代学校亦因此而逐步找到自己的'合法性'。"[③] 依据这种观点，在考察了德育制度变迁的国家逻辑和地方、校本逻辑之后，下面将继续探讨二者之间

[①] 陈振明：《公共政策分析》，中国人民大学出版社，2003年版，第220—221页。
[②] ［美］E. R. 克鲁斯克等著，唐理斌等译：《公共政策词典》，上海远东出版社，1992年版，第6页。
[③] 胡金平：《学术与政治之间的角色困顿——大学教师的社会学研究》，南京师范大学出版社，2005年版，第62—63。

的互动逻辑。

1. 二者存在一定时滞性

新制度经济学代表人物诺思在《制度创新的理论：描述、类推与说明》一文中，提出的一个制度变迁模型就是"滞后供给"模型。"某一段时间的需求变化所产生的供给反应是在较后的时间区段里作出的。"[①] 笔者用这个概念来说明国家层面与校本层面德育制度变迁在互动上往往会存在一定时间差，出现时滞性。这种时滞性体现在几个方面，一是国家层面德育制度文本出台后，各级政府会通过各种渠道的组织动员和部署相关的活动，最后再到各基层学校具体执行落实，这中间可能会因为国家和地方制定政策考虑的出发点不一，而且地方差异大，出于成本、利益考虑，出现选择性执行或执行滞后。比如民国时期的军训制度，教育部早在1926年、1929年就通过了有关军训教育方案，但是在广西，桂系在学生中施行军训，是从1931年开始的。二是国家层面德育制度从文本到真正落实为现实的学校德育实践会有一个过程，这其中也会受到各种因素制约，会出现实效性差的现象。三是基层学校在实践中可能会产生一定的制度需求，但是现存的法律会限制制度安排的演化范围，供给滞后于需求，出现制度供给不足。

2. 二者之间的一致性和适度调适

在德育制度变迁中，国家政策与地方、校本政策之间存在一致性，二者相互协调，不断进行政策调适。国家德育制度发布后，学校也会制定相应德育管理制度；国家政策制订、修改等会征求和吸收地方好的经验和做法；地方和校本会在国家政策指导下，根据本地情况有所创新，为国家政策的制订和修订提供鲜活经验和典型案例。

世界一些发达国家如日本，文部省就很重视对市、区、街、村中道德教育的时间落实、全体教师对道德教育是否达成共识、教材使用的频度和开发的情况等等进行调查，目的就是通过调查为今后德育政策的整改措施打下基础。随着我国社会民主化进程的推进，国家德育政策制定中也会进

[①] ［美］R. 科斯等著，陈剑波、胡庄君等译：《财产权利与制度变迁》，上海人民出版社，1994年版，第297页。

行广泛的调查研究。比如中国学生核心素养的研制过程，在学生核心素养实证研究中对四个领域（教育系统、行政管理系统、各学科领域专家和社会人士）的十类群体（校长与名师、教育管理者、行政领导、文化与历史领域专家、教育学领域专家、心理学领域专家、社会学领域专家、经济学领域专家、自然科学领域专家、知名企业家及雇主）进行访谈，为在充分把握国情的基础上，建构符合我国现实需要的学生核心素养体系提供科学依据。2016年5月25日，教育部新闻发布会在山东济南市召开。这是教育部新闻发布会第一次到地方召开，公布一个地方的德育新政。在这次新闻发布会上，教育部基础教育一司司长吕玉刚表示，教育部会"进一步凝练各地的实践经验和做法，着力全面地构建中小学德育工作体系"。他透露，教育部"正在研究制订《中小学德育工作指南》，切实加强中小学德育工作规范指导"。① 目前国家正在上海、南京、合肥、西安、湖北等地试点"研学旅行"，其目的也是通过试点实验，为国家政策制定和执行提供经验，从而根据实践需要进行政策调适。

如果说上面的做法体现的是国家在制订政策时采取自上而下和自下而上相结合思路和路径，主动进行政策调适的话，那么作为地方和学校也会在执行国家政策的过程中主动作为，创造性开展工作，形成具有本土特色的经验，利于国家今后修订和完善政策。如在《中小学生守则》的修订上，2003年上海、北京等地的《中小学生守则》就避开或删除"见义勇为""敢于斗争"等字眼，这为2004年教育部修订颁布实施的《中小学生守则》提供了经验。再如，教育部2014年颁布《中小学教师违反职业道德行为处理办法》后，广西很快出台了《广西壮族自治区关于贯彻〈中小学教师违反职业道德行为处理办法〉实施细则》，2018年广西N市开展的"师德教育巡回大讲坛"案例成为全国国培项目优秀典型案例。

3. 二者之间有时存在反效作用

国家作为德育政策的决策机构，下级教育行政组织和学校是执行机构，这其中的政策执行是一个涉及众多参量和因素的复杂过程。我国学者丁煌曾从行为和制度上专门对政策执行过程中出现的阻滞机制进行了研

---

① 冀晓萍：《山东德育新政：让立德树人落地生根》，《人民教育》，2016年第12期。

究，他认为在我国国民经济和社会发展过程中相当程度上存在政策执行阻滞情况，其中既有来自人们观念上对既定政策决定的轻视，更有来自在群体关系上人们对既定资源和利益分配的不满和抵抗，还有在客观情势上来自执行者能力不够、政策资源不足、抵抗过于强烈等与政策决定相关联的种种问题。[1]

有研究者曾对教师在德育政策中的角色进行调查，结果显示，69.5%的被调查者认为在德育政策制定过程中教师能够扮演落实者的角色，69.4%的被调查者认为能够扮演德育政策制定的参与者角色，91.4%的被调查者认为可以是德育政策的落实者与参与者的角色。这表明基层对参与决策过程有较高的期望。而我国自上而下行政主导的强制性制度变迁和决策模式导致国家德育政策过于依附中央精神与最高指示，缺少主体性和主动性，对中小学德育实践本身最直接的关注较弱，使中小学德育独特的价值彰显不够，以至于产生了一些不良影响，给基层的德育实践和参与决策制造了障碍，[2] 使基层缺乏变革的动力，也没有创新空间，于是整个制度的变革与创新都依赖于金字塔顶的决策者。

位于金字塔顶的决策者，往往又是最远离教育实践的主体，因此上级无法完全利用下级掌握的充沛的决策信息，在制定政策时不一定能够顾及下级的利益，这就出现了"政策一统性与执行灵活性之间的悖论"。"在执行来自上级部门特别是中央政府的各种政策指令时，一些基层上下级政府常常共谋策划、暗度陈仓，采取'上有政策、下有对策'的各种手段予以应付，导致了实际执行过程偏离政策初衷的结果。"[3] 这种现象被称为"共谋行为"。马健生教授在分析我国教育制度变迁时也认为，我国教育制度变迁存在制度变通，即："在制度的运作过程中，执行者在未得到制度决定者的正式准许、未通过改变制度的正式程序的情况下，自行做出改变原制度中的某些部分的决策，从而推行一套经过改变的制度安排这样一种行

---

[1] 丁煌：《政策执行阻滞机制及其防治对策——一项基于行为和制度的分析》，人民出版社，2002年版，第2页。
[2] 张晓东：《德育政策论》，人民教育出版社，2011年版，第166页。
[3] 周雪光：《基层政府间的"共谋现象"——一个政府行为的制度逻辑》，《社会学研究》，2008年第6期。

为或运作方式。"① 在学校制度变迁中，制度变通主要是指学校针对上级机关的政策在理解和执行过程中作出的一种改变，造成与原定制度有所出入，造成制度在实施上与原政策目标相背离，出现"制度失真"。这种"共谋行为"和"制度变通"往往都会成为制度变迁的阻力，形成国家德育政策制定与地方德育制度执行之间的悖论，出现反效作用。比如民国时期，广西在学校实行军训制度，推行"三自三寓"政策，据史料记载，其目的是为了反蒋，与教育部推行军训的目的是不同的，这就与当时桂系执掌广西政权有关。

当今，在基础教育领域长期存在着"减负""片面追求升学率""只育分不育人""应试教育"与"素质教育"等的讨论和争论，国家相关的政策、文件也出台了不少，但现实状况却并没有多大改善。尽管大家都知道"十年树木，百年树人"这个道理，但无论是地方领导还是学校本身，在进行任何制度变革时，首先考虑的是变革所能带来的实际"分数效益"，如何快速有效地提高学生成绩，追求的是教育的利益和功利化；一名教师，要想赢得领导、同事和学生、学生家长的青睐，他首先需要做的是保证自己的学生在各种各样的考试中成绩显著。在这种情况下，学校德育作为一种"公共产品"，容易造成实施过程中的"搭便车"行为，为学校轻视德育提供了"合理"的借口。② 因此，学校德育表面上置于学校教育的首位，实际上处于无位状态，往往是学校办学的锦上添花而已。

任何制度的确立都是依据一定的价值观，制度变迁可能是价值观发生了变化，可能是实施中利益主体有自己的价值观或利益；制度确立后，不一定能够取得应有的效果，因为这里的价值观往往代表着国家、学校的利益；而实施中学校为了自己的利益，可能偏离国家的价值观；校长、教师、学生或家长也可能为了自己的利益，偏离学校的价值观及其依照这个价值观确立的制度。制度的变迁可能是折中的结果，妥协的结果，但长远看，仍然是整体利益和长远利益占据上风，体现的仍然是一个国家的核心价值，代表的是社会的公平和正义。

---

① 马健生：《教育改革论》，安徽教育出版社，2007年版，第41页。
② 刘超良：《试论学校德育的公益性》，《现代教育论丛》，2006年第2期。

第五章 优良学校德育制度的建构

无论是对我国学校德育制度变迁历史过程的研究，还是对百年中学德育制度变迁历史的个案考察，其目的都是为了揭示我国学校德育制度变迁的规律，为建构优良的学校德育制度提供策略，引导今后我国学校德育制度变迁的方向。本章中笔者将结合前面的分析，围绕建构优良学校德育制度寻找路径，以期实现以"道德的制度培育道德的人"，达成制度育德目标。

一、明确公平正义是学校德育制度的价值追求

1. 学校德育制度价值评价标准

"价值是源，制度是流。价值是制度的灵魂。"① 制度的核心问题体现在价值观上，任何制度都是具有价值导向的。何为价值？国内有代表性的观点，一般从哲学意义上把价值定义为："主体需要与客体属性之间的满足与被满足的现实关系，认为价值本质是一个现实性的关系范畴。"② 这种观点把价值放在主体与客体的关系中来考虑，明确了确定价值的依据是主体需要的满足。依此，德育制度满足主体需要的性质和程度决定着德育制度价值的性质和价值的数量，德育制度满足了主体的需要就具有正价值，损害了主体的利益就具有负价值，与主体需要无关就具有零价值；德育制度满足主体需要的程度、层次越高，德育制度的价值量就越大，反之，价

---

① 褚宏启：《中国教育管理评论》，教育科学出版社，2003年版，第73页。
② 李连科：《价值哲学引论》，商务印书馆，1999年版，第70页。

值量则越小。那么评价德育制度好、优良的价值标准是什么呢？好、优良的德育制度价值追求又应该是什么呢？

德育政策（或德育制度）是国家机关、政党及其他政治团体在特定时期为实现或服务于一定的德育目标所采取的政策行为或规定的行为准则。德育政策（制度）作为公共政策，调整的是德育领域的社会问题和利益关系。现代政策科学理论的一个重要特征就是强调公共政策的价值分配或利益分配，对政策进行价值分析是公共政策分析的核心。

刘复兴提出了一个教育政策价值分析的三维模式，他认为："描述教育政策基本价值特征的三个基本向度是价值选择、合法性、有效性；构成教育政策价值内容的两个最基本的方面是实质价值与形式价值；教育政策价值分析的三种具体方法是经验性研究方法、规范性研究方法、超伦理研究方法。"[①] 根据这个模式，他认为教育政策价值选择的根本原则是正义原则，教育政策的形式价值（教育政策活动的程序标准）是程序的民主化（获得政策价值选择的合法性）和程序的科学化（获得政策活动的合理性）。褚宏启认为具有公共性的教育政策价值追求的内容是效能价值、效率价值、公平价值。[②] 祁型雨认为教育政策的价值有四种表现形式：政治的价值、社会的价值、教育的价值、人的价值，四种价值的表现形式按价值取向的不同可分为内在价值（或目的性价值）和外在价值（或工具性价值），教育政策价值"好坏""大小"的评价标准有质的标准、量的标准和尺度的标准，评价教育政策价值的必然性"正当"的唯一标准是教育政策能否促进人的全面、自由、和谐的发展。[③] 刘超良认为好的德育制度的价值标准是正义、发展和自由。[④] 张敏在分析学校制度生活时，提出了优良学校制度的内在价值诉求是公正、自由与平等、学生的全面发展；优良学校制度的评价标准是公正、学生全面自由发展。[⑤] 施惠玲和倪愫襄从制度伦理学的角度提出了制度的价值诉求和价值取向，制度的目的性价值是自

---

① 刘复兴：《教育政策价值分析的三维模式》，《教育研究》，2002年第4期。
② 褚宏启主编：《教育政策学》，北京师范大学出版社，2011年版，第73页。
③ 祁型雨：《论教育政策的价值及其评价标准》，《教育科学》，2003年第4期。
④ 刘超良：《论德育制度的价值标准》，《教育研究与实验》，2010年第1期。
⑤ 张敏：《学校制度生活研究》，华中师范大学博士学位论文，2013年，第80—98页。

由与平等，制度的工具性价值是效率和秩序；[1] 制度的价值取向是公正与正义。[2] 高兆明在《制度伦理研究》和《道德失范研究：基于制度正义视角》中都对制度的公正问题进行了研究，在他的研究中对公正和正义不作严格区分，而是在"公平正义"的意义上使用的，是广义的公正。因为德育政策（或德育制度）包含于教育政策（教育制度）之中，对德育政策（或德育制度）的价值标准可以参照教育政策价值标准，同时需要结合制度伦理学对制度的伦理价值分析和学者们提出的有关德育制度的价值标准。从上述观点来看，学者们从不同角度出发提出了各自不同的价值标准，本研究认为公平正义是好的、优良的学校德育制度价值追求的应有之义，它包含了公正、自由、平等和全面发展等价值，处于优先价值地位。

2. 德育制度中公平正义价值的优先性

正义是人类社会首要的、基本的价值，也是德育制度首要的价值。历史上无数的思想家对正义进行了礼赞，如柏拉图、亚里士多德等。在柏拉图看来，正义意味着"得其所得""做其所做"。正义既是个人的最高追求，也是城邦的最高价值，它是社会和谐的基础。亚里士多德在《政治学》中，进一步发展了柏拉图的正义观，在肯定正义是一种个人的美德和优秀品质之外，他更加强调正义是一种共同体的善，即公共利益。共同体的公共利益是一种"至善"，也是最大的正义。[3] 罗尔斯认为正义原则是"一种在社会的基本制度中分配权利和义务的办法，确定了社会合作的利益和负担的适当分配"[4]。正义是人类的至善，是真善美的集合。公平就是按照相同的原则分配公共权利和社会资源，并且根据相同的原则处理事情和进行评价，其本质是对资源分配合理性的界定。社会的公平要求确立一套分配资源和权利的共同标准，并且在人们分配权利和资源时遵循相同的程序，这些标准和程序是客观的，而非主观的。[5] 2010年我国颁布的《国家中长期教育改革和发展规划纲要（2010—2020年）》明确提出，把促进

---

[1] 施惠玲：《制度伦理研究论纲》，北京师范大学出版社，2003年版，第158—175页。
[2] 倪愫襄：《制度伦理研究》，人民出版社，2008年版，第100页。
[3] 俞可平：《重新思考平等、公平和正义》，《学术月刊》，2017年第4期。
[4] [美] 约翰·罗尔斯著，何怀宏译：《正义论》，中国社会科学出版社，1988年版，第2—3页。
[5] 褚宏启主编：《教育政策学》，北京师范大学出版社，2011年版，第82页。

公平作为国家基本教育政策。

首先，公平正义价值优先于效率价值。罗尔斯在《正义论》一书中说："正义是社会制度的首要价值，正像真理是思想体系的首要价值一样。……某些法律和制度，不管它们如何有效率和有条理，只要它们不正义，就必须加以改造或废除。……在一个正义的社会里，平等的公民自由是确定不移的，由正义所保障的权利决不受制于政治的交易或社会利益的权衡。"[①] 在罗尔斯看来，正义比其他社会价值如效率、秩序等具有优先性。效率是对事物运行有效性的定量描述，其指标是输入与输出之比、所得与所费之比、投入与产出之比。如果以效率观来评价学校德育，往往会认为学校德育产出与德育投入不符合，导致德育实效性差的诘难，认为学校德育对提高分数毫无用处，只是装门面，对付检查，无利于学生终身发展，抓德育不如抓分数，考个好大学。长此以往就会出现无道德的学校教育，歧视那些在竞争中落后的学生，迎合、喜欢和支持那些获得高分数的学生，给那些优势学生更多的优势资源，使他们享受不公之利，与学生发展、社会发展背道而驰。

其次，公平正义价值优先于自由价值。自由是人的主体性的表现，自由构成了人之所以成为主体的根据。但是，一味强调主体的自由，往往被误解为放任自由，出现一放就乱，一收就死局面。特别是现在学校独生子女多，过于强调自由，强调个性，容易造成主体之间的冲突和相互侵犯，仅仅关注自己的利益，极端个人主义，不能积极承担个体义务，损害社会公共利益，使社会处于无序状态。

再次，公平正义价值优先于平等价值。平等是量的特性，是对社会成员所得资源的数量的比较。亚里士多德在《政治学》中指出："所谓平等有两类，一类为其数量相等，另一类为比值相等。'数量相等'的意义是你所得的相同事物在数目和容量上与他人所得者相等；'比值相等'的意义是根据各人的真价值，按比例与之相衡称的事物。"[②] 当不同的人占有相同的资源时，我们就说他们是平等的，但是事实上不同的人占有相同的资

---

① [美]约翰·罗尔斯著，何怀宏译：《正义论》，中国社会科学出版社，1988年版，第1—2页。
② [古希腊]亚里士多德著，吴寿彭译：《政治学》，商务印书馆，1965年版，第238—239页。

源很可能是不合理的。因为在人的素质方面，由于先天的遗传因素和后天的活动、发展，人与人之间的差异是很大的。一味强调平等，可能会导致绝对化的均等，否认差别的存在，导致压抑、损害社会整体活力。比如我国以前实现"一大二公"的社会主义公有制，试图建立劳动者之间的彻底的平等关系，造成"吃大锅饭"，平均主义泛滥。在学校教育中，如果一味强调平等，否认学生个体差异，其实是对学生的不平等，与目前提倡的差异化教学、满足学生个性化的需求是相违背的。

3. 公平正义价值在学校德育制度中的实现

高兆明认为制度公正可以理解为：其一是制度的公正，强调制度本身应当是公正的；其二是指公正的制度化，强调公正的理念与要求具体化为制度，旨在揭示制度化了的公正才是具有真实客观性的公正。它要求将实质性的制度公正进一步外在化为形式性的公正，在实质与形式的双重意义上达于公正。[1] 根据这种理解，公平正义在学校德育中的制度化要求将公平正义的理念与要求具体化为学校德育制度，在学校德育制度中体现公平正义。仅仅具备公平正义的理念还是远远不够的，研究和建立德育制度运行的公平正义机制才能解决德育制度制定、执行中的不公平和非正义问题。

在政治哲学的视野下，教育公平围绕教育权利、教育权力和教育资源三个核心维度展开，其实质是"教育权力对教育资源的分配，以及这种分配是否符合教育权利平等原则的评价"[2]。在教育学的视野下，教育公平包括受教育权利和教育机会的公平、公共教育资源配置的公平、教育质量公平、群体间的教育公平等。它要求遵循以下几个原则：教育资源配置的平等原则、差异原则、补偿原则。[3] 正义是教育的普遍价值和首要价值，指向的是教育制度与实践向合道德的善的方向的改进和建构，其内涵是"对儿童人格的平等的尊重、儿童生命价值的平等的关怀和儿童基本权利的平等保护，在此基础上引导儿童的精神品格健全和积极的成长"[4]。基于此，

---

[1] 高兆明：《道德失范研究：基于制度正义视角》，商务印书馆，2016年版，第42页。
[2] 师东海：《教育公平的政治学思考》，吉林大学博士学位论文，2011年，第2页。
[3] 王荣：《教育政策的价值基础：基于政治哲学的追寻》，科学出版社，2016年版，第68页。
[4] 金生鈜：《教育正义与教育改革的转向》，《当代教育科学》，2004年第20期。

学校德育制度中公平正义价值的建构和实现,就需要从德育理念、德育机制、完善制度等方面努力。

第一,更新德育理念是保证公平正义的前提条件。首先是尊重人的存在和主体性,促进学生全面发展。"好"的制度是能使人性自然健康生长的制度。马克思将人的发展分为三个阶段:以人的依赖关系为基础的群体本位——以物的依赖性为基础的个体本位——建立在全面发展基础上的自由个性的类本位。[①] 马克思的人的全面发展学说包括三个方面的意思,一是人必须发展,二是每个人必须发展,三是每个人各个方面必须全面发展。马克思所说的发展不是个别人的,也不是单一哪一个方面的,学校德育制度必须为人的终身发展负责。其次是回归生活世界,遵循生活逻辑。在德育活动设计中遵循生活逻辑,学生立场,引导学生走上"成人之道"。

第二,变革学校管理,建立健全师生参与学校管理的制度。教师参与学校管理在我国教师法中早已有规定,随着教师专业化发展,教师也要求享有专业自主权,在专业领域自主作出决策和自我管理。学校可以通过教研组、学术委员会等,创建学习型组织,发挥教师参与学校管理的作用。专业组织强调学术权威、专业权威,其决策在很大程度上是其组织内部专业人员的个人决策,而非其命令与行政,润物细无声的影响和潜移默化,有利于克服科层制管理的弊端。教师参与学校管理的内容可以是参与学校政策制定与制度建设,参与课程管理与课堂管理,参与班级管理与学生日常管理;参与的途径可以是参加教代会推进学校民主决策,在参与过程中可以采用协商民主的方式,在讨论、协商中对学校公共利益达成共识;参与制定的制度可以是校务公开制度、民主监督制度、听政会制度、干部民主评议制度、民主党派座谈会制度等。学生是学校的主要成员,新一轮的基础教育课程改革明确要求学校把学生作为课程建设的主体,以学生为中心建立自主、合作、探究的学习模式。学生参与学校活动,有利于满足其实现自身主体价值的需要,保证其主体地位权利,同时有利于提高学校管理的效能,促进决策科学化、民主化。学生参与学校活动的广度和深度与其主体性发挥直接相关。学校可以通过建立相关组织机构,完善学生参与

---

① 《马克思恩格斯全集》(第46卷上),人民出版社,1979年版,第104页。

学校管理的途径。学生可以通过学生会、学生社团参与学校管理，建立班级值周制度参与学校管理，建立学生申诉委员会参与学校管理，担任校长助理参与学校管理，参加校长接待日参与学校管理，成立住宿委员会参与学校管理，利用电子、网络平台参与学校管理等。学校师生参与学校管理，保证制度利益主体广泛参与到制度过程中，保证制度信息公开，有利于营造公平、正义的学校制度环境和氛围。

第三，重视基础教育课程改革，真正实现课程育人。课程是实施素质教育的核心载体，具有全面育人的整体功能。有什么样的课程，就有什么样的教学，就有什么类型的学生。学生的知识、能力和品行生长都有赖于学校课程的统整性与丰富性。2017年版的高中各学科课程标准明确规定了各学科的核心素养，目的就是通过学科课程达成学科育人目的。以NS学校课程开发为例，该校在1999—2007年期间，由高中思想政治学科教师牵头，结合高中"经济与生活"内容，以学校元旦通宵晚会中"美食一条街"实践活动为载体，以学校为场所，以班级为单位，以学生为主体，通过全真模拟的市场经营场景，让学生在活动中从购买原料到制作产品，制作海报，进行成本核算，从中领悟到市场经济的基本知识，领悟到挣钱的辛苦和乐趣，实现了德育的生活化和实践化。2008—2011年，全部活动项目交由各学科教研组具体指导，以德育课程化为目标，将学科课程和"美食一条街"活动进一步深度结合，形成了一套系统化、有逻辑、操作性强的实践活动课程。"美食一条街"活动由宣传动员、组织培训、报名交费、信息发布、审核发证、进程监督、总结评价等七个阶段组成，其中重点是组织培训、进程监督、总结评价三个阶段，实现了以下目标：德育课程化、课程与德育深度融合；完善对学生的评价机制，既评价学生掌握理论知识的程度，也评价学生的综合素养、市场规则意识。2012—2017年，通过专题讨论、课题研究、方案设计、模拟实验、实践操作、社会调查等形式探究各种现象和问题，鼓励学生以"美食一条街"活动作为研究对象，指导学生从消费心理、供求关系、经营方案、销售策略、投资结构、市场管理等多方面展开课题研究。该校在课程与学校活动深度融合中，实现了课程育人、学科育人、活动育人的目标。

第四，完善补偿制度，关注弱势群体。由于先天差异和后天活动发展差异，在学校总会存在弱势群体或强势群体，学校制度中应该多关注弱势群体，有意识给予弱势群体更多的关注和资源，改善他们的受教育条件和处境。罗尔斯认为："为了平等地对待所有的人，提供真正的同等的机会，社会必须更多地注意那些天赋较低和处于不利的社会地位的人们。这个观念就是要按照平等的方向补偿由偶然因素造成的倾斜。"[①] 这种倾斜看似不平等，但是其符合正义的原则。我们的学校教育总是对优生给予过多关注，对学校弱势群体往往忽视或关注较少。

二、协调好制度主体的利益是学校德育制度变迁的内在动力

1. 国家层面建立健全教育法律法规，明确制度主体权利和义务

从前面对我国学校德育制度历史变迁的分析中，我们可以发现在学校德育制度变迁过程中"人治"的痕迹比较明显，德育制度的法治化建设滞后，相关的法律法规制度供给不足。从世界范围来看，二战后世界许多国家认识到教育对政治、经济、社会等方面发展的重要作用，因此，都积极采取措施发展教育事业，其中特别重视教育立法，以法治教成为各国改革、发展和管理教育的一个共同规律。

新中国在成立后很长的一段时期内，党的教育法制建设的意识淡薄，在工作中主要采取行政手段和政策手段，而不注意实施法治手段。就教育方面来说，新中国成立之初没有制定教育法律，最高层次的教育法是国务院制定的行政法规，且数量不多；教育立法的主体不够规范，一些较重要的规范性文件，不是由国家立法机关制定或参与制定，而是直接以党的文件形式印发。如《关于教育工作的指示》《全日制中学暂行工作条例（草案）》《全日制小学暂行工作条例（草案）》等，基本上是由中共中央、国务院分别或共同发出的。其立法名称极不规范，多冠以"条例""决定""办法""指示""意见""规定""通知"等，降低了其严肃性与权威性，不利于贯彻实施。

十一届三中全会以来，建立保障教育发展的法律机制越来越受到人们

[①] ［美］约翰·罗尔斯著，何怀宏译：《正义论》，中国社会科学出版社，1988年版，第96页。

的重视。随着我国法制的恢复和加强,逐步制定、颁布了教育方面的法律法规,教育开始走向法治道路。1980年2月《中华人民共和国学位条例》颁布,这是新中国第一部教育法律。至今,我国已基本建立了较为完善的教育法律体系。

法治,已经成为现代文明国家的基本特征。教育政策的合法化是一个教育政策优化的过程。在决策参与及其法治化方面,祁型雨提出:我国应完善社团立法,培育成熟的决策参与主体;应制定和完善立法程序法,拓展决策参与的深度和广度,切实保障民众的决策参与权;应实行大众传媒法治,拓宽民众决策参与的渠道。[①] 在学校德育立法方面,华中师范大学制度德育团队提出建议,借鉴我国已经出台的《中华人民共和国体育法》的经验,尝试制定学校德育法,以法律、法规来推进学校的道德教育、道德建设,形成法制教育和道德教育相结合的创新机制。[②] 通过完善法律法规,明确各制度主体的权利和义务,实现依法治理。

2. 学校层面平衡好学校德育制度变迁中利益相关者的利益

制度变迁的动力源泉是利益,学校德育制度变迁与学校德育主体的利益密切相关。马克·汉森曾说:"学校或许是最复杂的社会产物了。一方面,如同其他正式组织一样,学校必须对一个复杂的人力物力资源的混合体的组织、管理、指挥等方面事物加以处理;另一方面,它又与大多数其他正式组织不同,学校因从事人力生产而导致其独特的组织与管理问题。由于每个人——家长、纳税人、立法者、教师——实际上都可以被当作学校的利益攸关者,因此,学校管理过程就变得极其复杂了。"[③] 由于利益主体的多样性和复杂性,因此科学评价和分析其对学校制度变迁的重要性以及倾向性十分重要。

P. C. 纳特和 W. 巴考夫在1987年发表的一篇文章中提供了另一种有效的方法来评估利益相关者对学校提出的社区发展问题及解决方案的反应,根据这个方法可以划分出四种类型的利益相关方。这一分析框架对于

---

① 祁型雨:《利益表达与整合——教育政策的决策模式研究》,人民出版社,2006年版,第206—207页。
② 参考教育部哲学社会科学研究重大课题攻关项目"全面加强学校德育体系建设研究"成果。
③ [美]马克·汉森:《教育管理与组织行为》(第五版),上海教育出版社,2005年版,第3页。

分析影响学校制度和学校德育制度变迁的利益相关者具有借鉴意义,参见图 5.1。

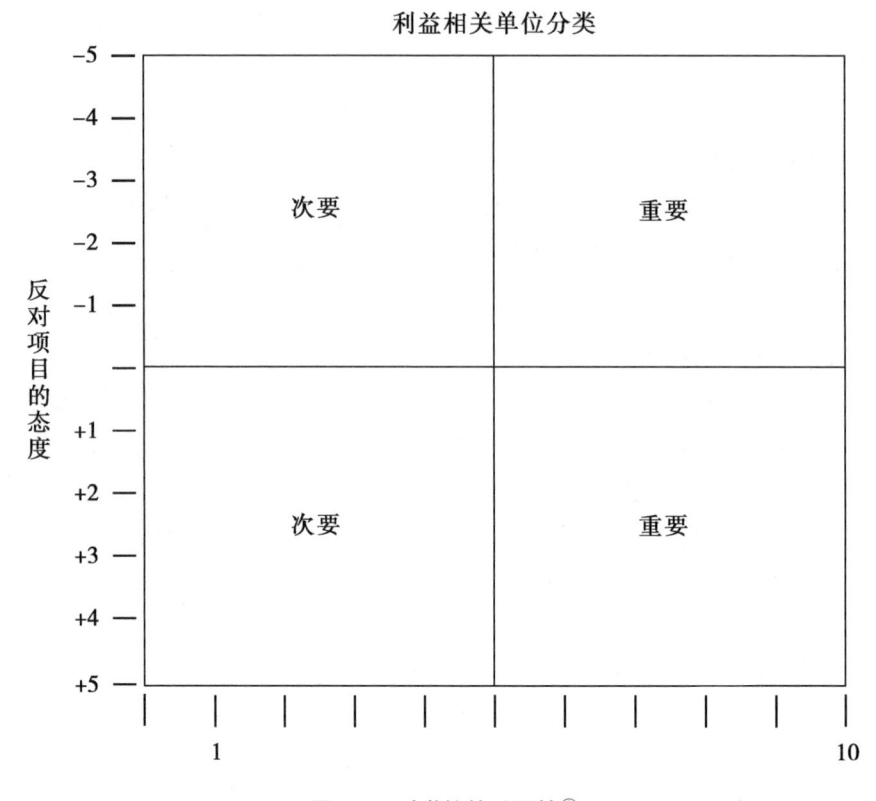

利益相关单位分类

```
反          -5
对          -4
项          -3 ┤      次要       │       重要
目          -2
的          -1
态             ─────────────────┼─────────────────
度          +1
            +2
            +3 ┤      次要       │       重要
            +4
            +5
               └─┬─┬─┬─┬─┬─┬─┬─┬─┬─┬─
                 1                    10
```

图 5.1　对学校的重要性①

根据上图所示,本研究把影响学校德育制度变迁的利益相关者分为四类,分别为持反对态度的次要利益相关者、持反对态度的重要利益相关者、持支持态度的次要利益相关者、持支持态度的重要利益相关者。学校德育制度变迁的成功要求既要了解持支持态度的利益相关者为什么支持,也要弄清楚持反对态度的利益相关者为什么反对。只有通过利益相关者分析弄清了制度变迁过程中哪些利益群体是促进的因素,哪些利益群体是阻碍的因素,然后又针对性地采取应对的措施,制度变迁才能顺利进行。

---

①　葛守勤、周式中:《美国州立大学与地方经济发展》,西北大学出版社,1993 年版,第 158—159 页。

随着我国社会的转型，学校制度和学校德育制度主体的多元化应是当前学校制度变革的主要趋势。我国有学者也认为广义的学校变革主体"包括教师、学生、学校管理者、家长、兄弟院校、教育行政、科研和督导系统、社区"[①]。结合前面对制度变迁主体的分析，本研究认为国家或政府、教育研究者、学校校长、学校德育管理中层干部、班主任、学生和学生家长、社区等都是学校德育制度变迁中的重要主体和利益相关者。

从当前我国学校德育制度变迁的现实来看，学校德育制度制定的主体主要还是政府或教育行政机关和学校主要领导。这种单一化的制度制定主体容易出现一些弊端，如政府或教育行政机关和学校主要领导难以克服自身的自利性和价值偏好，难以克服自身有限认知理性的局限，这样导致学校制度公平性、民主性和科学性一定程度的欠缺，影响学校师生对学校制度各个环节的参与积极性，从而影响学校制度的执行。

3. 实现政策制定者和理论研究者、学校内部管理者和师生家长之间多元利益主体的良性互动

第一，实现政策制定者与理论研究者之间的良性互动。德育是一门复杂的学问，需要专门的研究。随着我国社会民主化法治化的推进，德育学科的发展，德育研究队伍的壮大，德育研究机构的建立，德育研究者越来越多地参与到德育政策的制定中来。德育研究者积极参与国家德育决策，指导中小学德育改革，如主持修订义务教育阶段国家德育新课程标准、主编德育教材、开展学校德育诊断、通过大学与中小学合作（U-S协同）推进学校德育深度变革等。前面提到的关于中国学生核心素养指标，就是林崇德教授领衔，由北京师范大学、华南师范大学、河南大学、山东师范大学和辽宁师范大学五所高校组成联合攻关项目组，围绕研究目标采取自上而下与自下而上相结合的整合思路研制而成。中国学生核心素养的研制对2017年版高中新课程标准具有指导作用，在国家后续出台的课程改革文件中都有体现。政策制定者与理论研究者之间的良性互动有利于改变过去经验式的决策状态，使德育政策更具科学性和适切性，同时也有利于实现德育制度变迁模式由原来的政府单一主导自上而下的强制性制度变迁向多

---

① 李家成：《论学校变革中的力量集聚》，《教育发展研究》，2004年第10期。

元主体参与的自下而上的诱致性制度变迁转变。基于此,从国家层面上,国家应该加强决策主体参与教育决策过程的制度化、法治化建设。应完善社团立法,培育成熟的决策参与主体;①扶持德育研究机构和社会团体,形成培育利益集团的法律机制。从德育理论研究者层面上,理论研究者要增强政策思维能力,②既要保持对德育本质与理想的诉求,又要关注当下的经济社会发展和教育改革,使提供的决策意见更具针对性、操作性和可行性。

  第二,协调好政府与学校的关系。在学校制度变迁中,政府是学校制度的主要供给者,为利益集团和民众的活动提供了一种可预见的制度环境和解决各种争端的程序。当今,伴随着国家与社会、政府与市场关系的变化,二者在学校制度变迁中的作用也将会发生一些变化。随着现代学校制度的建立,学校办学自主权的扩大,政府对学校制度变迁作用的范围、作用方式都在变化。政府更多体现一种宏观管理,主要是维护教育公平,为学校发展创设良好的法制环境及其他必要的条件。学校作为办学的主体将要在学校德育制度变迁中承担越来越多的责任,要建立学校章程,确定学校特色办学理念、目标和任务等。通过政校关系的协调,政府放权学校,学校增强自主意识,实现供给主导式与需求诱导式相结合的制度变迁路径,从而促进学校制度的多元化生成。

  第三,建立学校内部民主协商制度。在我国学校管理体制中,相关文件规定,中小学实行校长负责制,校长是学校法人代表。但是在我国不少学校的制度缺乏稳定性,制度变更随意,有时不是因为实际工作的需要,而是根据领导的好恶随时修改,法随言出的现象不同程度地存在,有时甚至换一任校长就要对某些制度规范作出修改。学校中间组织(政教处、教务处、总务处、年级组、教研组等)在学校管理中起着上传下达的作用,学校领导的办学思想、学校制度变革等都需要在组织结构的平台上进行,因此学校中间组织的负责人在其中又发挥着关键性的作用。学校教师在学校制度变迁中有着自身独特的特点,他们是教育活动的主要承担者,是最

---

  ① 祁型雨:《利益表达与整合——教育政策的决策模式研究》,人民出版社,2006年版,第206页。

  ② 张晓东:《德育政策论》,人民教育出版社,2011年版,第229页。

具体的实践者,《中华人民共和国教师法》规定:教师"对学校教育教学、管理工作和教育行政部门的工作提出意见和建议,通过教职工代表大会或者其他形式,参与学校的民主管理"。不过长期以来,学校师生都处于被领导的地位,在学校制度生活中参与机会不多,参与的积极性也不高,参与的效果并不理想,常常流于形式,走过场。特别是当学校领导者属于专制型管理风格时,在缺少民主氛围的学校里,师生更是少有发言的机会,往往成为了"沉默的大多数"。家长和学生是学校教育的参与者和受益人,家长是最关心学生的。接受学校教育(特别是义务教育)是每个公民的义务也是公民的权利,接受优质的教育是学生及其家庭的利益追求。从发达国家 20 世纪 80 年代以来公共教育改革中的制度变迁情况来看,其中都涉及了家长和学生参与学校变革的内容。如英国《1988 年教育改革法案》中改革的主题及内容之一就是家长被赋予选择学校的权利,家长可以经选举产生足以影响学校决策的家长委员会;《2002 年教育法案》还要求学校要向学生征求意见,教育标准办公室的视导指南也把学校给予学生的发言权程度作为评价指标。美国《2000 年目标:美国教育法案》和《不让一个儿童掉队》里的核心内容都有"家长参与和择校""给更多的家长就学选择"。在我国,虽然国家文件有这方面的规定,调查也显示,在学校管理中有 89.2%的校长认为需要或非常需要家长参与学校管理,[①] 不少学校也建立了"家长委员会"和"家长学校",但在实际的操作中家长参与学校管理的权利还是十分有限。基于以上种种现状,有必要建立一种学校民主管理的协商民主制度。协商民主是 20 世纪后期兴起的一种民主理论。它是一种治理形式,平等、自由的公民在公共协商过程中,提出各种相关理由,说服他人,或者转换自身的偏好,在广泛考虑公共利益的基础上利用公开审议过程的理性指导协商,从而赋予立法和决策以政治合法性。[②] 协商民主要求设计出协商的制度、组织、机制和程序,规范协商过程,保证协商过程足够透明以促进理性说服。从学校内部管理制度主体参与制度建构的角度看,协商民主表现为一种民主的教育生态,在学校制度建构中体

[①] 蒲蕊:《政府与学校关系的重建——一种制度分析的视角》,武汉大学出版社,2009 年版,第 155 页。

[②] 陈家刚:《协商民主引论》,《马克思主义与现实》,2004 年第 3 期。

现一种协商民主的精神、遵循协商民主的程序,提高广大师生协商民主的能力和素养,所有受决策影响的利益相关者都平等地参与形成决策的过程,在公共讨论和争论中形成公共利益和公共理性。

三、处理好"变"与"不变"的关系,系统规划学校德育制度内容变迁

制度变迁理论认为制度具有稳定性,不过从一个较长的时间周期来看,制度并不是真的永恒不变的,这已是不争的事实。按照辩证唯物主义的观点,运动是绝对的,永远不变的就是变化。学校德育制度内容的"变"与"不变"对立统一于制度变迁过程中。以往学校德育制度变迁更多是一种问题解决模式,往往出现"头痛医头脚痛医脚",缺少系统思维,在制度话语表述上多以"严禁""不准"开头,缺少相应的制度激励,甚至出现制度的缺位、越位、错位现象。因此,德育制度变迁应该在系统思维、复杂思维视域下做好顶层制度设计,正确处理好"变"与"不变"、继承与创新的关系。

1. 德育制度价值取向上的"变"与"不变"

教育政策价值取向有四种表现形式,即政治的价值、社会的价值、教育的价值、人的价值,如果按价值取向的不同可分为内在价值(或目的性价值)和外在价值(或工具性价值)。因为德育政策(或德育制度)包含于教育政策(教育制度)之中,参照这个分类,本研究把德育政策(或德育制度)价值取向也分为内在价值(或目的性价值)和外在价值(或工具性价值)。德育政策的内在价值(或目的性价值)是指把德育作为人自身全面发展需要的目标取向,是"以人为本"的价值取向;德育政策的外在价值(或工具性价值)体现学校教育方针和德育目标明显的外在社会功能取向,德育为政治服务、为经济服务、为社会服务等。纵观我国学校德育制度在价值取向上的变迁——民国时期蔡元培提出的"五育并举"教育宗旨,1919 年《新教育》提出的"养成健全人格,发展共和精神,养成公民自治习惯,俾人人能负社会国家之责任",1923 年《初级中学公民课程纲要》中规定的课程目标"养成公民道德",1941 年《六年制中学公民课程

标准草案》中规定"使学生由实际生活、体念群己之关系,以养成良好之生活习惯及修己善群之善良品性"等等,虽然也强调学生对国家社会的责任,同时也反映了资产阶级民主派的人权思想,体现了人本主义色彩。新中国成立后,出于巩固新生的人民共和国政权的需要,在德育价值取向上强调为"无产阶级政治服务"。改革开放之后,随着国家经济发展对人才需求的增加,又提出教育"为社会主义建设服务"。2007年党的十七大后,逐渐强调"育人为本""立德树人"。新中国成立后我国学校德育制度价值取向上的变迁经历了从政治伦理到经济伦理再到促进人的全面发展的轨迹。德育制度价值取向百年变迁过程中"不变"的是对人的主体精神的确认,对人性的回归,对教育本质的回归。

2. 德育课程制度上的"变"与"不变"

在德育课程上,从前面的论述中,我们也可以看到,民国时期德育课程名称由修身科到公民科、党义科,又回到公民科的变化过程;新中国成立后我国德育课程名称一度变换频繁,曾经开设过新民主主义论、社会发展史、青少年修养、政治常识、社会科学常识、社会主义建设、科学社会主义常识、辩证唯物主义常识、法律常识、公民、政治经济学常识、共产主义人生观、中国社会主义建设常识、经济常识、政治常识、思想政治课、经济与生活、哲学与生活、政治与生活、道德与法治等等,这中间一度有过短暂的回归公民课程。课程理念上,从民国时期1923—1948年公民课程标准和课程文件规定的目标来看,当时的课程理念比较注重从学生生活出发。新中国成立初期的1949—1956年,以俄为师,课程与教学注重改革注重学科课程,强调基本知识和基本技能的教学,教材编写强调科学性、思想性和系统性。[1] 1956—1966年期间开始自主探索我国的课程与教学,强调教育与生产劳动相结合,提倡开展勤工俭学活动,组织学生上山下乡,参加生产劳动。改革开放以来,德育课程"从唯智论走向生活论"[2],从知性德育走向生活德育。在这个变迁过程中,有课程名称和课程

---

[1] 石鸥主编:《中国基础教育60年(1949—2009)》,湖南师范大学出版社,2009年版,第214页。

[2] 班建武:《从被动适应走向主动超越——改革开放40年来我国德育课程改革与发展的基本脉络》,《中国德育》,2018年第20期。

观的"变","不变"的是德育课程最终回归德育的本质和学生道德成长规律,注重了学生的发展。

3. 德育教师制度上的"变"与"不变"

在学生管理制度上,民国时期由最初的学监制发展到级任制和导师制,在德育管理上强调"教训合一",教导处的职责要做到教授和训练兼顾而合一,级任和导师既要指导学生操行思想及学业,还要指导学生的课外活动,每周召集全体导师和教师讨论本年级的教训问题。在共产党领导的苏区和解放区,1934年《中华苏维埃共和国小学制度暂行条例》中规定:"每班设主任教员一人,一班学生在四十名以上者,得增设助教员一人。""主任教员"即相当于我们现在的"班主任";1942年,绥德专署教育科的《小学训导纲要》中直接提到:"实行教导合一制,必须加强班主任的责任,否则教导主任就忙不过来。"[①] 新中国成立后,1952年教育部制定、颁发的《中学暂行规程(草案)》中明确提出:"中学每班设班主任一人,由校长就各班教员中选聘,在教导主任和副教导主任领导下,负责联系本班各科教员指导学生生活和学习。"[②] 其中,中学班主任的工作职责定为"负责联系本班科任教员指导学生生活和学习"。可见,这个时期的班主任也是要求既关注学生生活也关注学习。改革开放以来,班主任制度日渐完备,对班主任的角色要求越来越多,班主任的地位和重要性也日益凸显,这便导致一种误解,以为学生管理都是班主任的事情,一般科任教师只需要上好课就可以了,出现了只教书不育人的现象。虽然在国家文件中规定思想政治教师、班主任、政教干部,学科教师都要承担育人任务,但事实上,学生出现问题,要找的人还是班主任,导致班主任不堪重负。2017年颁布的《中小学德育工作指南》在实施途径中明确提出了课程育人,要求充分发挥课堂教学主渠道的育人功能,对每个学科如何实施课程育人作出了规定,实行全员育人、全面育人。从这个发展过程来看,尽管管理制度、名称等有变化,但对中小学教师强调教书育人、人人都担负育

---

① 陕西师范大学教育研究所:《陕甘宁边区教育资料(小学教育部分上)》,教育科学出版社,1981年版,第277页。

② 《中国教育年鉴》编辑部:《中国教育年鉴(1949—1981)》,中国大百科全书出版社,1984年版,第731页。

人任务是不变的主题。

4. 德育制度数量上的"变"与"不变"

李希贵校长在《学校制度改进》一书中写到，作为调节外部性行为的制度，主要调节的行为有四种，如果把这四种行为分别放在一个坐标的四个象限里，就是这样的：第一种是个人的行为让自己获益，同时也让其他人受益（第一象限）；第二种是个人的行为让自己获益，但让其他人受损（第二象限）；第三种是个人的行为让自己受损，也让其他人受损（第三象限）；第四种是个人行为让自己受损，但可以使其他人受益（第四象限）。[①] 他还曾经对17所中小学全部规章制度的26 000多个条款进行过汇总。这些学校涉及不同区域、不同学段，但是，其制度条款在外部性行为类型坐标的分布状况大致相同。这26 000多个条款中，67%的条款用来调节处于外部性行为类型坐标第二象限的行为，18%的条款用来调节处于第三象限的行为，13%的条款用来调节处于第一象限的行为，而只有2%的条款用来调节处于第四象限的行为。[②] 如果把这些规章制度分别装到四个象限之中，则如图5.2所示：

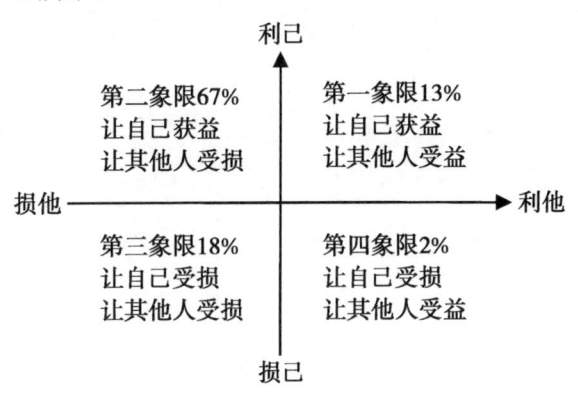

```
                    利己
                     ↑
   第二象限67%      |    第一象限13%
   让自己获益       |    让自己获益
   让其他人受损     |    让其他人受益
   损他 ────────────┼──────────────→ 利他
   第三象限18%      |    第四象限2%
   让自己受损       |    让自己受损
   让其他人受损     |    让其他人受益
                     |
                    损己
```

图 5.2　外部性行为类型坐标

从这个图中，我们看到学校大量制度都在关注第二象限和第三象限的行为，也就是专门关注损人利己和损人损己的负面行为。这同时也说明学

---

① 李希贵：《学校制度改进》，教育科学出版社，2021年版，第2页。
② 李希贵：《学校制度改进》，教育科学出版社，2021年版，第63页。

校存在大量制度缺位、越位、错位现象。很难想象，长此以往，学校的文化氛围会出现什么变化，这样的去道德化的制度安排如何教会师生正确处理好利益关系，如何培养有道德的人？因此，在追求教育高质量发展的当今时代，要培养堪当时代重任的有理想、有信念、有担当的时代新人，需要对原有的学校德育制度作一次全面梳理，减少不道德的制度，减少人们冲动之下拍脑袋制定的制度。

  以上只是从四个方面对德育制度内容变迁作了简单的分析，事实上还远不止这些方面。2010年《国家中长期教育改革和发展规划纲要（2010—2020年）》就已经提出加强大中小学德育体系建设，尽管有学者认为我国学校德育体系存在不少问题："德育内容经常变动，缺乏一贯性，有的内容过于笼统，缺乏具体的可操作性；对学校德育内容的分类和分层缺乏令人信服的理论依据，内容与内容之间没有形成清晰的逻辑关系和层次结构；对培养学生的道德思维能力没有给予足够重视；讲究面面俱到的德育内容，造成学生负担过重；德育内容脱离学生的实际生活，形成学生的双重人格"[①]等，但是，我们已经看到了变革的希望，构建以社会主义核心价值观为引领的大中小幼一体化德育体系已经在行动中。

[①] 张忠华：《中国德育内容体系建构的反思与探索》，《教育导刊》，2006年第10期。

结　语

　　道德教育促进人的完整发展，促进人过美好的生活。制度、学校制度和德育制度变迁一直是我的关注点，但是对学校德育制度变迁的国家逻辑、校本逻辑及其二者的互动逻辑进行论证，是我在论文写作过程中的新思考。

　　在德育制度百年变迁的历史研究中，国家层面德育制度属于国家政策的一部分，其分析自然会涉及政策分析。政策分析对我来说是一门新学问，由于理论功底不足，对学校德育制度变迁问题复杂性估计不足，尽管看了不少教育政策、公共政策方面的书籍，但还是不能很好地将其与德育政策的研究结合起来，导致对国家层面德育制度变迁的研究分析视角还是比较单一，未能很好地揭示国家层面德育制度变迁的全貌。在进行个案研究时，虽然收集了不少个案学校的资料，可是如何将这些零零碎碎的现象串起来，用事实来说明观点，这些还做得很不够。特别是我选择的个案学校是单案例研究设计，且处于西部少数民族地区，是否能代表我国学校德育制度变迁轨迹，是否能反映当今我国基础教育学校鲜活的、成功的德育实践经验，它展现的校本逻辑是否能反映我国基础教育学校变迁的全貌，这在某种程度上有可能影响到论文的说服力。这些问题的改进有待于今后进一步拓宽理论学习的视野，内化理论，在后续的研究中不断完善。

　　在我国学校德育制度变迁过程中，从教育需求来讲，以往的教育制度变革，需要应对"让每一个孩子有学上"的需求；而今天以至今后一个较长历史时期的教育改革，则需要应对"每一个孩子都想上好学"的需求。公众的教育选择性不断加大，客观上需要提供能够满足公众个性化、多样化选择的教育供给，因此，更加需要通过制度创新，激发学校、社会、市场的教育活力。从教育供给来讲，基于互联网、大数据、人工智能的教育形态正以其前所未有的生命力蓬勃发展，基于线上线下混合学习的新教育业态将对制度化、实体化学校教育带来严峻挑战。基于网络的学习资源使浸润式、泛在式学习即时发生，处于现代化发展进程中的制度化、体系化、规范化的学校教育系统，其形态、结构与功能都将发生革命性变化，这一切都呼唤着新的教育制度与教育治理机制。[①] 但是无论技术如何创新，情感的教育、道德的教育依然是任何机器无法取代的，教书育人的作用也是任何机器代替不了的，因此，学校德育制度的变革需要用系统思维、复杂性思维、全局意识来认识改革，加强改革的顶层设计，需要着眼于长效机制的建构，以此来系统规划学校德育制度的"变"与"不变"，走出一条中国特色的学校德育制度变迁之路。

---

① 范国睿：《教育变革的制度逻辑》，《探索与争鸣》，2018年第8期。

参考文献

一、中文图书类

1. 邓小平:《邓小平文选（第 2 卷）》，人民出版社，1994 年版。
2. 邓小平:《邓小平文选（第 3 卷）》，人民出版社，1993 年版。
3. 毛泽东:《毛泽东选集（第四卷）》，人民出版社，1991 年版。
4. 中共中央文献研究室编:《毛泽东文集（第 7 卷）》，人民出版社，1999 年版。
5. 卢现祥主编:《新制度经济学》（第二版），武汉大学出版社，2011 年版。
6. 卢现祥主编:《新制度经济学》，武汉大学出版社，2004 年版。
7. 罗必良主编:《新制度经济学》，山西经济出版社，2005 年版。
8. 康永久著:《教育制度的生成与变革——新制度教育学论纲》，教育科学出版社，2003 年版。
9. 辛鸣著:《制度论：关于制度哲学的理论建构》，人民出版社，2005 年版。
10. 周雪光:《组织社会学十讲》，社会科学文献出版社，2003 年版。
11. 范如国:《制度演化及其复杂性》，科学出版社，2011 年版。
12. 顾自安：《制度演化的逻辑——基于认知进化与主体间性的考察》，科学出版社，2011 年版。
13. 刘超良:《制度德育论》，湖北教育出版社，2007 年版。
14. 孙绵涛主编:《教育政策学》，中国人民大学出版社，2010 年版。

15. 袁振国主编：《教育政策学》，江苏教育出版社，2001年版。

16. 褚宏启主编：《教育政策学》，北京师范大学出版社，2011年版。

17. 褚宏启主编：《中国教育管理评论》，教育科学出版社，2003年版。

18. 刘复兴：《教育政策的价值分析》，教育科学出版社，2003年版。

19. 王举：《教育政策的价值基础：基于政治哲学的追寻》，科学出版社，2016年版。

20. 马健生：《教育改革论》，安徽教育出版社，2007年版。

21. 张晓东：《德育政策论》，人民教育出版社，2011年版。

22. 祁型雨：《利益表达与整合——教育政策的决策模式研究》，人民出版社，2006年版。

23. 韩东屏：《制度的威力》，华中科技大学出版社，2018年版。

24. 南京师范大学教育系编：《教育学》，人民教育出版社，1984年版。

25. 王道俊、王汉澜主编：《教育学》，人民教育出版社，1988年版。

26. 《中国大百科全书·教育》，人民教育出版社，1986年版。

27. 林崇德：《品德发展心理学》，上海教育出版社，1989年版。

28. 鲁洁、王逢贤：《德育新论》，江苏教育出版社，2002年版。

29. 鲁洁：《德育社会学》，福建教育出版社，1998年版。

30. 鲁洁：《超越与创新》，人民教育出版社，2003年版。

31. 胡守棻主编：《德育原理》，北京师范大学出版社，1989年版。

32. 班华主编：《现代德育论》（第二版），安徽人民出版社，2001年版。

33. 杜时忠：《人文教育与制度德育》，安徽教育出版社，2012年版。

34. 杜时忠：《德育十论》，黑龙江教育出版社，2003年版。

35. 杜时忠、杨炎轩、卢旭：《社会变迁与德育实效》，教育科学出版社，2009年版。

36. 杜时忠：《德育十讲——制度何以育德》，华中师范大学出版社，2019年版。

37. 冯永刚：《制度道德教育论》，北京师范大学出版社，2011年版。

38. 檀传宝等著：《问题与出路：若干德育问题的调查与专题研究》，浙江教育出版社，2009年版。

39. 王海明：《新伦理学》，商务印书馆，2001年版。

40. 倪愫襄编著：《伦理学导论》，武汉大学出版社，2002 年版。

41. 罗国杰等编著：《伦理学教程》，中国人民大学出版社，1985 年版。

42. 施惠玲：《制度伦理研究论纲》，北京师范大学出版社，2003 年版。

43. 倪愫襄：《制度伦理研究》，人民出版社，2008 年版。

44. 万俊人：《比照与透析：中西伦理学的现代视野》，广东人民出版社，1998 年版。

45. 《伦理学》编写组：《伦理学》，高等教育出版社，2012 年版。

46. 夏伟东：《道德的历史与现实》，教育科学出版社，2000 年版。

47. 夏伟东：《道德本质论》，中国人民大学出版社，1991 年版。

48. 宋希仁主编：《西方伦理思想史》，中国人民大学出版社，2004 年版。

49. 广东、广西、湖南、河南辞源修订组：《辞源》，商务印书馆，2010 年版。

50. 何东昌主编：《中华人民共和国重要教育文献（1949－1975）》，海南出版社，1998 年版。

51. 何东昌主编：《中华人民共和国重要教育文献（1976－1990）》，海南出版社，1998 年版。

52. 《中国教育年鉴》编辑部：《中国教育年鉴（1949－1981）》，中国大百科全书出版社，1984 年版。

53. 杨东平：《艰难的日出：中国现代教育的 20 世纪》，文汇出版社，2003 年版。

54. 舒新城编：《中国近代教育史资料》（上），人民教育出版社，1979 年版。

55. 李桂林主编：《中国现代教育史教学参考资料》，人民教育出版社，1987 年版。

56. 孙培青主编：《中国教育管理史》，人民教育出版社，1996 年版。

57. 孙培青主编：《中国教育史（修订版）》，华东师范大学出版社，2000 年版。

58. 《第一次中国教育年鉴·甲编·教育总述》，开明书店，1934 年版。

59. 陕西师范大学教育研究所编：《陕甘宁边区教育资料（小学教育部分上）》，教育科学出版社，1981 年版。

60. 吴履平主编：《20世纪中国中小学课程标准·教学大纲汇编（思想政治卷）》，人民教育出版社，2001年版。

61. 郑航：《中国近代德育课程史》，人民教育出版社，2004年版。

62. 吴铎编著：《德育课程与教学论》，浙江教育出版社，2003年版。

63. 王伦信：《清末民国时期中学教育研究》，华东师范大学出版社，2002年版。

64. 田海洋：《道德之维：民国时期训育研究》，浙江大学出版社，2012年版。

65. 黄书光：《价值观念变迁中的中国德育改革》，江苏教育出版社，2008年版。

66. 黄书光：《中国基础教育改革的历史反思与前瞻》，天津教育出版社，2006年版。

67. 黄书光：《中国中小学德育演进的文化审视》，山东教育出版社，2007年版。

68. 顾明远主编：《改革开放30年中国教育纪实》，人民出版社，2008年版。

69. 朱永新主编：《中国教育改革大系德育卷》，湖北教育出版社，2016年版。

70. 冯建军等著：《中国教育改革40年：学校德育》，科学出版社，2018年版。

71. 孙少平编著：《新中国德育50年》，福建教育出版社，2002年版。

72. 石鸥主编：《中国基础教育60年（1949－2009）》，湖南师范大学出版社，2009年版。

73. 高兆明：《道德失范研究：基于制度正义视角》，商务印书馆，2016年版。

74. 费孝通：《江村经济：中国农民的生活》，商务印书馆，2001年版。

75. 费孝通：《乡土中国》，上海人民出版社，2007年版。

76. 胡斌武：《社会转型时期学校德育的现代化》，中央编译出版社，2006年版。

77. 杨全印、孙稼麟：《学校文化研究——对一所中学的学校文化透视》，教育科学出版社，2005 年版。

78. 刘彭芝教育思想研究课题组编：《刘彭芝教育思想与实践》，中国人民大学出版社，2010 年版。

79. 杨小微：《全球化进程中的学校变革》，华东师范大学出版社，2004 年版。

80. 李连科：《价值哲学引论》，商务印书馆，1999 年版。

81. 北京师范大学教育改革与发展研究中心：《2000 年中国教育发展报告——教育体制的变革与创新》，北京师范大学出版社，2000 年版。

82. 中国教育与人力资源问题报告课题组：《从人口大国迈向人力资源强国》，高等教育出版社，2003 年版。

83. 朱小蔓主编：《基础教育阶段现代学校制度的理论与实验研究》，教育科学出版社，2008 年版。

84. 李学红主编：《现代学校制度建设的实践与研究》，华东师范大学出版社，2008 年版。

85. 徐建平：《学校：在政府、市场与社会之间——现代学校制度的理论探索及启示》，教育科学出版社，2011 年版。

86. 林荣日：《制度变迁中的权力博弈——以转型期中国高等教育制度为研究重点》，复旦大学出版社，2007 年版。

87. 周彬：《决策与执行：制度视野下的学校变革》，教育科学出版社，2005 年版。

88. 张翼：《教育发展与制度选择——我国二十五年来教育制度变迁分析》，暨南大学出版社，2012 年版。

89. 薛晓阳：《学校道德生活的教育叙事》，江苏大学出版社，2009 年版。

90. 郭华、李晓蕾：《名校没有秘密》，教育科学出版社，2010 年版。

91. 胡金平：《学术与政治之间的角色困顿——大学教师的社会学研究》，南京师范大学出版社，2005 年版。

92. 葛守勤、周式中：《美国州立大学与地方经济发展》，西北大学出版社，1993 年版。

93. 蒲蕊：《政府与学校关系的重建——一种制度分析的视角》，武汉大学出版社，2009 年版。

94. 洪中信：《风雨校长路》，广西教育出版社，2005 年版。

95. 郭先安：《大榕树》，广西民族出版社，2011 年版。

96. 方洁玲主编：《"真爱"泉流》，广西教育出版社，2003 年版。

97. 李希贵：《学校制度改进》，教育科学出版社，2021 年版。

98. 陈振明：《公共政策分析》，中国人民大学出版社，2003 年版。

99. 丁煌：《政策执行阻滞机制及其防治对策——一项基于行为和制度的分析》，人民出版社，2002 年版。

100. 陈向明：《质的研究方法与社会科学研究》，教育科学出版社，2000 年版。

101. 潘慧玲：《教育研究的取径：概念与应用》，华东师范大学出版社，2005 年版。

二、中文译著类

1. ［德］柯武刚、史漫飞著，韩朝华译：《制度经济学》，商务印书馆，2000 年版。

2. ［美］凡勃仑著，蔡受百译：《有闲阶级论》，商务印书馆，1964 年版。

3. ［美］康芒斯著，于树生译：《制度经济学》（上册），商务印书馆，1962 年版。

4. ［美］道格拉斯·C.诺思著，陈郁、罗华平等译：《经济史中的结构与变迁》，上海三联书店、上海人民出版社，1994 年版。

5. ［美］道格拉斯·C.诺思著，刘守英译：《制度、制度变迁与经济绩效》，上海三联书店，1994 年版。

6. ［美］道格拉斯·诺思著，钟正生、邢华等译：《理解经济变迁过程》，中国人民大学出版社，2008 年版。

7. ［美］约翰·N.德勒巴克等编：《新制度经济学前沿》，经济科学出版社，2003 年版。

8. ［美］R.科斯等著，陈剑波、胡庄君等译：《财产权利与制度变迁》，上海人民出版社，1994年版。

9. ［韩］河连燮著：《制度分析：理论与争议》，中国人民大学出版社，2014年版。

10. ［美］约翰·L. 坎贝尔著，姚伟译：《制度变迁与全球化》，上海人民出版社，2010年版。

11. ［美］B. 盖伊·彼得斯著，王向民、段红伟译：《政治科学中的制度理论："新制度主义"》（第二版），上海世纪出版集团，2011年版。

12. ［美］沃尔特·W. 鲍威尔，保罗·J. 迪马吉奥主编：《组织分析的新制度主义》，上海人民出版社，2008年版。

13. ［美］W. 理查德·斯科特著，姚伟、王黎芳译：《制度与组织》（第三版），中国人民大学出版社，2010年版。

14. ［美］V. 奥斯特罗姆、D. 菲尼编：《制度分析与发展的反思》，商务印书馆，1992年版。

15. ［美］詹姆斯·马奇、马丁·舒尔茨、周雪光著，童根兴译：《规则的动态演变——成文组织规则的变化》，上海人民出版社，2005年版。

16. ［德］黑格尔著：《法哲学原理》，商务印书馆，1961年版。

17. ［英］达尔文著：《人类的由来》，商务印书馆，1983年版。

18. ［英］弗里德利希·冯·哈耶克著，邓正来译：《自由秩序原理》（上），生活·读书·新知三联书店，1997年版。

19. ［德］黑格尔著，杨一之译：《逻辑学》，商务印书馆，1982年版。

20. ［美］菲利普·库姆斯著，赵宝恒、李环等译：《世界教育危机》，人民教育出版社，2001年版。

21. ［德］恩斯特·卡西尔著，甘阳译：《人论》，上海译文出版社，1985年版。

22. ［法］爱弥尔·涂尔干著，陈光金等译：《道德教育》，上海人民出版社，2001年版。

23. ［美］约翰·罗尔斯著，何怀宏译：《正义论》，中国社会科学出版社，1988年版。

24. ［德］韦伯著，林荣远译：《经济与社会》，商务印书馆，1997年版。

25. ［美］E. 希尔斯著，傅铿、吕乐译：《论传统》，上海人民出版社，1991年版。

26. ［美］布坎南著：《自由、市场和国家》，北京经济学院出版社，1988年版。

27. ［古希腊］亚里士多德著，吴寿彭译：《政治学》，商务印书馆，1965年版。

28. ［美］克里斯托弗·博姆著：《道德的起源——美德、利他、羞耻的演化》，浙江大学出版社，2015年版。

29. ［日］小原国芳著，刘剑乔、由其民、吴光威译：《小原国芳教育论著选（下）》，人民教育出版社，1993年版。

30. ［美］Fred C. Lunenburg, Allan C. Ornstein 著，孙志军等译：《教育管理学：理论与实践》，中国轻工业出版社，2003年版。

31. ［美］约翰·杜威著，王承绪译：《民主主义与教育》，人民教育出版社，1990年版。

32. ［美］马克·汉森著：《教育管理与组织行为》（第五版），上海教育出版社，2005年版。

33. 《马克思恩格斯全集》（第13卷），人民出版社，1962年版。

34. 《马克思恩格斯选集》（第3卷），人民出版社，1995年版。

35. 《马克思恩格斯全集》（46卷上），人民出版社，1979年版。

36. ［美］E. R. 克鲁斯克等著，唐理斌等译：《公共政策词典》，上海远东出版社，1992年版。

37. Matthew B. Miles, A. Michael Huberman 著，张芬芬译：《质性资料的分析：方法与实践》，重庆大学出版社，2011年版。

38. 罗伯特·K. 殷著，周海涛、李永贤、李虔译：《案例研究：设计与方法》（中文第2版），重庆大学出版社，2010年版。

三、外文文献类

1. Robert E. Stake, Qualitative Case Studies, In Norman K. Denzin and Yvonna S. Lincoln（eds.）, *The Sage handbook of Qualitative Re-*

search*, Sage Publications, 2005.

2. March J. G, Olsen J. P.. The New Institutionalism: Organizational Factors in Political Life. *American Political Science Review*, 1984, 78.

四、期刊论文类

1. 李家成：《学校教育是"制度"保障下的生活》，《当代教育论坛》，2003 年第 10 期。

2. 李家成：《论学校变革中的力量集聚》，《教育发展研究》，2004 年第 10 期。

3. 杨瑞龙：《我国制度变迁方式转换的三阶段论——兼论地方政府的制度创新行为》，《经济研究》，1998 年第 1 期。

4. 黄少安：《制度变迁主体角色转换假说及其对中国制度变革的解释——兼评杨瑞龙的"中间扩散型假说"和"三阶段论"》，《经济研究》，1999 年第 1 期。

5. 史晋川、沈国兵：《论制度变迁理论与制度变迁方式划分标准》，《经济学家》，2002 年第 1 期。

6. 褚宏启：《建设现代学校制度：校长应注意什么》，《中小学管理》，2005 年第 6 期。

7. 范国睿：《政府·学校·社会——基于校本管理理念的现代学校制度设计》，《教育发展研究》，2005 年第 1 期。

8. 蒲蕊：《政府与学校关系重建：一种制度分析的视角》，《教育研究》，2009 年第 3 期。

9. 李兴洲：《现代学校制度的价值取向探析》，《当代教育科学》，2005 年第 20 期。

10. 冯建军：《论现代学校制度的公正性》，《教育科学研究》，2008 年第 11 期。

11. 田惠生、李继星、徐美贞：《现代学校制度建设的价值取向》，《人民教育》，2006 年第 2 期。

12. 李江源：《论教育制度变迁》，《河北师范大学学报（教育科学版）》，2010 年第 11 期。

13. 李江源：《论教育制度的变革》，《清华大学教育研究》，2011 年第 4 期。

14. 田正平、李江源：《教育制度变迁与中国教育现代化进程》，《华东师范大学学报（教育科学版）》，2002 年第 1 期。

15. 康永久：《教育制度：最重要的教育资源》，《教育与经济》，2001 年第 3 期。

16. 康永久：《当代公立学校制度变革研究述评》，《比较教育研究》，2004 年第 11 期。

17. 马健生：《试论教育改革中的制度变迁》，《教育科学》，2003 年第 3 期。

18. 杜时忠：《制度比榜样更重要——新时期学校德育制度建设初探》，《人民教育》，2001 年第 9 期。

19. 杜时忠：《我国学校德育体系将进入"五个德育"新境界》，《人民教育》，2018 年第 22 期。

20. 杜时忠：《制度变革与学校德育》，《高等教育研究》，2000 年第 6 期。

21. 杜时忠：《制度何以育德？》，《华中师范大学学报（人文社会科学版）》，2012 年第 4 期。

22. 傅淳华、杜时忠：《关注"较不利者"——学校制度生活中的利益补偿实践初探》，《教育发展研究》，2013 年第 24 期。

23. 傅淳华、杜时忠：《德性与权利：德育制度设计的价值立场探析》，《国家教育行政学院学报》，2016 年第 2 期。

24. 张添翼、杜时忠：《论学校制度建构中的学生参与品质及其提升》，《中国教育学刊》，2016 年第 2 期。

25. 鲁洁：《人对人的理解：道德教育的基础》，《教育研究》，2000 年第 7 期。

26. 鲁洁：《商品经济与教育》，《江苏高教》，1989 年第 1 期。

27. 蔡春、扈中平：《德性培育与制度教化》，《华东师范大学学报（教育科学版）》，2002 年第 4 期。

28. 胡斌武：《学校德育制度十年问题与走向》，《学校党建与思想教育》，2006 年第 3 期。

29. 刘争先：《中学德育制度存在的问题及其优化》，《基础教育》，2014 年第 6 期。

30. 张敏：《试析优良学校制度与学生公民精神养成》，《教育导刊》，2011 年第 10 期。

31. 卢旭：《引导学生参与学校德育制度建构》，《教育研究与实验》，2013 年第 1 期。

32. 刘超良：《论德育制度的价值标准》，《教育研究与实验》，2010 年第 1 期。

33. 陈天祥：《论政府在制度变迁中的作用》，《中国行政管理》，2001 年第 10 期。

34. 周业安：《中国制度变迁的演进论解释》，《经济研究》，2000 年第 5 期。

35. 郑航：《社会变迁中公民教育的引进——兼论我国学校公民教育的实施》，《清华大学教育研究》，2000 年第 3 期。

36. 王炳照：《传承与创新——从新民主主义教育方针到社会主义教育方针》，《北京大学教育评论》，2009 年第 1 期。

37. 范国睿：《教育变革的制度逻辑》，《探索与争鸣》，2018 年第 8 期。

38. 刘复兴：《教育政策价值分析的三维模式》，《教育研究》，2002 年第 4 期。

39. 燕国材：《教育功能泛化刍议》，《探索与争鸣》，2003 年第 6 期。

40. 《中共中央关于社会主义精神文明建设指导方针的决议》，《半月谈》，1986 年第 19 期。

41. 《中共中央关于加强社会主义精神文明建设若干重要问题的决议》，《求是》，1996 年第 21 期。

42. 《公民道德建设实施纲要》，《中国德育》，2001 年第 10 期。

43. 国家教委：《关于进一步加强和改进中学思想政治课教学工作的意见》，《思想政治课教学》，1996 年第 1 期。

44. 国家教育委员会：《九年义务教育小学思想品德课和初中思想政治课课程标准（试行）》，《学科教育》，1997 年第 6 期。

45. 冯建军：《改革开放 40 年中国德育事业的发展历程》，《中国德育》，2018 年第 20 期。

46. 习近平：《青年要自觉践行社会主义核心价值观——在北京大学师生座谈会上的讲话》，《人民日报》，2014 年 5 月 5 日。

47. 《中小学班主任工作规定》，《班主任》，2009 年第 9 期。

48. 范国睿：《40 年教育政策与教育改革的逻辑》，《中国教师报》，2018 年 1 月 26 日。

49. 许丽艳：《纵论中国教育变革 30 年——中国教育学会中青年教育理论工作者分会第 17 届学术年会观点综述》，《中小学管理》，2009 年第 1 期。

50. 潘懋元：《教育的基本规律及其相互关系》，《高等教育研究》，1988 年第 3 期。

51. 程少堂：《再论"教育的内部规律，教育的外部规律"说》，《高等教育研究》，1995 年第 4 期。

52. 周雪光、艾云：《多重逻辑下的制度变迁：一个分析框架》，《中国社会科学》，2010 年第 4 期。

53. 周雪光：《基层政府间的"共谋现象"——一个政府行为的制度逻辑》，《社会学研究》，2008 年第 6 期。

54. 钱广荣：《关于制度伦理与伦理制度建设问题的几点思考》，《江淮论坛》，1999 年第 6 期。

55. 王丽萍：《政治学视野中的教育与政治》，《民主与科学》，2005 年第 2 期。

56. 祁型雨：《论教育政策的价值及其评价标准》，《教育科学》，2003 年第 4 期。

57. 陈志利、张新平：《自下而上：苏霍姆林斯基校长学的思维及贡献》，《基础教育》，2012 年第 4 期。

58. 王晓莉：《"立德树人"何以可能》，《全球教育展望》，2014 年第 2 期。

59. 陈家刚：《协商民主引论》，《马克思主义与现实》，2004年第3期。

60. 班建武.：《从被动适应走向主动超越——改革开放40年来我国德育课程改革与发展的基本脉络》，《中国德育》，2018年第20期。

61. 张忠华：《中国德育内容体系建构的反思与探索》，《教育导刊》，2006年第10期。

62. 左鹏军：《仪式和记忆：大学校庆的精神象征与文化内涵》，《华南师范大学学报（社会科学版）》，2013年第5期。

63. 李珂、曲霞：《1949年以来劳动教育在党的教育方针中的历史演变与省思》，《教育学报》，2018年第5期。

64. 《中央人民政府政务院关于改进和发展中学教育的指示》，《人民教育》，1954年第7期。

65. 《中共中央关于进一步加强和改进学校德育工作的若干意见》，《人民教育》，1994年第10期。

66. 《中共中央关于改革和加强中小学德育工作的通知》，《人民教育》，1989年第2期。

67. 柳斌：《新时期中小学的德育工作》，《人民教育》，1997年第Z1期。

68. 刘保存：《校本管理：当代西方学校管理的新模式》，《比较教育研究》，2001年12期。

69. 刘超良：《试论学校德育的公益性》，《现代教育论丛》，2006年第2期。

70. 黄习礼：《新桂系"三自三寓"政策和〈广西建设纲领〉》述评》，《学术论坛》，1989年第5期。

71. 南宁三中：《苦战一年改变学校面貌》，《广西教育（中学版）》，1958年第3期。

72. 冯宗昇：《谈谈领导学校工作的体会》，《广西教育》，1979年第7期。

73. 南宁三中：《我们是怎样抓教学的》，《广西教育》，1980年第8期。

74. 《怎样抓好毕业生的思想工作——南宁三中校长、党支书答本刊记者问》，《广西教育》，1981年第3期。

75.《开拓创新谋发展　甘洒热血育英才》,《基础教育研究》,2018年第19期。

76. 黄河清:《教育公平与因材施教——学校管理工作漫谈》,《广西教育》,2018年第6期。

77. 黄幼岩:《"分层聘任制"——我国公立中小学有效的教师聘任模式》,《全球教育展望》,2006年第5期。

78. 冀晓萍:《山东德育新政:让立德树人落地生根》,《人民教育》,2016年第12期。

五、学位论文类

1. 刘国艳:《制度分析视野中的学校变革》,山东师范大学博士学位论文,2006年。

2. 张敏:《学校制度生活研究》,华中师范大学博士学位论文,2013年。

3. 师东海:《教育公平的政治学思考》,吉林大学博士学位论文,2011年。

4. 熊孝梅:《中学生思想道德素质的实证研究》,华中师范大学博士学位论文,2013年。

5. 管恩武:《创建中国现代大学制度的制度经济学分析》,山东大学硕士学位论文,2005年。

6. 陈建新:《我国现代学校制度变迁机制研究》,华中师范大学硕士学位论文,2007年。

7. 单海源:《新制度主义视角下我国现代学校制度变迁研究》,哈尔滨师范大学硕士学位论文,2010年。

8. 李红梅:《我国学校德育制度分析》,华中师范大学硕士学位论文,2004年。

9. 刘任丰:《学校制度的个案研究》,华中师范大学博士学位论文,2013年。

10. 王书玲:《教育制度的合道德性研究》,南京师范大学硕士学位论文,2005年。

11. 林荣日:《制度变迁中的权力博弈》,复旦大学博士学位论文,

2006 年。

12. 杨天平：《中国教育方针发展研究》，武汉大学博士学位论文，2011 年。

六、网络文献

1. 人民网 http://cpc.people.com.cn/n1/2017/0824/c64387-29492113.html.
2. 中共中央办公厅国务院办公厅关于适应新形势进一步加强和改进中小学德育工作的意见 http://www.moe.edu.cn/jyb_sjzl/moe_364/moe_369/moe_405/tnull_4736.html.
3. 中华人民共和国中央人民政府网 http://www.gov.cn/gzdt/2013-11/29/content_2538229.htm.
4. 中华人民共和国教育部 http://www.moe.edu.cn/jyb_xwfb/s271/201811/t20181115_354885.html.

七、校刊类

1. NS 中学校庆专刊（1897—2012 年）、NS 中学 115 周年校庆纪念册
2. NS 学校的示范性普通高中复查评估自评报告
3. 1933 年广西省立第一中学校校览
4. 1934 年一初中二十八周年纪念特刊
5. 1936 年第三和四期合刊《南高月刊》
6. 1935 年南宁初中校刊（创刊号）
7. 1935 年南宁初中校刊（第二期）
8. 1937 年南宁初中学生期刊
9. 南宁三中建校 110 周年特刊：《方圆天地》，2007 年第 2 期。
10. 《NS 学校实施素质教育的回顾》，校刊《方圆天地》，1999 年第 1 期。
11. 《初步建立"NS 学校学生军校"》，校刊《方圆天地》，1999 年第 1 期。

后 记

本书是在博士论文的基础上修改而成的。毕业几年后，再次拾起拙文修改时，在桂子山求学阶段的点点滴滴历历在目。有曾经沉醉在美丽校园研究就学的幸福学习时光，有真正体悟到"中年读书，如庭中望月"的深广厚实和另一种乐趣，有德育沙龙上导师要求我们尽快回到"理论学习，超越实践"的当头棒喝，有为找不到选题的踌躇忧虑，有不能按期完成论文的痛苦煎熬……掩卷回眸，忆当初写论文的痛苦跋涉的日子，漫长的博士求学经历，刻骨铭心的记忆让我在夜深人静的时候常黯然泪下。在漫长的求学经历中，能支撑我一直坚持下来的除了内心的信念外，更要感谢一直以来关心和支持我的老师和家人、同学朋友们！

首先要感谢我的导师杜时忠教授。多年来杜老师以他的宽容和雅量，小心翼翼保护着我那可怜的自尊心，总是一次又一次询问我论文进展情况，发现我的一点点进步都会及时表扬，发现我的问题却是委婉表达他的意见，指出问题所在。犹记得一年级结束时导师要我们几个同学上交学年学习总结和反思，那是我很认真写出的一篇学习思想总结和反思，得到了杜老师好评并马上问我下学年的打算，我想他对我这个在职的学生一定有很多担忧，担心我下学年会丢不下工作，不能按时到校学习；犹记得二年级时他带我到广州、深圳去调研初中德育教材、教学现状和存在的问题，在老师的鼓励下，我写出了第一篇小文章并投稿发表；犹记得三年级时杜老师在美国访学仍然惦记着我的论文情况，会不时打越洋电话询问我学习和论文写作情况，并安排德育沙龙上请师兄师姐们对我论文开题加以指导；犹记得2018年暑假我告诉老师我下定决心辞去了各种行政职务，离开工作一年专心完成论文，老师及时肯定了我的决定。每隔一段时间，老师就会询问我论文进展情况,并反复叮嘱我学习上有什么问题要及时提出来。2019年暑假我到华师继续写作,杜老师让我住在他们华师附近的房间专心写论文,还担心我不能承受武汉的酷暑,不时发信息提醒我注意身体。直到2019年9月,我才拿出一个较为完整的初稿,在接下来的一个月中,即使是在出差途中,他也带着我的论文,一回到学校即刻让我去办公室,提出修改意见。我想,如果没有杜老师这么多年对我持续的关心和支持,我可能难以坚持至今!

感谢郭文安教授、程红艳教授、涂艳国教授、陈佑清教授,他们让我一次次感受大家的风范,感受学者的品格,感受学术的魅力,感受华师的大爱精神!郭文安老师父亲般的关怀让我感动至今;程红艳老师和风细雨般的指点,让我对困惑许久的地方豁然开朗;涂艳国老师在深秋里的鼓励让我增加更多的信心;陈佑清老师的杜威名著导读,让我的理解更深入……

感谢师母冯晶晶老师多年对我的关心和帮助!感谢华师德育所这个友爱的大家庭!每当遇到问题时,张添翼师弟总是不厌其烦听我的诉苦,给我提出有效的建议,帮我解决;杨炎轩师兄在武汉炎热的夏天,牺牲休息时间主动提出要帮我看论文,一次次对我的论文提出修改意见;孙银光师弟对我的论文初稿提出很多修改意见,在最后阶段鼓励我如何写好摘要;付辉师弟、严海师弟、闫兵师弟、王一凡师弟、姜子豪师弟、沈艳艳师妹和孙晓敏师妹,他们总是及时接受我的任何咨询,给予帮助!感谢朱家安师兄、刘长海师兄、喻学林师兄、卢旭师兄、周小李师姐、张敏师姐给予我的帮助!

感谢唐彰新、袁尚会、赵海燕、张娜、王世存、曾建发、杨江峰、张国荣、贾珍荣等同学,因为你们,我在华师求学期间度过了一段美好时光!感谢室友刘影春,她总是以姐姐的身份关心我、指导我,让我对博士身份、大学教师生活有新的认识。感谢我的本科同学刘宏达、方莉、朱凌、陆玉红、易吉林和师兄杨万文在求学期间给予我的帮助,让我重温了大学时的美好回忆。

感谢我的家人,他们一直是我的坚强后盾。无论我做任何决定,他们总是无条件支持我,倾其所能给予我物质和精神上的支持,总是督促我赶紧完成论文；很幸运在博士论文写作的最后几个月，我有家人的陪伴。2019年夏天，我和儿子在华师图书馆学习，他准备考研复习，我写论文。晚上我们会一起交流学习心得，讨论一些时事热点和社会要闻。我们会相互督促，相互鼓励，这是在他成年后和他相处最长、最密切的一段时光，也让我重新认识了思想日渐成熟的他。感谢我的四姐和四姐夫，三年时间，跟随他们游历了湖北风光，感受了亲情的温暖；感谢我的妹妹和弟弟，感谢他们对我情感的关心和物质上的帮助。

感谢广西师范大学廖教授多年对我的帮助和指点！感谢NS学校领导和老师接受我对该校进行个案研究，为我提供了大量关于学校的资料，特别是该校特级教师、我的好友李老师多年对我的关心和支持！

博士毕业了，曾经一切的酸甜苦辣随着时间的流逝都将存封进历史，华师求实创新、立德树人的校训，忠诚、博雅、朴实、刚毅的学校精神已渗入我的血液之中。在接下来的日子里，能做的就是在高校教师这个新的岗位上完成教书育人、学术科研、服务社会的使命，更好地回报那些给予我关爱和正需要帮助的人们！

倪峥

2022年5月于挂榜山下